Online-Schlüssel
WNBZ-Y9V6-A5U4

ZEIT FÜR GESCHICHTE

Gymnasium
Niedersachsen

6

Hans-Wilhelm Eckhardt
Utz Klöppelt
Miriam Litten-Likus
Ilse Moshagen-Siegl

Schroedel

ZEIT FÜR GESCHICHTE
Geschichtliches Unterrichtswerk für Gymnasien
Band 6

bearbeitet von
Hans-Wilhelm Eckhardt, Utz Klöppelt,
Miriam Litten-Likus, Ilse Moshagen-Siegl
in Zusammenarbeit mit der Verlagsredaktion

mit Beiträgen von
Anika Busse, Albrecht Materne, Stephan Schröder,
Bernd Zaddach

Zu diesem Schülerband gibt es Lehrermaterialien in gedruckter Form (ISBN 987-3-507-36632-9) sowie digital (BiBox).

© 2015 Bildungshaus Schulbuchverlage
Westermann Schroedel Diesterweg Schöningh Winklers GmbH, Braunschweig
www.schroedel.de

Das Werk und seine Teile sind urheberrechtlich geschützt. Jede Nutzung in anderen als den gesetzlich zugelassenen Fällen bedarf der vorherigen schriftlichen Einwilligung des Verlages. Hinweis zu § 52a UrhG: Weder das Werk noch seine Teile dürfen ohne eine solche Einwilligung gescannt und in ein Netzwerk eingestellt werden. Dies gilt auch für Intranets von Schulen und sonstigen Bildungseinrichtungen.
Auf verschiedenen Seiten dieses Buches befinden sich Verweise (Links) auf Internetadressen. Haftungshinweis: Trotz sorgfältiger inhaltlicher Kontrolle wird die Haftung für die Inhalte der externen Seiten ausgeschlossen. Für den Inhalt dieser externen Seiten sind ausschließlich deren Betreiber verantwortlich. Sollten Sie bei dem angegebenen Inhalt des Anbieters dieser Seite auf kostenpflichtige, illegale oder anstößige Inhalte treffen, so bedauern wir dies ausdrücklich und bitten Sie, uns umgehend per E-Mail davon in Kenntnis zu setzen, damit beim Nachdruck der Verweis gelöscht wird.

Druck A^2 / Jahr 2015
Alle Drucke der Serie A sind im Unterricht parallel verwendbar.

Redaktion: Kerstin Meyer
Layout: Ganzschönmutig | Esther Sejtka
Druck und Bindung: westermann druck GmbH, Braunschweig

ISBN 978-3-507-**36631**-2

INHALT

- 6 Über ZEIT FÜR GESCHICHTE
- 8 RÜCKBLICK auf das Römische Reich

10 Herrschaft im Mittelalter

- 12 EINSTIEG Hoftag in Quedlinburg
- 14 König, Kaiser und Kirche
- 18 Reisen und Herrschen
- 20 METHODE Eine mittelalterliche Rechtsdarstellung untersuchen
- 22 Herren und Knechte
- 28 SELBSTÜBERPRÜFUNG
- 29 ZUSAMMENFASSUNG
- 30 BLICK IN DIE WELT: Die Osterinsel

32 Lebensorte im Mittelalter

- 34 EINSTIEG Der Wald – nützlich, aber unheimlich!
- 36 Bäuerliches Leben im Dorf
- 37 METHODE Einen Fünf-Sinne-Check machen
- 40 VERTIEFUNG Fortschritte in der Landwirtschaft
- 42 Leben auf der Burg
- 44 METHODE Eine schriftliche Quelle untersuchen
- 46 VERTIEFUNG Die Welt der Ritter
- 50 Klöster prägen die europäische Kultur
- 54 Macht Gott Unterschiede?
- 56 Der Markt – Mittelpunkt der Stadt
- 60 Arbeiten in der Stadt
- 64 Bürger und andere Stadtbewohner
- 68 Alltag in der Stadt
- 68 METHODE Gruppenpuzzle
  GRUPPENPUZZLE
  1. Wärme und Licht – 2. Tischmanieren –
  3. Hygiene – 4. Bildung – 5. Krankheiten
- 74 VERTIEFUNG Entwicklungen im Mittelalter
- 76 SELBSTÜBERPRÜFUNG
- 77 ZUSAMMENFASSUNG

INHALT

78 Menschen reisen – Menschen begegnen sich

- 80 EINSTIEG Ein Lernender zwischen den Kulturen
- 82 Das Judentum – der Glaube an *einen* Gott
- 86 Die Entstehung des Islam
- 90 Reisende im Namen Gottes
- 92 VERTIEFUNG Wie reiste man im Mittelalter?
- 94 Kriegerische Pilgerreisen: die Kreuzzüge
- 97 METHODE Ein Bild untersuchen
- 98 VERTIEFUNG Toledo, ein Schnittpunkt der Kulturen
- 100 Reisende Händler knüpfen Kontakte
- 102 SELBSTÜBERPRÜFUNG
- 103 ZUSAMMENFASSUNG

104 Die Zeit der Entdeckungen

- 106 EINSTIEG Wege durch die Wasserwüste
- 108 Die Entdeckung der Erde für Europa
- 112 VERTIEFUNG Ein großes Reich in Mittelamerika
- 116 Die Eroberung des Aztekenreichs
- 119 METHODE Einen Darstellungstext prüfen
- 120 Von der Eroberung zur Kolonialisierung
- 121 METHODE Ein Standbild bauen
- 122 SELBSTÜBERPRÜFUNG
- 123 ZUSAMMENFASSUNG

124 Ein neues Menschenbild – ein neuer Glaube

- 126 EINSTIEG Michelangelo und die Sixtinische Kapelle
- 128 Der Mensch – neu gesehen
- 130 Forschung verändert die Welt
- 132 Drei Kaufleute – drei Arten des Handels
- 132 METHODE Informationen vergleichen
  GRUPPENARBEIT 1. Ein Hansekaufmann –
  2. Ein Unternehmer aus Italien –
  3. Ein Händler und Politiker in „Übersee"
- 136 Ängste und Aberglaube
  GRUPPENPUZZLE UND PRÄSENTATION
  1. Die Angst vor dem „Schwarzen Tod" –
  2. Judenverfolgung – 3. Angst vor Hexen –
  4. Türkenfurcht
- 146 Der „richtige" Glaube und das Seelenheil
- 150 Wie überlebt die Reformation?
- 154 Die Gegenreformation
- 156 VERTIEFUNG: Ein Fallbeispiel: die Niederlande
- 160 Spätes Mittelalter oder frühe Neuzeit?
- 162 SELBSTÜBERPRÜFUNG
- 163 ZUSAMMENFASSUNG
- 164 BLICK IN DIE WELT: Songhai – ein Reich wie aus 1001 Nacht

166 Anhang

- 166 Tippkarten
- 170 Methoden zum Umgang mit Materialien
- 172 Arbeitsweisen für den Unterricht
- 174 Mögliche Lösungen der Selbstüberprüfungen
- 177 Lexikon
- 181 Register
- 183 Quellenverzeichnisse

ÜBER ZEIT FÜR GESCHICHTE

Vor dir liegt der zweite Band der Reihe ZEIT FÜR GESCHICHTE. Wie findest du dich darin zurecht? Das sollen dir diese ersten beiden Seiten zeigen.

Die Einheiten mit Auftakt und Einstieg

ZEIT FÜR GESCHICHTE ist in fünf Einheiten gegliedert. Sie zeigen,
- wie mittelalerliche Herrscher regierten.
- wie Menschen an so unterschiedlichen Orten wie Dorf, Stadt, Burg oder Kloster lebten.
- wie sich Menschen unterschiedlicher Kulturen begegneten.
- wie neue Handelswege und ein unbekannter Kontinent entdeckt wurden.
- wie sich das Verständnis vom Menschen und seinen Fähigkeiten langsam veränderte.

Alle Einheiten beginnen mit einer Doppelseite, die als **Auftakt** das Thema in Bildern vorstellt. Dir wird sichtbar, worum es auf den folgenden Seiten geht. Vielleicht erinnern dich die Bilder an bekannte Orte oder Dinge …

Bei den geschichtlichen Einheiten folgt nun eine Doppelseite, die dir den **Einstieg** ins Thema leicht macht: Jede erzählt von einer wichtigen Begebenheit oder einem interessanten Problem, das mit dem Kapitel zu tun hat – z. B. davon, wie ein Prinz zu wichtigen Entdeckungen für die Seefahrt beitrug, obwohl er selbst kaum zur See gefahren ist. Am Ende jedes Einstiegs erfährst du, was du auf den folgenden Seiten **kennenlernen und üben** kannst.

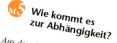

Die Kapitel: Darstellungs- und Materialteile

Die Einheiten sind in **Kapitel** eingeteilt. Jedes Kapitel enthält einen **Darstellungsteil**, in dem die Autorinnen und Autoren des Buches durch Texte und Abbildungen Informationen über Zusammenhänge geben. Ihre **Texte** sind durch Zwischenüberschriften gegliedert. Für einige Kapitel haben sie **Zeitreisen** geschrieben, die in der Vergangenheit spielen. Die Begebenheiten, die sie dir vor Augen führen, sind ausgedacht. Sie hätten sich aber ähnlich ereignen können. Damit du sofort erkennst, wo du es mit einer Zeitreise zu tun hast, sind diese besonders hervorgehoben. Ihren Beginn zeigt das aufgeklappte Buch an, ihr Ende zeigt eine gepunktete Linie an.

In den meisten Kapiteln folgt auf den Darstellungsteil ein **Materialteil**. Darin findest du z. B. Texte, die aus vergangenen Zeiten überliefert wurden, sogenannte **Textquellen**. Du erkennst sie an dem Zeichen „M". Es bedeutet „Material".

Weitere Materialien, mit denen du im Geschichtsunterricht arbeiten wirst, sind Karten, Schaubilder sowie Abbildungen von Fundstücken, Gebäuden oder Kunstwerken. Auch sie sind mit einem „M" gekennzeichnet. Bei der

Arbeit mit ihnen helfen dir oft Informationen aus dem Darstellungstext weiter. Besondere **Hinweise zum Umgang** mit diesen Materialien sind mit einer Lupe gekennzeichnet.

Am Ende jeder Themeneinheit kannst du in einer **Zusammenfassung** grobe Zusammenhänge nachlesen. Außerdem findest du dort ein Angebot zur **Selbstüberprüfung**: Hier kannst du herausfinden, ob du die Inhalte und Methoden des Kapitels verstanden hast. Lösungsmöglichkeiten sind im Anhang des Buches (Seiten 174–176) zusammengestellt.

Aufgaben und Anregungen

Aufgaben sind durch eine Punktleiste abgehoben von den anderen Textsorten. In der Regel beginnen sie mit einem Verb, das dir anzeigt, was von dir erwartet wird, einem sogenannten Operator. Im hinteren Umschlag des Buches findest du eine Liste, in der die wichtigsten Operatoren erklärt sind.

Für einige Aufgaben findest du im Anhang **Tippkarten** vor, die dir Starthilfen für die Bearbeitung geben. Zusätzliche, manchmal etwas zeitaufwendige, manchmal etwas knifflige Aufgaben sind mit einem + gekennzeichnet.

Die meisten Aufgaben kannst du allein oder mit einem Partner/einer Partnerin bearbeiten. Manche Aufgaben sind aber für Gruppenarbeiten gedacht: Zusammen übt ihr, ein Thema zu erarbeiten, eure Ergebnisse zu präsentieren und zusammenzuführen.

Blick in die Welt

Einige Seiten in diesem Buch sind durch besondere Überschriften hervorgehoben: So kannst du beim **Blick in die Welt** selbst weiterlesen und wirst auf weitere bedeutende Kulturen aufmerksam. Du erfährst, was sich zu der Zeit, die in der Einheit behandelt wurde, an einem ganz anderen Ort abgespielt hat – im afrikanischen Staat Songhai oder auf der Osterinsel im pazifischen Ozean.

Anhang

Auf den Seiten 166–184 haben wir verschiedene Tipps und Hinweise zusammengestellt. Zudem liefert ein kurzes **Lexikon** Erklärungen zu wichtigen Begriffen, die in den Texten mit einem ➤ gekennzeichnet sind. Außerdem hilft dir ein **Register**, Begriffe im Buch zu finden, wenn du dich über eine Sache noch einmal genauer informieren möchtest.

Und nun: Nimm dir ruhig ZEIT FÜR GESCHICHTE!

RÜCKBLICK

... auf das Römische Reich

1. Erzähle die Geschichte des antiken Roms und beziehe dich dabei auf diese Abbildungen:

Romulus hat Rom gegründet, behauptet eine berühmte Sage. Es heißt darin auch, eine Wölfin habe ihn und seinen Bruder Remus ernährt, nachdem sie ausgesetzt worden waren. – Wie ist Rom entstanden?

Das Standbild zeigt einen vornehmen Römer mit Büsten seiner Vorfahren. – Welche Werte waren den Römern wichtig?

Die Münze aus der Zeit der Römischen Republik zeigt einen Wahlvorgang. Gewählt wurden die Beamten. – Wie organisierten die Römer ihren Staat?

Die Rekonstruktionszeichnung zeigt ein römisches Kriegsschiff mit Enterbrücke. – Wie wurde Rom vom Stadtstaat zur Weltmacht?

Halsreifen wie diesen trugen viele Sklaven. Auf dem Bronzeanhänger standen Name und Adresse ihres Besitzers. – Welche Rolle spielten Sklaven im Römischen Reich?

In der Großstadt wohnten die meisten Römer in mehrstöckigen Mietshäusern (unten). Die Oberschicht hatte freistehende Häuser mit prachtvollen Räumen (rechts). – Wie lebten die Menschen in Rom?

Das Foto zeigt den Pont du Gard, ein Aquädukt (Wasserleitung) in Südfrankreich. Es ist bis heute erhalten. Wie veränderten die Römer das Leben in den Provinzen?

Der Fisch war das Erkennungszeichen der ersten Christen im Römischen Reich. – Was veränderte sich durch die Verbreitung des christlichen Glaubens?

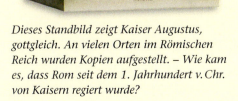

Dieses Standbild zeigt Kaiser Augustus, gottgleich. An vielen Orten im Römischen Reich wurden Kopien aufgestellt. – Wie kam es, dass Rom seit dem 1. Jahrhundert v. Chr. von Kaisern regiert wurde?

Im 3. Jahrhundert n. Chr. teilte Kaiser Diokletian die kaiserliche Macht auf. Im 4. Jahrhundert wurden sogar zwei Herrschaftsbereiche errichtet: Westrom und Ostrom. Die oströmische Hauptstadt wurde Byzanz, das nun Konstantinopel genannt wurde. – Wie zerfiel das Römische Reich?

Herrschaft im Mittelalter

- Diese Buchmalerei ist um 1470 als Bebilderung einer französischen Sage entstanden. Die Darstellung zeigt, wie ein mittelalterlicher Herrscher Adlige empfängt.

Das europäische Mittelalter

700 800 900 1000 1100

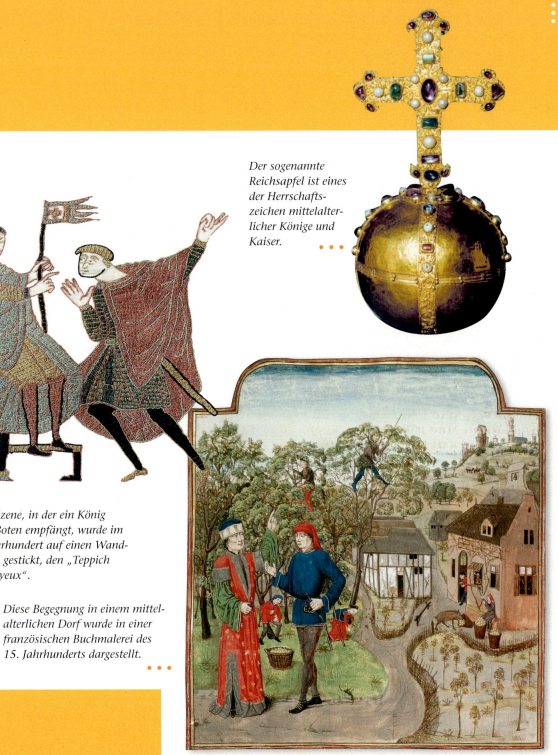

Der sogenannte Reichsapfel ist eines der Herrschaftszeichen mittelalterlicher Könige und Kaiser.

Diese Szene, in der ein König einen Boten empfängt, wurde im 11. Jahrhundert auf einen Wandteppich gestickt, den „Teppich von Bayeux".

Diese Begegnung in einem mittelalterlichen Dorf wurde in einer französischen Buchmalerei des 15. Jahrhunderts dargestellt.

Die Neuzeit

1200   1300   1400   1500   1600

EINSTIEG

📖 ZEITREISE Hoftag in Quedlinburg

Feierliche Gesänge erklingen, es herrscht Osterstimmung in der Servatiuskirche in Quedlinburg. Kerzen erhellen den hohen Raum, doch es ist eiskalt. Am 23. März 973 feiert Kaiser Otto I. mit seiner Familie und zahlreichen Gästen das Osterfest. Anschließend wird ein großer Hoftag stattfinden, eine Versammlung der ▸ Adligen des Reiches. Hunderte sind aus allen Landesteilen gekommen, dazu Gäste aus aller Welt – aus Polen und Dänemark, Ungarn und Spanien. Der ganzen christlichen Welt will Otto die Bedeutung seines Reiches und seine Macht vor Augen führen.

Die Aufmerksamkeit richtet sich auf das junge Mädchen, das in der Nähe des Kaisers sitzt: die dreizehnjährige Theophanu. Sie ist die Nichte des oströmischen* Kaisers und Ottos Schwiegertochter. Theophanu friert in ihren kostbaren Gewändern, aber sie bewahrt Haltung. In ihrer Heimat Byzanz hat sie eine gute Ausbildung erhalten und weiß sich angemessen zu benehmen.

Theophanu spricht drei Sprachen, doch dieses Sächsisch, das hier gesprochen wird, muss sie noch lernen. Ihr 17-jähriger Ehemann heißt wie sein Vater Otto und ist der Thronerbe. Mit ihm kann sie sich auf Latein unterhalten. Er ist gebildet, und sie versteht sich gut mit ihm. Da hat sie Glück gehabt, denn natürlich hatte sie ihn vor ihrer Abreise aus Byzanz nie gesehen. Ihre Freundin, Prinzessin Anna, die Tochter des früheren byzantinischen Kaisers Romanos, ist nach Kiew verheiratet worden. Ihr Gatte ist 20 Jahre älter und sein Land ist noch nicht einmal völlig christianisiert. Theophanu schaudert. Sie nimmt sich vor, Anna viele Briefe zu schreiben.

Kaiser Otto I. scheint Theophanu zu mögen. Er hat sie ohne Zögern in die Familie aufgenommen und sie bei der Hochzeit mit seinem Sohn im letzten Jahr gleich vom ▸ Papst zur Mitkaiserin krönen lassen. Nach der Hochzeit Ostern 972 ist Theophanu mit ihrer neuen Familie langsam durch den Süden des Ostfränkischen Reiches gezogen, über das Kaiser Otto I. herrscht. Der Kaiser hat an jedem Ort, an dem sie sich aufhielten, Regierungsgeschäfte getätigt. Für Theophanu ist die lange Reise eine gute Gelegenheit gewesen, einen Eindruck von diesem riesigen Reich zu erhalten, das so anders ist als Ostrom. Schließlich kommt sie aus der lebendigen Weltstadt Konstantinopel – hier aber bestimmen riesige Wälder, unbefestigte Straßen, einsame Dörfer und mit Wällen und Holzzäunen – Palisaden – befestigte ▸ Klöster das Bild. Den August hat die Familie im mächtigen Kloster von St. Gallen

*Das Oströmische Reich, auch „Ostrom" oder „Byzanz" genannt, ist das mächtige Nachfolgereich des Römischen Reiches. Seine Hauptstadt war Konstantinopel, das heutige Istanbul.

M 1 Theophanu (rechts) und ihr Ehemann Otto II. (links) auf einer Elfenbeinschnitzerei, die um 980 entstand. In der kleinen Figur unten links zu den Füßen Ottos hat sich der Schnitzkünstler selbst dargestellt.

verbracht, dessen großzügige Bauten und reiche Bibliothek sie beeindruckt haben. Theophanu hat vorher nicht gewusst, dass es solche Orte des Wissens und der Kultur auch nördlich der Alpen gibt. Sie hat sich entschieden, die Klöster in Zukunft als Kaiserin zu unterstützen.

Der Hoftag ist ihre erste Bewährungsprobe. Theophanu ist entschlossen, Byzanz würdig zu vertreten. Außerdem weiß sie, dass ihre Anwesenheit für die Gäste des Hoftags ein Zeichen dafür ist, dass der oströmische Kaiser Otto I. als Nachfolger des weströmischen Kaisers anerkennt.

M2 (links) In der 1 1/2 Meter langen Hochzeitsurkunde von Theophanu und Otto II. ist z.B. festgelegt, dass Theophanu große Ländereien zur Versorgung bekommt, falls ihr Ehemann vor ihr sterben sollte.

1. Schreibe in Stichworten auf, was du über die Welt erfährst, in die Theophanu hineingekommen ist.

2. Erkläre, was „oströmischer Kaiser" bedeutet.

3. a) Beschreibe die Abbildung M1. Wen soll die große Figur in der Mitte darstellen?
b) Erkläre, was durch die Schnitzerei ausgedrückt wurde.
Tipp: Seite 166

Auf den folgenden Seiten erfährst du, ...
- wie ein großes Reich im Mittelalter regiert wurde.
- warum im Mittelalter ein König immer auf Reisen war.
- was Pfalzen waren und welche Rolle sie spielten.
- was die Bevölkerung auf dem Land für das Reich leisten musste.

Außerdem übst du, ...
- bildlich dargestellte Regeln aus dem Mittelalter zu untersuchen und die darin verwendeten Zeichen zu verstehen.
- eine Karte auszuwerten.
- geschichtliche Zusammenhänge in einem Standbild darzustellen.

König, Kaiser und Kirche

Was war das für ein Reich, über das Theophanu mit ihrem kaiserlichen Gemahl herrschen sollte? Es lag auf ehemals weströmischem Gebiet. Dort hatten sich verschiedene germanische Völker angesiedelt und neue Herrschaftsgebiete, Königreiche, gegründet. Das bedeutendste unter ihnen war das Frankenreich. Der fränkische König Karl ließ sich im Jahr 800 nach dem Vorbild der antiken römischen Herrscher sogar in Rom zum Kaiser krönen – vom Papst, dem mächtigsten Bischof* der Christen. Dadurch wollte Karl sein Reich als besonders machtvoll herausstellen: Es sollte als christlicher Nachfolger des Römischen Reiches gelten. Als „Karl der Große" 814 starb, wurde sein Herrschaftsgebiet unter seinen Nachfolgern aufgeteilt und zwei bedeutende Reiche gingen daraus hervor: das Westfränkische Reich und das Ostfränkische Reich.

* Bischof: hohes kirchliches Amt, ein Würdenträger in einem kirchlichen Gebiet, das „Diözese" genannt wird

M2 Diese Bronzefigur aus dem 9. Jahrhundert gilt als Bildnis von Kaiser Karl dem Großen.

Wer wird König?

Der sächsische Herzog Otto wurde im Jahr 936 König des Ostfränkischen Reiches. Zu Königen wurden mächtige ➤ Adlige erhoben, die sich vor den anderen ausgezeichnet hatten: Ein König musste siegen können, das verstanden die Menschen damals als „Königsheil".

Doch Ottos Herrschaft war gefährdet: Immer wieder fielen ungarische Reiter in sein Herrschaftsgebiet ein und bedrohten die Grenzen im Osten. Aber auch im Inneren war der neue König nicht von allen anerkannt. Denn mächtige Herzöge – Adlige, die „vor dem Heer herzogen" – wollten sich nur ungern einem anderen unterwerfen. Sie fühlten sich als Anführer der einzelnen Stämme, z. B. der Bayern oder Franken, und dem König ebenbürtig.

M1 Das Ostfränkische Reich und seine Stammesherzogtümer um das Jahr 1000

1. Betrachte M1 und liste mithilfe einer aktuellen Karte auf, welche heutigen Länder auf dem Gebiet liegen, über das Otto I. herrschte.
Benenne Herzogtümer, von denen es heute noch Überbleibsel gibt.

Die Kirche stützt das Königtum

Otto wusste, dass der Adel ihm keine verlässliche Stütze für seine Herrschaft sein würde. Deshalb fasste er den Entschluss, eng mit mächtigen Kirchenvertretern zusammenzuarbeiten. Hohe Geistliche* aus angesehenen, königstreuen Familien stattete er mit großen Ländereien aus, um sie zu ergebenen Gefolgsleuten zu machen.

Zudem machte er sein Recht als Herrscher geltend, die höchsten Kirchenvertreter selbst zu bestimmen und in ihr Amt einzusetzen. Dies nennt man ▸ „Investitur". Der Begriff kommt aus dem Lateinischen – von „vestire": „bekleiden" – und drückt aus, dass die Geistlichen ihre Amtskleidung erhielten.

Das Bischofsamt bekamen die ausgewählten Männer, nachdem sie eine Ausbildung im Gefolge des Königs erhalten hatten. So waren sie in engen Kontakt mit der königlichen ▸ Verwaltung, der Organisation des Reiches gekommen und fühlten sich dem König verpflichtet. Deshalb halfen sie ihm, das Land zu regieren, und leisteten auch Kriegsdienst.

Weil Geistliche ehelos leben mussten, hatte Otto nicht zu befürchten, dass die vergebenen Ämter und Kirchengüter weitervererbt werden könnten. So behielt er die Verteilung in seiner Hand. Er hatte es geschafft, eine ihm, dem König, ergebene Reichskirche zu schaffen.

Geistliche: Mönche und Nonnen, Priester, Bischöfe, ...

Otto I. wird Kaiser

Als Otto im Jahr 955 die Ungarn endgültig besiegen konnte, war für die Adligen und die Fürsten Europas sein Königsheil bewiesen. Nun war er der mächtigste König im Westen. Es heißt, seine Truppen hätten ihn danach zum Kaiser ausgerufen. 962 zog er nach Rom und wurde vom Papst zum Kaiser gekrönt wie damals der Franke Karl: Der Papst übergab ihm die kaiserlichen Herrschaftszeichen (M 7, Seite 17). Otto sah sich nun in der Rolle des mächtigen Herrschers, der sein christliches Imperium schützte, und nannte sich „durch göttliche günstige Gnade erhabener Kaiser". Sein Reich wurde nun als „Heiliges Römisches Reich" bezeichnet.

M3 *Eine Investitur: Der König setzt einen Bischof ins Amt ein, indem er ihm den Bischofsstab überreicht. Buchmalerei aus dem 10. Jahrhundert*

·············

2. Schreibe in eigenen Worten auf, was „Investitur" bedeutet (Text, M 3).

3. Nenne Gründe, warum Otto eng mit den kirchlichen Großen zusammenarbeitete.
   Tipp: Seite 166

4. Bildet Dreiergruppen. Erarbeitet ein Standbild (Seite 121), um Ottos Position zwischen der Kirche und den Herzögen zu verdeutlichen.

M4 Wer kann König werden, wer Kaiser?

Diese Frage beantwortete der Historiker Arne Borstelmann 2011 folgendermaßen:

Im frühen Mittelalter erbten die Söhne den Königstitel von ihrem Vater. Später entschieden Herzöge und Erzbischöfe als die „Großen" im Reich, wer König wer-
5 den sollte. Sie wählten den besten Mann aus einer der vornehmsten Familien.
Der König musste die Mehrheit des Adels und der Bischöfe auf sich vereinigen können. […] Um die Herrschaftsberechtigung
10 vollends zu erlangen, waren ihm während der Krönungszeremonie die Herrschaftszeichen zu übergeben […].
Wer Kaiser des mittelalterlichen Reiches werden wollte, musste zunächst König
15 des Ostfränkischen Reiches sein und geloben, die Kirche vor Feinden zu schützen. Wenn der Papst, der höchste geistliche Herrscher, einverstanden war, krönte er den König in Rom zum Kaiser. Das Kaiser-
20 reich umfasste neben Deutschland auch Teile von Italien und wurde zur Zeit Ottos „Heiliges Römisches Reich" genannt.
Zitiert nach: Praxis Geschichte 1/2011 (bearbeitet)

* Erzbischof: Titel des höchsten Bischofs in einem kirchlichen Amtsgebiet

M6 Otto wird zum König gekrönt

Der Mönch Widukind von Corvey, ein Zeitgenosse Ottos I., beschrieb im Jahr 967 dessen Krönung zum König des Ostfränkischen Reiches, die im Jahr 936 stattgefunden hatte. Widukind selbst war allerdings nicht als Zeuge dabei gewesen:

[In der Aachener Pfalz] versammelten sich die Herzöge und obersten Grafen mit den vornehmsten Rittern in dem Säulenhof vor der Kirche Karls des Großen. Sie
5 setzten den neuen Herrscher auf einen dort aufgestellten Thron, huldigten ihm, gelobten ihm Treue, versprachen ihm Unterstützung gegen alle seine Feinde und machten ihn nach ihrem Brauch zum Kö-
10 nig. Otto betrat darauf die Basilika. Dort ging ihm der Erzbischof* von Mainz entgegen und berührte mit seiner linken Hand die rechte des Königs. Er sagte: „Seht, ich bringe euch Otto. Gott hat ihn
15 erwählt und sein Vater, der mächtige König Heinrich, hat ihn einst zum König bestimmt. Jetzt aber wurde er von allen Fürsten zum König gemacht." […]
Dann schritt der Erzbischof mit dem Kö-
20 nig hinter den Altar, auf dem die königlichen Abzeichen lagen: das Schwert, der Mantel, der Stab mit dem Zepter und das Diadem. Er nahm das Schwert, wandte sich an den König und sprach: „Nimm
25 dieses Schwert, auf dass du alle Feinde Christi verjagst, da durch Gottes Willen dir alle Macht im Frankenreich übertragen ist, zum unerschütterlichen Frieden für alle Christen."
30 Dann legte er ihm den Mantel um und gab ihm Zepter und Stab. Auf der Stelle wurde er mit dem heiligen Öl gesalbt und mit dem goldenen Diadem gekrönt und durch die beiden Bischöfe von Mainz und
35 Köln zum Thron geführt, zu dem man über eine Wendeltreppe hinaufstieg.
Widukind von Corvey II, 1–2, in: Res gestae Saxonicae, S. 105, 107, 109 (bearbeitet)

M5 *Die Krönung eines mittelalterlichen Herrschers. Buchmalerei aus dem 14. Jahrhundert*

M 7 Die Herrschaftszeichen mittelalterlicher Kaiser: Reichsschwert, Reichskrone, Reichskreuz, Reichszepter und Reichsapfel

Die Reichskrone ist in symbolischer Weise verziert: Die Zahl der Edelsteine auf der Stirnplatte (Perlen werden nicht mitgezählt) steht für die Vollkommenheit.

Eine Schläfenplatte der Reichskrone zeigt Christus mit zwei Engeln: „Durch mich herrschen Könige", steht auf Latein darauf.

Die Herrschaftszeichen, mit denen mittelalterliche Könige und Kaiser gekrönt wurden, bezeichnet man als „Reichsinsignien". Sie sind Sinnbilder kaiserlicher Macht und Zeichen für
- den christlichen Glauben,
- die Herrschaft über die Weltkugel,
- die Würde als Kaiser,
- die Gewalt der Rechtsprechung und
- die Macht auf Erden.

5. Unterscheide mithilfe von M 4 „König" und „Kaiser".
a) Erkläre, wie ein Adliger König werden konnte.
Tipp: Seite 166
b) Was musste geschehen, damit aus einem König ein Kaiser wurde?

6. Untersuche den Bericht M 6 über die Erhebung Ottos zum König. Lege dazu eine Liste mit vier Spalten an. Trage in die erste Spalte die genannten Personen ein. In die zweite Spalte schreibe, was die einzelnen Personen taten. Schreibe in die dritte Spalte den genauen Ort der Handlung und in die vierte Spalte, was die Handlungen möglicherweise bedeuteten.

7. Betrachte M 5. Erkläre, ob die Darstellung zur Quelle M 6 passt.

+ Schreibe als Theophanu einen kurzen Brief an Prinzessin Anna in Kiew, in dem sie darüber berichtet, was die wertvollen kaiserlichen Herrschaftszeichen bedeuten.

Reisen und Herrschen

Wie regiert man ein Reich, das von den Niederlanden bis nach Österreich und von Rom bis zur Ostsee reicht, wenn man doch in kurzer Zeit weder von Ort zu Ort reisen noch Nachrichten versenden kann? Im Mittelalter gab es schließlich keine Zeitungen oder gar elektronischen Medien. Nachrichten wurden über längere Strecken mit berittenen Boten gesendet. Sie konnten höchstens 80 km am Tag zurücklegen, sofern sie unterwegs ihr Pferd wechseln konnten. Nachrichten waren oft wochenlang unterwegs.

Der König reist

Der Mittelpunkt eines mittelalterlichen Königreiches war dort, wo der König sich gerade aufhielt. Ein mittelalterliches Reich war nicht wie ein moderner Staat organisiert: Es gab keine Hauptstadt, keine Steuern, keine Polizei. Otto I. konnte nur dort, wo er persönlich anwesend war, auch Macht ausüben. Das galt auch für seine Nachfolger.

Der König regierte vor Ort – z. B. indem er Urkunden über Besitzrechte ausstellte, Streitigkeiten zwischen adeligen Familien schlichtete, zu Gericht saß, politische Verhandlungen mit auswärtigen Gesandten führte oder den Ausbau von Straßen und Brücken anordnete. Daher befand sich der König meist auf der Reise durch sein Reich. Diese Art der Regierung nennt man Reisekönigtum.

Der König war in Begleitung unterwegs. Sein Gefolge umfasste meist mehrere Hundert Personen – außer Familienangehörigen und Bediensteten auch ▸ Adlige, Geistliche, Beamte und zahlreiche Krieger. Quartier bezog der reisende Tross in Pfalzen. Da Wort leitet sich vom lateinischen „palatium" ab, was „Palast" bedeutet. Besonders prunkvoll dürfen wir uns die Pfalzen aber nicht vorstellen: Sie waren eher große Gutshöfe als Königspaläste.

Vertraute unterstützen den König

Überall dort, wo der König nicht vor Ort sein konnte, brauchte er Vertraute, die die Regierungsgeschäfte an seiner Stelle übernehmen konnten. Und wenn ein Kriegszug bevorstand, benötigte er ausgerüstete Krieger, die bereit waren, für ihn in den Kampf zu ziehen. Nur so war es möglich, die ▸ Verwaltung des Reiches zu gewährleisten und die Grenzen zu sichern. Deshalb traf der König, der die größte Machtstellung im Reich hatte und über das gesamte Reichsgebiet verfügte, Abmachungen mit ausgewählten hohen Geistlichen und mit Adligen: Denjenigen, denen er vertraute, überließ er Ämter und Ländereien – Dörfer, Klöster oder Grafschaften – als ▸ Lehen, „Geliehenes".

M1 *Ein König und sein Gefolge auf der Reise. Darstellung aus dem 14. Jahrhundert*

Das Lehen war eine Leihgabe von „Land und Leuten": Die Vertrauten – ob reiche Bischöfe oder kampferprobte Ritter – erhielten Land, das von Bauern bewirtschaftet wurde. Daher waren sie nun gut versorgt. Als Gegenleistung mussten sie ihrem Lehnsherrn mit „Rat und Tat" zur Seite zu stehen: Ihre Hauptaufgabe als Lehnsnehmer war es, das an sie übertragene Gebiet zu kontrollieren und Kriegsdienst zu leisten sowie den König bei schwierigen Entscheidungen zu beraten. Das gesamte Reichsgebiet wurde auf diese Weise an Adlige und hohe Geistliche vergeben; den größten Teil der Ländereien behielt der König allerdings selbst.

Lehnsherr – Vasall – Untervasall

Lehnsnehmer nennt man „Vasallen" – von lateinisch „vassus": „Knecht". Die Vasallen des Königs erhielten oft so große Gebiete, dass sie sie nicht allein kontrollieren konnten. Daher durften sie Teile ihres Lehens weitergeben – an sogenannte Untervasallen. Aber auch ein Untervasall musste nicht das ganze Lehen, das er bekam, selbst verwalten, sondern konnte einen Teil an weitere Untervasallen vergeben. Wenn ein Lehnsnehmer aufgefordert wurde, in den Krieg zu ziehen, musste er seinem Lehnsherrn folgen.

M2 Das Prinzip des Lehnswesens:

Der König verleiht Land und Ämter. Er ist der oberste Lehnsherr.

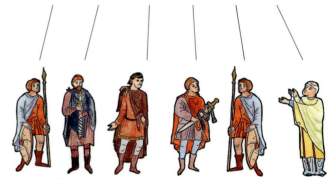

Vasallen: Weltliche und geistliche Adlige werden Vasallen des Königs. Als Gegenleistung beraten sie den König und unterstützen ihn bei Kriegszügen.

Untervasallen: Wer ein Lehen empfangen hat, darf es weitergeben an einen Untervasallen, der ihm treue Dienste verspricht.

Alle Lehnsnehmer sind dazu verpflichtet, ihren Lehnsherrn im Kriegsfall zu unterstützen und für ihn in den Kampf zu ziehen.

1. a) Kalkuliere, wie viel Zeit der Kaiser brauchte, um sein Reich mit seinem Gefolge zu durchqueren. Beziehe die Karte M1 auf Seite 14 ein.
   b) Diskutiert die Folgen in der Klasse.

2. Schreibe einen kurzen Artikel für ein Wissensmagazin für Kinder, in dem du erklärst, wie das Lehnswesen funktionierte.

M3 *Darstellung aus dem Rechtsbuch „Sachsenspiegel", um 1230*

Eine mittelalterliche Rechtsdarstellung untersuchen

Viele Erkenntnisse über das Lehnswesen haben Historiker aus einem mittelalterlichen Rechtsbuch, dem Sachsenspiegel gewonnen. Der Name „Spiegel" bedeutet so viel wie Überblick. Der Sachsenspiegel gibt also einen Überblick über Regeln, die im mittelalterlichen Sachsen, dem heutigen Norddeutschland, galten. Die Regeln wurden auch in Bildern dargestellt, denn nur die wenigsten konnten lesen. Dabei wurden Motive immer wiederholt, sodass die Menschen sie sofort verstehen konnten. Wenn wir die Darstellungen heute deuten wollen, müssen wir uns zuerst mit den damaligen Symbolen (Zeichen) vertraut machen.

Oft wurden folgende Symbole verwendet:
- ineinandergelegte Hände: einander Treue und Schutz versprechen
- erhobener Zeigefinger: ermahnen, ansprechen
- niederknien: sich unterordnen
- Schwert halten: auf Macht, Strafe oder Kriegsdienst hinweisen
- Fahne übergeben: einem Adligen ein Lehen übertragen
- Schlüssel übergeben: einem Geistlichen ein Lehen übertragen

Ein Vertrag wird geschlossen

Die Übergabe eines ▸ Lehens erfolgte durch eine symbolische Handlung, den sogenannten Handgang: Vor Zeugen legte der Lehnsnehmer seine Hände in die des Lehnsherrn und leistete einen Treue-Eid, indem er z. B. sagte: „Herr, ich begehre von Euch zu Lehen und biete Euch dafür meine Mannschaft." Danach übergab der Herr ihm ein Schwert, eine Fahne oder einen Schlüssel als Symbol (Zeichen) des Lehens. So entstand durch die Vergabe von Lehen ein Netz von persönlichen Bindungen und gegenseitigen Verpflichtungen zwischen dem König, den Adligen und den hohen Geistlichen.

Ursprünglich fiel nach dem Tod eines Vasallen das Lehen an den König zurück und er vergab es an einen neuen Vertrauten seiner Wahl. Allerdings wollten die adligen Herren ihre Ländereien ihren Söhnen vererben, daher wurden die Lehen bald erblich.

M4 Von Vasall zu Vasall

In einer Urkunde aus dem Jahr 1206 des damaligen Bischofs von Passau hieß es:

Unser Vorgänger Wolfker, damals Bischof von Passau, hatte Leopold, den Herzog von Österreich, anfangs mit zwei Landflächen in Edramsberg belehnt. Auf die Bitte
5 von Leopold und auf die Bitten von Hartwig von Lengenbach, [...] der diese Flächen von dem oben genannten Herzog zu Lehen erhalten hatte, und auf die Bitten von Billung von Pernstein, der von dem
10 genannten Hartwig mit ihnen belehnt worden war, und auf die Bitte eines gewissen Vasallen Albero von Gneußen, der sie von dem schon genannten Billung als Lehen erhalten hatte, hat er sie [nun] dem
15 Kloster St. Maria in Wilhering unter dem Abt Otto von Niest übertragen.

Zitiert nach: K. Kroeschell: Deutsche Rechtsgeschichte, Band 1, 1999, S. 280 f. (bearbeitet)

Bischof Wolfker
↓
Herzog Leopold
↓

Bischof Erkembald von Straßburg soll 100 Panzerreiter schicken; der Abt von Murbach führe 20 mit sich; Bischof Balderich von Speyer 20; Hildebald von Worms führe 40; der Abt von Weißenburg schicke 50; der Abt von Lorsch führe 50; der Erzbischof von Mainz schicke 100; der Erzbischof von Köln 100; der Erzbischof von Würzburg 40; der Abt von Hersfeld 40; Graf Heribert führe 30 und der Sohn seines Bruders komme entweder mit 30 oder schicke 40; Megingaus soll mithilfe Burkhards 30 führen; Kuno, der Sohn Kunos, führe 40; vom Herzogtum Elsass sollen 70 geschickt werden; Bezolin, der Sohn des Arnust, führe 12; Azolin, der Sohn Rudolfs, schicke 30; Otto, der Bruder Gebizos schicke 20; Graf Hezel führe 40; der Abt von Fulda schicke 40; Graf Gunthram führe 12; Unger führe 20; Herr Sikko, des Kaisers Bruder, führe 20; Otto führe 40;

3. Erkläre, welche Handlung im M3 auf der rechten Bildhälfte dargestellt ist. Lies dazu auch die Hinweise auf Seite 20 und orientiere dich an folgenden Fragen:
   - Welche Figuren sind beteiligt?
   - Woran erkennst du ihre Bedeutung?
   - Wer bietet seine „Mannschaft" und was bedeutet dies?
   - Wie sind das Gebäude und der übergebene Gegenstand zu verstehen?

4. Spielt einen Handgang in Partnerarbeit nach. Tauscht euch hinterher in der Klasse darüber aus, wie sich die Situation für den „Lehnsnehmer" anfühlt und wie für den „Lehnsherrn".

5. a) Lies M4 und stelle fest, um was für eine Quelle es sich handelt.
   b) Mache eine Skizze zu der Sache, um die es hier geht.
   c) Welchen Eindruck machen die beschriebenen Verhältnisse auf dich? Sucht in der Klasse eine Erklärung dafür.

6. a) Schau die Angaben in M5 an und schätze ab, welche Rolle die kirchlichen Lehnsmänner für das Heer Ottos spielten.
   b) Bereite für den Bischof Erkembald eine kurze Rede vor, in der er seinen Männern erklärt, dass der König zum Heeresdienst gerufen hat und dass dem Ruf unbedingt Folge geleistet werden muss.
   Tipp: Seite 166

M5 *Kaiser Otto II. fordert im Jahr 981 für einen Kriegszug Panzerreiter von seinen Vasallen.*

Zusammengestellt nach: W. Hartmann: Deutsche Geschichte in Quellen und Darstellungen 1, 1995, S. 183–184

Herren und Knechte

ZEITREISE Wenn der König kommt

Der September des Jahres 986 hatte schon begonnen, als der Pfalzgraf von Grona – nennen wir ihn Giselher – den kaiserlichen Boten empfing. Der teilte ihm mit, dass Kaiserin Theophanu mit ihrem Sohn Otto und zahlreichen Begleitern den Oktober auf der Pfalz verbringen wollten. Es sollten ein Hoftag und ein Treffen mit der früheren Kaiserin Adelheid, der Großmutter des kleinen Königs, stattfinden. Giselher war ungehalten, denn erst den März hatte der Hof in seiner Pfalz zugebracht und das hatte viele Vorräte gekostet! Nach einem halben Jahr schon wieder Königsbesuch mit zahlreichen Gästen zu haben, würde große Anstrengungen bereiten. Aber Grona war eben eine gut versorgte Pfalz.

Gleich schickte Giselher nach seinem Verwalter, Bruno. Auf den erfahrenen, verständigen Mann, der die Pfalz und die umliegenden Hofstellen bestens kannte, hatte Giselher sich bisher immer verlassen können.

Zwar runzelte Bruno die Stirn, als er von dem baldigen Besuch erfuhr, doch nachdem er einen Augenblick überlegt hatte, sagte er: „Ich meine, das ist zu schaffen, Herr Giselher! Die Ernte ist gut, der Bestand an Vorräten müsste ausreichen und die Räume sind gepflegt; auch das Dach des Palatiums ist wieder abgedichtet. Wie groß wird denn das Gefolge der Kaiserin sein?" Der Pfalzgraf rechnete diesmal mit mehreren Hundert Menschen, da auch viele Große des Reiches zum Hoftag kommen würden. Alle Lagerplätze rund um die Pfalz würden dicht belegt sein!

Der Verwalter prüft und sorgt vor

Bruno machte sich auf den Weg zu seinem Seneschall, den Beamten, der für die Essensvorräte verantwortlich war. Mit ihm prüfte er, wie viele Kühe, Schweine, Schafe, Gänse und Hühner zur Schlachtung bereit waren. Schinken und Würste wurden gezählt, das Getreide in den Säcken geprüft, ob auch keine Mäuse oder Ratten es angefressen hatten.

M1 *Das Foto zeigt ein Modell der Kaiserpfalz in Goslar, die nach dem Jahr 1000 errichtet wurde. Die Pfalz Grona, die in der Nähe von Göttingen lag, ist heute nicht mehr erhalten.*

Dann schickte der Seneschall nach dem Jagdaufseher, ob die Fischteiche gut bestückt waren und ausreichend Wild in der Gegend stand. Die Gärtner konnten mit frischen Äpfeln, Birnen und leckerem Gemüse dienen.

Mit dem Mundschenk besprach Bruno anschließend den Stand der Getränkevorräte. Die Wasserleitung, die Frischwasser vom Fluss zur Pfalz führte, war gerade erneuert, sodass der Brunnen ausreichend Frischwasser für die Gäste haben würde. Die Kaiserin trank nur wenig Wein, dafür mochten die Männer aber gerne einen guten Tropfen! Vielleicht sollte man noch Rheinwein holen? „Unsere Fässer sind gut gefüllt; wir haben auch noch einige gute ältere Jahrgänge!", meldete der Mundschenk. „Außerdem trinken die Männer gern Bier, da könnten wir noch mehr brauen. Gerste, Hopfen und Malz haben wir genug."

Über den breiten Innenhof der Pfalz ging Bruno zu den Stallungen. Der Marschall, der für die Unterbringung und das Futter für die Pferde des königlichen Trosses zu sorgen hatte, klagte: Ein Teil des Heus sei feucht geworden und schimmele nun. Dafür müssten die umliegenden Hofstellen der Bauern eben Heu nachliefern.

Am Ende war Bruno ganz zufrieden. Dass die Kornmühle am Bach zuverlässig arbeitete, wusste er. Auch die Arbeitshäuser waren ausreichend besetzt; dort webten die Frauen des Herrenhofes das feine Linnen für die Königsfamilie und das etwas gröbere für das übrige Gefolge. Es schien, als müssten für den Besuch der Kaiserin nicht viele Waren zugekauft werden. Das würde auch den Kämmerer Leodulf freuen, der hinter gut gesicherten, mit Eisen beschlagenen Türen das königliche Vermögen der Pfalz verwaltete!

Abbildung aus einer Buchmalerei aus dem 13. Jahrhundert

Geistliches Leben auf der Pfalz

In der Zwischenzeit ging Giselher zum Priester der Pfalzkapelle. Schließlich mussten auch die Gestaltung des feierlichen Gottesdienstes zur Eröffnung des Hoftages und der Empfang für die hohen Herren des Umlandes geplant sein! Er traf ihn in den Nebenräumen der Königshalle, wo er sich mit einem der gräflichen Beamten besprach. Sie prüften eine Urkunde für eine Schenkung an ein Kloster in der Nähe. Der Priester wollte gleich zum Erzbischof von Magdeburg schicken, damit er den Gottesdienst mitfeiern könnte. Auch andere geistliche Herren sollten zum Fest kommen …

Durch die Bibliothek ging Giselher hinauf bis zum Altarraum. Von hier oben konnte er die gesamte Pfalzanlage überblicken. In den Höfen standen Pferde und wurden von Knappen gestriegelt, aus den offenen Werkstätten und Schmieden drang Arbeitslärm. Seine Pfalz war doch ein beeindruckender Ort. Die Kaiserin würde sicher auch diesmal zufrieden sein!

1. a) Überlege, wofür der Verwalter Bruno noch sorgen muss, und entwirf für ihn eine ausführliche Checkliste der vor dem Besuch zu erledigenden Arbeiten.
b) Notiere, wer alles an den Arbeiten beteiligt ist.

Adlige Herren und ihre Höfe

Giselher war ein ▸ Adliger, der als Vasall über ein ▸ Lehen verfügte: die Pfalz. Das verpflichtete ihn, Dienste zu leisten: Er musste, wenn nötig, in den Krieg ziehen oder den Kaiser und sein Gefolge auf seiner Pfalz beherbergen. Das Land, das er bekommen hatte, war aber nur etwas wert, weil darauf Bauern lebten, die arbeiteten und für Ernten sorgten. Nur so konnten Giselher, seine Familie und seine Leute ernährt werden, ohne selbst auf dem Acker arbeiten zu müssen. Durfte Giselherr also auch über die Bauern bestimmen? Ja, denn Giselherr war ▸ Grundherr der Bauern, die auf seinem Land lebten und arbeiteten.

Grundherr und Leibeigene

Der Grundherr verfügte zunächst über den Herrenhof mit dem Ackerland. Dieses Land ließ er für den eigenen Bedarf bewirtschaften. Alle bäuerlichen Arbeiten wurden von Knechten und Mägden verrichtet, die auf dem Herrenhof lebten: das Pflügen, Säen und Ernten, das Instandhalten der Wege und Gebäude oder das Verarbeiten von Flachs und das Herstellen von Stoffen.

* Fron: Das Wort kommt aus dem mittelalterlichen Deutsch (Mittelhochdeutsch) und bedeutet „Herrschaft".

Die Knechte und Mägde gehörten dem Grundherrn: Sie waren unfrei und zählten als Leibeigene zu seinem Besitz. Der Grundherr ließ die Leibeigenen nicht nur für sich arbeiten, sondern er war auch ihr Richter. Nicht einmal heiraten durften sie ohne seine Erlaubnis. Andererseits war der Grundherr dazu verpflichtet, sie zu versorgen und vor Gefahren zu schützen.

Hörige: unfreie Bauern

Einem Grundherrn unterstanden aber noch weitere kleine Bauernhöfe, die außerhalb seines Gutes lagen: die sogenannten Hufen. Auch die „Hufenbauern", die diese Bauernhöfe bewirtschafteten, mussten für den Grundherrn arbeiten, denn auch sie waren von ihm abhängig und persönlich unfrei. Man bezeichnet sie als ▸ Hörige – das Wort kommt von „gehorchen". Wurde das Land, auf dem sie lebten, verkauft oder verschenkt, so blieben die Hörigen nicht im Dienst ihres alten Grundherrn, sondern wurden mit dem Land weitergegeben. Sie waren, wie es hieß, „an die Scholle (Erdscholle) gebunden". Ein Höriger war also ein Bauer, der von einem Grundherrn abhängig war, aber nicht als Besitz des Grundherrn galt.

Ihrem Grundherrn hatten die Hörigen Abgaben zu entrichten: Einen Teil ihres Viehs und Geflügels, aber auch Eier, Milch und Getreide mussten sie abliefern. Zum anderen hatten sie Frondienste* zu leisten. Dazu gehörte die Bestellung der Felder des Grundherrn, wie auch die sogenannten Spanndienste: Mit Ochsen- oder Pferdegespannen mussten Ernteerträge transportiert werden. Auch beim Bauen von Brücken und Wegen mussten die hörigen Bauern arbeiten. Im Falle des Pfalzbesuchs eines Herrschers, wie in der Geschichte von Giselher, hatten sich die Hörigen an den Vorbereitungen zu beteiligen. Außerdem mussten sie der Kirche ein Zehntel ihrer Ernte abgeben, den Kirchenzehnt.

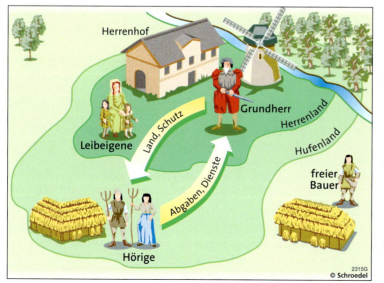

M2 *Das System der Grundherrschaft. Schaubild*

M3 Ein Holzschnitt aus dem Buch „Spiegel des menschlichen Lebens", das 1479 verbreitet wurde

Da der Grundherr für Frieden und Ordnung im Dorf sorgen sollte, konnte er die Einhaltung seiner Gebote und Verbote mit Gewalt erzwingen. Die ▸ Grundherrschaft bestimmte etwa tausend Jahre lang das Leben der Menschen auf dem Land.

Von der Freiheit zur Hörigkeit

Historiker gehen davon aus, dass schon im frühen Mittelalter die meisten Bauern Hörige waren. Dies hängt damit zusammen, dass die Bauern in Kriegsfällen als Soldaten zu dienen hatten. Zum einen war das teuer, denn eine Ritterrüstung und ein Pferd mussten sie selbst dafür bereitstellen. Zum anderen fanden Kriegszüge meist im Sommer statt; deshalb fehlten die Bauern bei der Feldarbeit im Dorf. Die Folge war, dass ihre Familien verarmten und hungern mussten. Um den Kriegsdienst zu umgehen, übergaben viele Bauern daher ihren Besitz einem Grundherrn. Denn er nahm ihnen die Pflicht zur Heeresfolge ab und versprach, sie zu schützen – z. B. vor Übergriffen anderer adliger Herren, die versuchten, das Land, auf dem die Bauern lebten, zu erobern. So konnten sie wieder die lebensnotwendige Feldarbeit leisten.

2. Bildet Dreiergruppen und klärt, was die Begriffe „Grundherr", „Hörige" und „Leibeigene" bedeuten. Untersucht dazu den Text und M2.
a) Jeder wählt einen Begriff und schreibt Stichworte dazu auf. Gebt dann eure Notizen weiter. Das nächste Gruppenmitglied ergänzt sie gegegebenfalls. Danach gebt ihr die Notizen noch einmal weiter, sodass jeder in der Gruppe über alle Begriffe informiert ist.
b) Stellt eure Ergebnisse in der Klasse vor und besprecht sie. Könnt ihr euch auf je eine Begriffsklärung einigen?

3. a) Stellt die Abbildung M3 in Gruppen nach. Sprecht darüber, was die an der Szene beteiligten Personen wohl gefühlt und gedacht haben könnten.
Tipp: Seite 166

b) Gestaltet Denkblasen, in die ihr die Empfindungen und Gedanken eintragt. Legt sie zum Bild.

Frondienste im Sachsenspiegel

Der Sachsenspiegel stellt in Texten und Bildern Regelungen zusammen, die im 13. Jahrhundert das Zusammenleben der Menschen betrafen (Seite 20).
Das hier abgebildete Blatt bezieht sich auf die Frondienste der Bauern. Ähnlich wie Einträge in einem Kalender wird mit Bildern ver- deutlicht, zu welchen Terminen die Bauern was für Dienste leisten mussten und welche Abgaben fällig waren.

• •

4. Ordne jeder Bildzeile der Darstellung die passende Karte (links) zu.
(Die Auflösung findest du auf Seite 176.)

Am 13. Juli, dem Margarethentag, ist der Kornzehnt fällig. Um den Termin zu kennzeichnen, ist die heilige Margaretha dargestellt. Sie fesselte den Teufel, wie eine Legende erzählt.
A

Kräuter und Getreidebündel werden an Mariä Himmelfahrt (15. August) in der Kirche geweiht und der Gänsezehnt wird fällig.
B

Am Bartholomäustag, dem 24. August, sind verschiedene Abgaben fällig, z. B. Geld, Eier und Getreide. Um den Termin zu kennzeichnen, ist der heilige Bartholomäus dargestellt, der seine Haut an einem Stock trägt. Der Überlieferung nach wurde Bartholomäus gehäutet und enthauptet.
C

Der Fleischzehnt ist am Johannistag (24. Juni) fällig. Darauf weisen Rind, Kalb, Ziege und Hahn hin.
D

Am Tag des Heiligen Urban (25. Mai) sind die Frühjahrsarbeiten in Obstgarten und Weinberg beendet. Das zeigt der abgelegte Arbeitskittel.
E

Bildliche Darstellungen zu Vorschriften des Sachsenspiegels, 1231

M5 Dienste der Hörigen

Um das Jahr 900 entstand ein Verzeichnis des Gutshofes Friemersheim am Rhein, das die Verpflichtungen der Hörigen festlegte. Über die Frondienste heißt es dort, dass die Hörigen folgende Feldarbeiten zu leisten hätten:

… zwei Wochen im Herbst, zwei Wochen im Vorfrühling, zwei Wochen im Juni; in den einzelnen Wochen fünf Tage. Im Herbst zwei Tagewerke umbrechen, danach pflügen, das Saatkorn vom Hof empfangen und eggen. Der gleiche Dienst ist im Frühjahr zu leisten. […]
Weiter ist im Frühjahr auf Verlangen ein Tagewerk zu ackern. Jedem Pflug steht ein Sechstel Bier, ein Brot und Zukost zu. […]
In der Heuernte soll jeder Hufenbauer bis zum Mittag mähen, dann steht zweien ein Brot zu, Zukost und ein Sechstel Bier. Er soll darauf das Heu in Haufen zusammenrechen und einen Wagen voll in die Scheune fahren.
Weiter soll er zum Haupthof 30 Pfähle bringen, sooft es notwendig ist, den Zaun zu erneuern. […]
Auf dem Feld soll er den Zaun derart instand halten, dass die Zugochsen oder anderes Vieh nicht in die Saaten einbrechen können. Wenn Vieh einbricht, ist er verantwortlich.
Er soll jährlich zwei Scheffel* Roggen vom Haupthofe empfangen und mahlen und verbacken. Von 24 Broten erhält er eines, wenn er sie abliefert.
Weiter soll er 2 Scheffel Weizen nur mahlen und durchsieben und von der Kleie die Hälfte behalten. Ebenso soll er zwei Scheffel Gerste als Hundefutter und fünf Scheffel Eicheln als Schweinefutter mahlen. […]

Zitiert nach: G. Franz: Quellen zur Geschichte des deutschen Bauernstandes im Mittelalter, 1967/Nr. 43 (bearbeitet)

M6 Wie kommt es zur Abhängigkeit?

Aus dem 9. Jahrhundert ist die folgende Klage eines Bauern überliefert:

Da ich, wie jedermann bekannt ist, nicht mehr weiß, wovon ich mich ernähren oder kleiden soll, habe ich Euer Mitgefühl angerufen und Euer Wille hat mir gestattet, mich Eurem Schutz auszuliefern oder anzuvertrauen. Dies geschehe unter folgenden Bedingungen: Entsprechend meinen Diensten und Verdiensten um Euch seid Ihr verpflichtet, mir zu helfen und mich mit Nahrung und Kleidung zu versorgen. Ich schulde Euch bis an mein Lebensende Dienstbarkeit und Gehorsam, sofern sie mit der Freiheit vereinbar sind; bis an mein Lebensende werde ich mich Eurer Macht und Eurem Schutz nicht entziehen können.

Zitiert nach: G. Duby: Krieger und Bauern, 1981 (2. Auflage), S. 49 (bearbeitet)

---

5. Erstelle mithilfe von M5 und des Textes auf den Seiten 24/25 eine Tabelle. Schreibe auf der linken Seite auf, was der Grundherr für den Hörigen tat, und auf der rechten Seite, was der Hörige für den Grundherr leisten musste.

6. Lies M6 und gib das Anliegen des Bauern in eigenen Worten schriftlich wieder.
Tipp: Seite 166

7. Führe mit einem Partner/einer Partnerin ein Rollenspiel durch: Zwei Bauern treffen sich, ein Freier und ein Höriger. Sie sprechen darüber, ob es besser ist, frei oder hörig zu sein, und berichten einander von ihren Erfahrungen.
Tipp: Seite 166

* Scheffel: ein Gefäß, das als Hohlmaß genutzt wurde (wie z.B. Liter). In verschiedenen Gegenden waren Scheffel allerdings sehr unterschiedlich groß.

SELBSTÜBERPRÜFUNG

Wenn du die vorangegangenen Seiten bearbeitest hast, solltet du folgende Aufgaben lösen können. Schreibe die Lösungen in dein Heft. Ob du richtigliegst, erfährst du auf Seite 174.

M1 Abbildung aus einem Buch, das im 13. Jahrhundert angefertigt wurde

1. Betrachte M1 und bestimme, um welche Art von Bild es sich handelt.
a) Beschreibe die Abbildung. Bestimme, wen die Personen darstellen, und erkläre ihre Handlung.
b) Erläutere die Bedeutung dieser Handlung für die Personen.
c) Begründe, warum die Personen voneinander abhängig sind.
d) Erkläre abschließend, weshalb die Grundherrschaft das Leben der meisten Menschen im Mittelalter bestimmte.

2. a) Schau dir das Schema M2 genau an und schreibe auf, was es darstellt.
b) Erkläre, warum das Lehnswesen für die Herrschaft des mittelalterlichen Königs wichtig war.

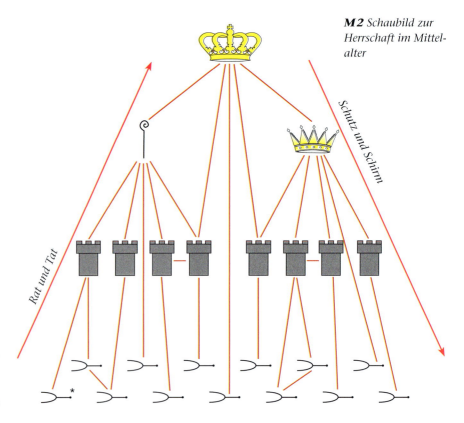

M2 Schaubild zur Herrschaft im Mittelalter

* Das sind Sporen, dornenartige Metallformen, die am Schuhwerk des Reiters befestigt werden.

ZUSAMMENFASSUNG

Herrschaft im Mittelalter

Im 8. Jahrhundert wurden auf dem Gebiet des ehemaligen Weströmischen Reiches verschiedene germanische Königreiche gegründet. Schließlich setzte sich der fränkische König Karl durch. Im Jahr 800 wurde er in Rom vom Papst zum **Kaiser** gekrönt. Karl der Große sah sein Kaiserreich in der Nachfolge des Römischen Reiches. Nach seinem Tod zerfiel das Frankenreich. Das **Westfränkische Reich** war der Kern des künftigen Frankreich; aus dem **Ostfränkischen Reich** ging später das Deutsche Reich hervor.

Im Mittelalter regierten die Könige mithilfe des ▸ **Lehnswesens**. Der oberste Lehnsherr war der **König**. Er verlieh Land oder Ämter an seine **Vasallen**, Herzöge, Grafen, Bischöfe und Äbte. Dafür schuldeten sie ihm Treue, mussten ihm am Hof dienen und ihn beraten oder ihn im Kriegsfall unterstützen („Rat und Tat"). Vasallen konnten Teile ihrer Lehen an Untervasallen weiterverleihen. So war die Herrschaft vom König bis zu den freien Bauern verklammert.

Kaiser Otto II., der Sohn Ottos I. und Ehemann von Theophanu. Buchmalerei, um 985

Im Ostfränkischen Reich gewannen Stammesherzöge an Macht gegenüber dem König, dem sie sich nicht bedingungslos unterordnen wollten. Otto I., König aus dem Stamm der Sachsen, sicherte jedoch die Herrschaft der Ottonen. Es gelang ihm, große Lehen an hohe Geistliche zu vergeben. Da sie keine Familien haben durften, vererbten sie ihre Lehen nicht weiter. Die Kirche war dem König daher eine besonders sichere Stütze seiner Herrschaft. 962 wurde Otto in Rom zum Kaiser gekrönt.

Der mittelalterliche König regierte, indem er von Pfalz zu Pfalz zog (**Reisekönigtum**). Die Pfalzen waren meist größere Gutshofanlagen und wurden von Adligen geführt. Als Pfalzgrafen waren sie Grundherren, wie alle anderen Freien auch, die Lehen erhalten hatten. Die ▸ **Grundherren** wurden von unfreien **Leibeigenen** und ▸ **hörigen Bauern** versorgt. Dafür mussten sie ihnen militärischen Schutz bieten („Schutz und Schirm").

- **4. Jahrhundert n. Chr.** Das Römische Reich wird geteilt.

- **5. Jahrhundert n. Chr.** Germanische Stämme errichten eigene Reiche auf dem Boden des Weströmischen Reiches

- **800** Der Franke Karl der Große wird im Jahr 800 vom Papst zum Kaiser gekrönt.

- **seit 936** Otto I. herrscht im Ostfränkischen Reich.

- **962** Otto I. wird in Rom vom Papst zum Kaiser gekrönt.

- **972–991** Kaiserin Theophanu lebt am sächsischen Königshof und regiert ab 983 für ihren Sohn, Otto III.

BLICK IN DIE WELT

Die Osterinsel

Eine karge Insel – und 4 000 km² Wasser drum herum: der Pazifik. Am Ostersonntag des Jahres 1722 landeten hier europäische Seefahrer unter dem Kommando des Niederländers Jakob Roggeveen. Sie nannten die Insel deshalb „Osterinsel". Etwa 2000 km sind es bis zu nächsten Insel und über 3000 Kilometer bis zum Festland. Die Europäer staunten: Auf dieser einsam gelegenen Insel lebten Menschen!

Wie wir heute wissen, wurde sie schon zwischen 700 und 900 n. Chr. von Seefahrern aus Polynesien, der Inselwelt des südlichen Pazifik, entdeckt und besiedelt. Die Polynesier waren geniale Schiffsbauer und Steuerleute. Diese Kunst ermöglichte es ihnen, lange auf See bleiben und den Gefahren des Meeres zu trotzen. Wahrscheinlich kam es um 1400 zu einer zweiten Einwanderungswelle auf der Osterinsel.

Noch mehr als über die Besiedlung, die sie in dieser Einsamkeit nicht erwartet hatten, staunten die Europäer allerdings über die riesigen Skulpturen. Vor allem an der Küste waren sie aufgestellt. Etwa 1000 riesige Figuren – sogenannte Kolossalfiguren – aus hartem Stein fanden sie vor. Später zeigte sich, dass die Skulpturen seit etwa dem 13. Jahrhundert dort über einen langen Zeitraum entstanden waren. Zu einer Zeit also, die in Europa Hochmittelalter heißt, wurde auf der Osterinsel eine enorme Energie in die Schaffung dieser Werke gesteckt.

Die Einwohner lebten zu dieser Zeit in zehn Stämmen, deren Gebiete genau umrissen waren. Allerdings gab es keine Grenzanlagen. Forscher gehen davon aus, dass die Einwohner der Insel meinten, in den Statuen würden die Seelen Verstorbener überleben und die Insel schützen. Zugleich werden

sie aber auch als Ausdruck für die Macht und die technischen Möglichkeiten der einzelnen Stämme gesehen. Deshalb sind die Statuen, die sie „Moai" nannten, auch Ergebnisse einer Konkurrenzsituation. Es sind riesige Blöcke, die mit steinzeitlichen Werkzeugen bearbeitet wurden. Die Blöcke mussten aus den Steinbrüchen an die Küste geschafft werden, wo sie mit Blick aufs Meer oder zum Land hin aufgestellt wurden. Sie beeindrucken die Betrachter vor allem durch ihre grob gehauenen, aber ausdrucksstarken Gesichter. Die Moai verfügen über einen Körper, Arme und Hände sind angedeutet, aber Beine haben sie nicht.

Um 1600 endete die Produktion neuer Skulpturen. Forscher meinen, dass es eine ökologische Krise auf der Insel gegeben hat: Zu viele Menschen nutzten die Insel als Lebensgrundlage. Die Wälder waren abgeholzt, die Böden ausgelaugt. Die Wildbestände wurden knapp. Zum Fischfang musste man weit aufs Meer hinausfahren. Lebensmittel waren kostbar geworden. Damit war eine völlig neue Lebenssituation entstanden.

In dieser Zeit entstand ein neuer Kult: der Vogelmannkult. Er verdeutlicht die knappe Situation. Wer das erste Ei einer Seeschwalbe von einem vorgelagerten Felsen holen und es schwimmend und kletternd auf die Insel bringen konnte, wurde ein Jahr lang als außergewöhnlicher Mensch verehrt, eben als Vogelmann. Er lebte in dieser Zeit isoliert von den anderen, gab sich das Aussehen eines Vogels und hatte einen herausgehobenen Stand auf der Insel. Der Kult zeigt symbolisch, wie wertvoll Lebensmittel geworden waren und wie Menschen ihr Leben fürs Überleben einsetzen mussten.

Heute gehört die Osterinsel zu Chile. Dort leben etwa 5000 Einwohner. Ein Vielfaches an Touristen besucht aber jedes Jahr die Insel mit den geheimnisvoll wirkenden Statuen.

Zum Nachdenken

- Gibt es in deiner Region auch alte Gebräuche? Frage danach und suche nach einer Erklärung.

Die Einwohner der Osterinsel haben die behauenen Steinblöcke anscheinend über lange Strecken transportiert. Manche Forscher vermuten, dass die Statuen mithilfe von Seilen bewegt wurden, und zwar stehend – nicht liegend. Das passt zu alten Überlieferungen. Sie berichten davon, dass die Moai zu ihren Standorten „liefen". Untersuchungen haben auch gezeigt, dass die Statuen ursprünglich verziert waren: Ihnen waren Augen aus Korallen und Obsidian, einem glasähnlichen Stein, eingesetzt.

Lebensorte im Mittelalter

Das Bild heißt „Die Hochwildjagd". Es entstand um 1480 und zeigt Adlige und Bauern, die typischen Tätigkeiten nachgehen.

Das europäische Mittelalter

700　800　900　1000　1100

Eine Stadtansicht von Lüneburg. Ausschnitt aus einem Gemälde von Hans Bornemann, 1445

Eine Szene aus dem Klosterleben. Gemälde des italienischen Malers Pietro Lorenzetti, 1341

Die bäuerlichen Arbeiten sind Motive eines Kalenders aus dem 15. Jahrhundert. Jedes der Bilder steht für einen Monat.

Die Neuzeit

1200   1300   1400   1500   1600

Der Wald – nützlich, aber unheimlich!

Vor einem großen Wald wohnte ein armer Holzhacker mit seiner zweiten Frau und seinen zwei Kindern: das Bübchen hieß Hänsel und das Mädchen Gretel. Im
5 Land herrschte große Not und so konnte er das tägliche Brot nicht mehr beschaffen.

Wie er sich nun abends im Bett Gedanken machte und sich vor Sorgen herumwälzte, seufzte er und sprach zu seiner Frau: „Was
10 soll aus uns werden? Wie können wir unsere armen Kinder ernähren, wenn wir doch selbst nichts mehr haben?" „Weißt du was, Mann", antwortete die Frau, wir wollen morgen in aller Früh die Kinder
15 in den Wald führen, wo er am dichtesten ist, dort geben wir ihnen noch ein Stückchen Brot und dann gehen wir und lassen sie allein. Sie finden den Weg nicht wieder nach Haus und wir sind sie los.

20 Du weißt, wie die Geschichte weitergeht: Hänsel und Gretel sind klug. Zwar verirren sie sich und landen bei dem Lebkuchenhaus einer Hexe, aber sie besiegen sie und finden zurück zu ihrem Vater, der die bei-
25 den sehr vermisst hat …

Der uns heute bekannte Wald hat nichts mehr mit dem Wald des Mittelalters zu tun. Denn damals war das Land zum größten Teil von Wald bedeckt, einem Urwald,
30 wie man ihn heute bei uns nicht mehr findet. Dörfer, Klöster und Burgen müssen wie kleine freundliche Inseln in einem großen grünen Meer gewirkt haben, denn der Weg durch den riesigen Wald war ge-
35 fährlich: Im Wald gab es wilde Tiere und dort lebten Menschen, die sich verstecken mussten.

Märchen geben uns noch heute eine Ahnung davon, wie man sich im Wald gefühlt
40 haben mag. Aber noch etwas anderes wird deutlich: Die meisten Menschen waren arm. Deshalb hatte der Wald trotz der Gefahren für sie eine viel größere Bedeutung als für uns heute: Zum einen konnten die
45 Bauern, wie auf der Abbildung links, ihr Vieh in den Wald treiben, wo es sich von den jungen Trieben und den Früchten der Bäume ernährte. Im Wald fand man aber auch Beeren und Honig, mit denen man

M1 *Mit diesem Bild wurde um 1415 ein sogenanntes Stundenbuch verziert. Stundenbücher sind Gebetbücher, die Gebete und Lieder für verschiedene Tageszeiten enthalten und den Gläubigen durch das ganze Jahr begleiten. Das hier gezeigte Blatt steht für den Monat November.*

Speisen süßen konnte. Schließlich war Holz für die Menschen im Mittelalter der wichtigste Rohstoff: Die allermeisten Häuser wurden aus Holz gebaut, auch viele Burgen, Brücken und sogar die Stadtmauern der älteren Zeit. Manche Wege waren mit Holzbohlen befestigt und der Boots-, Schiffs- oder Mühlenbau war ohne Holz undenkbar. Die Wagen und die meisten Werkzeuge bestanden natürlich aus Holz, und – nicht zu vergessen – die Einrichtungs- und Gebrauchsgegenstände, selbst Löffel oder Kellen. Auf Holzfeuer wurde gekocht, mit Holz geheizt. Auch Köhler verfeuerten gewaltige Mengen an Holz, denn die von ihnen produzierte Holzkohle benötigte man für die Eisenherstellung.

Aber wo neues Ackerland gebraucht wurde, musste der Wald weichen. Mit großer Mühe wurde er gerodet, um den Menschen mehr Platz zum Ackerbau zu beschaffen. Noch heute weisen Ortsnamen wie Osterode darauf hin.

M2 *Ausschnitt aus einem Wandbild, das im 15. Jahrhundert entstand*

1. Suche im Internet ein Foto von einem Urwald, wie es ihn früher in Mitteleuropa gegeben haben könnte, und drucke es aus.
a) Beschreibe den Wald. Nenne Gründe, warum man sich in diesem Wald gut verlaufen, aber auch verstecken konnte.
b) Stelle heraus, welche Schwierigkeiten Menschen zu überwinden hätten, wenn sie diesen Wald roden wollten.

2. Stelle in einer Tabelle zusammen, wofür im Mittelalter der Wald und das Holz benötigt wurden.

3. Suche in einem Atlas Ortsnamen in Niedersachsen, die auf die Entstehung des Ortes durch Rodung hinweisen.

Auf den folgenden Seiten erfährst du, ...
- *wie die Menschen im Mittelalter auf dem Land und in den Klöstern, auf Burgen und in der Stadt lebten und arbeiteten.*
- *warum es den Menschen gelang, mehr Nahrung zu produzieren.*
- *welche Bedeutung Klöster für die Gesellschaft hatten.*
- *wie Städte entstanden sind und welche Merkmale sie von Dörfern unterscheiden.*
- *was man unter einer Ständegesellschaft verstand.*

Außerdem übst du, ...
- *dich in ein Bild hineinzuversetzen und darüber zu berichten.*
- *bei einer Textquelle zu untersuchen, wo der Autor sachlich informiert und wo er seine eigene Meinung wiedergibt.*
- *ein Thema in einem Gruppenpuzzle zu untersuchen: Du arbeitest dich in ein Thema ein, tauschst dich mit anderen Experten in einer Arbeitsgruppe aus und gemeinsam fasst ihr eure Ergebnisse zusammen.*

Bäuerliches Leben im Dorf

M 1 Schnitt durch das Haus einer mittelalterlichen Bauernfamilie. Rekonstruktionszeichnung

ZEITREISE
Elsbeth in Sorge

Das Mädchen – es könnte Elsbeth geheißen haben – stand vor dem strohgedeckten Lehmhaus und starrte auf die Felder. Es hoffte, die Brüder zu sehen, die mit
5 dem schlichten Holzpflug den Acker bearbeiteten. Das Pflügen war eigentlich eine zu schwere Arbeit für Kinder, aber der Vater musste für den Grundherrn Holz in die Stadt bringen und würde wohl erst
10 in sieben Tagen zurückkommen. Und die Mutter, die sonst mitgearbeitet hätte, war hochschwanger. Die Aussaat konnte jedoch nicht warten. Die Brüder würden arbeiten, solange es hell war, und versuchen,
15 den ganzen Acker zu bestellen. Aber die Sonne ging noch lange nicht unter. Ob die Brüder ihr sonst eine Hilfe gewesen wären? Denn Elsbeth sorgte sich. Bei der Mutter hatten die Wehen eingesetzt, und die letz-
20 ten beiden kleinen Geschwister waren kurz nach der Geburt gestorben. Sollte sie die Kräuterfrau holen oder den Pfarrer? Würden sie der Mutter helfen können?

• • • • • • • • • • • • • • •

Die Bauernfamilie

Das Mädchen Elsbeth lebte – wie etwa
25 90 Prozent der Menschen in Mitteleuropa um das Jahr 1100 – in einer Bauernfamilie in einem kleinen Dorf. Wie sah ihr Leben aus? Die Bauern selbst haben uns kaum schriftliche Quellen hinterlassen. Von Bil-
30 dern und archäologischen Forschungen wissen wir aber: Die Bauern lebten in Häusern aus Holz und Lehm, deren Dächer meist mit Stroh gedeckt waren. Oft hatten sie nur einen einzigen Raum, in
35 dem gekocht, gegessen, gearbeitet und geschlafen wurde. Es waren Wohnstallhäuser, in denen auch die Tiere Platz fanden. Statt Fenstern ließen offene Luken, die man im Winter notdürftig zustopfte,
40 die Luft herein. Der Fußboden bestand aus gestampfter Erde. Eine Feuerstelle in der Mitte des Raumes war die einzige Wärmequelle, es gab keinen Schornstein. Hühner und Gänse, Katzen und Hunde
45 liefen frei umher (M 1).

Fast alles, was die Bauernfamilie brauchte, stellte sie selbst her: ihr Haus, die Nahrungsmittel, aber auch Arbeitsgeräte, Stoffe, Kleidung und Schuhe. Ihre Arbeitszeit wurde von der Jahreszeit bestimmt: Wenn es hell wurde – im Sommer gegen 5 Uhr morgens – begann der Arbeitstag. Nur sonntags oder an einem kirchlichen Feiertag ruhte die Feldarbeit: Die Dorfbewohner gingen zur Kirche und feierten gemeinsam Gottesdienst.

Die Menschen heirateten nicht aus Liebe, sondern um gemeinsam den Alltag besser bewältigen zu können. Dabei waren besonders die Frauen großen Belastungen ausgesetzt: Neben den Arbeiten in Haus, Garten und auf dem Feld waren sie durch häufige Schwangerschaften und Stillzeiten belastet. Da sie ihre Kinder meist unter schlechten hygienischen Bedingungen zur Welt brachten, war die Sterblichkeit von Frauen und Kindern während der Geburt oder kurz danach hoch: In vielen Familien erreichten nur zwei Kinder das Erwachsenenalter. Selten wurden Menschen älter als 40 Jahre, weil sie von der schweren Arbeit früh erschöpft waren.

Gerste-Linsentopf (6 Portionen)

1/3 Tasse gehackte Zwiebel
1/2 Tasse gehackter Sellerie
1/2 Tasse gehackte Karotten
5 EL Öl oder Schmalz
5 Tassen Wasser
1 Tasse getrocknete Linsen
1/2 Tasse Gerste
1/4 TL Rosmarin, 2 TL Salz,
2 TL frische Kräuter
frischer Spinat

Zwiebel, Sellerie und Karotten im Öl andünsten. Dann Wasser, Linsen, Gerste, Rosmarin, Salz und Kräuter hineingeben und zum Kochen bringen. Köcheln lassen, bis Linsen und Gerste weich sind (etwa 1 Stunde). Zum Schluss kurz den Spinat zugeben.

M2 *Rezept für ein bäuerliches Essen mit sommerlichen Zutaten*

Einen Fünf-Sinne-Check machen

Manche Bilder kannst du mit deinen fünf Sinnen untersuchen. Frage dich zuerst: „Was sehe ich?", und schreibe dies auf.

Stell dir nun vor, du wärest im Bild und würdest weitere Sinne einsetzen:
- Welche Geräusche würdest du hören?
- Was würdest du riechen?
- Könntest du etwas ertasten?
- Ließe sich etwas schmecken?

Notiere dazu Stichworte.

Stelle nun einen Zusammenhang her zwischen deinen Empfindungen und den Informationen, die du bereits zum Thema des Bildes gewonnen hast. Formuliere eine Aussage zum Thema des Bildes.

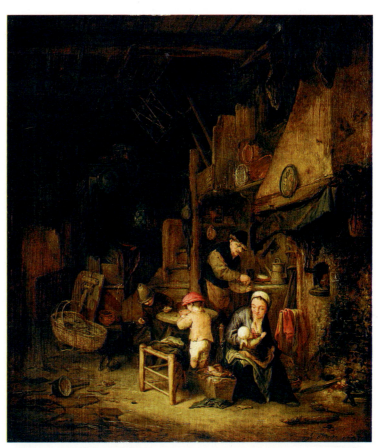

M3 *Das Bild stammt aus dem 17. Jahrhundert. Historiker gehen davon aus, dass die gezeigten Lebensverhältnisse denen des Mittelalters entsprechen.*

Das Dorf: Bauernkaten und Gutshöfe

Die Bauern in den einfachen Wohnstallhäusern im Dorf waren als ▸ Hörige von einem ▸ Grundherrn abhängig. Ihm gehörte das Land, das sie bewirtschafteten und von dem sie sich ernährten. Darüber hinaus gab es in fast jedem mittelalterlichen Dorf auch einen größeren Gutshof, den „Meierhof". Denn weil Grundherren oft über mehrere Dörfer verfügten und ihren Besitz nicht immer selbst verwalten konnten, setzten sie zur Kontrolle ihrer Hörigen und zur Organisation ihrer Dienste Verwalter ein, sogenannte Meier, die auf dem Meierhof lebten. Manchmal waren die Meier selbst ehemalige Hörige. Den Meierhof bestellten in der Regel Leibeigene des Grundherrn, also Bauern, die zum Besitz des Grundherrn gehörten.

Die Arbeit auf den Feldern

Die Äcker der Bauern, genannt Dorfflur, lagen in der Umgebung der Dörfer. Sie setzten sich aus mehreren Großfeldern zusammen. Jeder Bauer hatte in jeder dieser Flächen einen schmalen Streifen, damit alle gleichen Anteil hatten an gutem und schlechtem Boden. Deshalb mussten sich die Bauern über den Zeitpunkt für Aussaat und Ernte oder über die Frage, was angebaut werden sollte, absprechen. Auch durfte keiner sein Gespann* einfach über das Feld seines Nachbarn treiben oder in einem Bereich, in dem die anderen Getreide anbauten, seinen Streifen als Viehweide nutzen: Es herrschte Flurzwang. Vieh wurde auf die gemeinsame Weide, die Allmende, getrieben oder suchte im Wald nach Nahrung. Der Meier sorgte dafür, dass sich jeder an die Abmachungen hielt.

* *Gespann: ein Wagen mit davor angespannten Zugtieren*

M 4 *Rekonstruktionszeichnung eines hochmittelalterlichen Dorfes. Sie wurde nach archäologischen Erkenntnissen gestaltet.*

M 6 Erntearbeiten. Abbildung aus einem mittelalterlichen Buch, um 1300

 Nachbarschaft im Dorf

Das Rechtsbuch „Sachsenspiegel", das die in Norddeutschland im 13. Jahrhundert geltenden Gesetze wiedergibt, enthält u. a. Bestimmungen zum Nachbarschaftsrecht:

Niemand darf seine Dachkante in eines anderen Mannes Hof hängen lassen.
Jedermann soll seinen Hofteil einzäunen; wenn er es nicht tut und daraus Schaden
5 erwächst, muss er ihn bessern. Geschieht ihm selber Schaden, bleibt er straflos. […]
Jeder, der einen Zaun setzt, soll die Äste in seinen Hof kehren.
Öfen, Abtritte [Toiletten] und Schweine-
10 koben sollen drei Fuß Abstand vom Zaun haben. Jedermann soll auch seinen Ofen und seine Feuermauern verwahren, dass die Funken nicht in eines anderen Mannes Hof fliegen und dort Schaden stiften. […]
15 Rankt sich der Hopfen über den Zaun, dann darf der, der die Wurzeln in seinem Hof hat, so nahe wie möglich an den Zaun treten, hinübergreifen und den Hopfen herüberziehen; was er erreicht, gehört ihm;
20 was auf der anderen Seite hängen bleibt, gehört seinem Nachbarn. Die Zweige seiner Bäume sollen nicht über den Zaun hängen, seinem Nachbarn zum Schaden.
Zitiert nach: A. Borst: Lebensformen im Mittelalter, 1995 (14. Auflage), S. 361 f.

1. Erstelle eine Tabelle: Welche Tätigkeiten mussten auf einem Hof verrichtet werden? Unterscheide zwischen der Arbeit der Männer, Frauen und Kinder. Beachte dabei auch die Seiten 36/37.

2. Gib die Bestimmungen des Sachsenspiegels (M 5) in eigenen Worten wieder.
Tipp: Seite 166

3. Arbeitet aus den Materialien dieser Doppelseite heraus, in welchen Bereichen die Menschen in einem mittelalterlichen Dorf sich gegenseitig unterstützten und in welchen Bereichen Konflikte entstehen konnten. Nutzt dazu unter anderem folgende Begriffe: Zaun, Meier, Allmende, Flurzwang, Regeln.

+ Elsbeths Bruder Endres kommt von der Feldarbeit heim. Die beiden sprechen über ihren Tag. Entwerft in Partnerarbeit ihren Dialog.

VERTIEFUNG

Fortschritte in der Landwirtschaft

Die Dreifelderwirtschaft bringt Verbesserungen

Die Ernten der Bauern waren gering. Auf einen Sack Aussaat konnte ein Bauer um das Jahr 850 durchschnittlich drei Säcke Getreide ernten. Einen davon musste er für die nächste Aussaat zurücklegen. Aus Erfahrung wussten die Bauern, dass sie von einem Feld auf Dauer mehr ernten konnten, wenn sie es für ein Jahr unbestellt ließen. Deshalb teilten sie es in zwei Teile und nutzten sie im Wechsel für den Ackerbau und als Viehweide. Diese Bewirtschaftung bezeichnet man als „Zweifelderwirtschaft".

Langsam setzte sich jedoch eine neue Form der Bewirtschaftung durch, die mehr Menschen ernähren konnte: Die Bauern erkannten, dass die Ernten höher ausfielen, wenn sie das Land in drei große Felder teilten. Auf dem ersten Feld bauten die Bauern im Herbst Wintergetreide (Roggen, Weizen, Dinkel) an. Im Hochsommer des nächsten Jahres konnte es geerntet werden.

Auf dem zweiten Feld bauten sie im Frühjahr Sommerfrucht (Hafer, Gerste, Hülsenfrüchte) an, die im Spätsommer geerntet wurde. Das dritte Feld ließen die Bauern brachliegen*. Hier konnte das Vieh grasen und sein Mist gab dem Boden neue Nährstoffe, sodass sich der Boden erholte:

	Feld A	Feld B	Feld C
1. Jahr	Wintergetreide	Sommergetreide	Brache
2. Jahr	Sommergetreide	Brache	Wintergetreide
3. Jahr	Brache	Wintergetreide	Sommergetreide

Mit dieser Bewirtschaftung, die als „Dreifelderwirtschaft" bezeichnet wird, war die bäuerliche Arbeit zum einen besser über das Jahr verteilt. Außerdem bedrohten Naturkatastrophen wie Hagelschlag nun nicht mehr das gesamte Getreide. Aber

*brachliegen: nicht genutzt oder bebaut sein

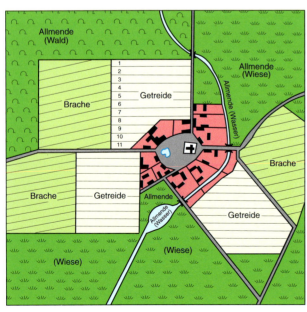

M1 *Zweifelderwirtschaft, Schaubild*

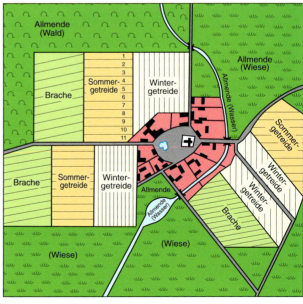

M2 *Dreifelderwirtschaft, Schaubild*

erst im 13. Jahrhundert hatte sich die Umstellung von der Zwei- zur Dreifelderwirtschaft überall durchgesetzt.

Neues Land – neue Techniken

In den meisten europäischen Ländern verdoppelte oder verdreifachte sich die Einwohnerzahl zwischen 1000 und 1300. Mehr Menschen mussten also ernährt werden. Die Bauern zogen in bisher unbewohnte Gebiete und legten dort Dörfer an. Wälder wurden gerodet, Sümpfe trockengelegt. Erst zu dieser Zeit entstand das Aussehen unseres Landes, wie wir es heute kennen: Feld an Feld, dann Weide, dann wieder Acker, dazwischen das Dorf, dann ein kleiner Wald.

Neben der Dreifelderwirtschaft halfen neue Arbeitsgeräte und Techniken, die Ernten zu vergrößern, wie z. B. der eiserne Räderpflug: Er setzte sich langsam gegenüber dem hölzernen Hakenpflug durch, mit dem nur eine etwa 5 cm tiefe Rille zum Einbringen der Saat in den Boden geritzt werden konnte. Das Pflugmesser des Räderpflugs drang tiefer ein, außerdem wurde der Boden beim Pflügen nun angehoben, gewendet und gelockert. So durchlüftete der Acker besser, was dazu führte, dass sich Wurzeln von Unkraut und Gräsern schneller zersetzten, Mineralien aus tieferen Bodenschichten nach oben gelangten und sich fruchtbarer Humus bildete. Mithilfe der Räder konnte der Pflug zudem viel besser in der gewünschten Spur gehalten werden. Aber so ein Pflug war teurer und brauchte viel mehr Zugkraft.

Deswegen setzte sich zu dieser Zeit auch eine neue Art von Geschirr zum Anspannen von Pferden durch, das Kummet (M3), das es dem Zugtier ermöglichte, mit voller Kraft zu ziehen, ohne sich wehzutun.

M3 *Bauern beim Pflügen. Schon im 8. Jahrhundert hatte man eine neue Art entdeckt, Pferde anzuschirren: Das Kummet, ein gepolsterter Halsring, lag auf den Schultern auf und erhöhte die Zugkraft der Tiere in etwa um das Vierfache. Buchmalerei, 1475*

Pferde ersetzten jetzt häufig die Ochsen als Zugtiere. Neuere Untersuchungen haben gezeigt, dass Pferde bei gleicher Arbeitsleistung schneller sind als Ochsen und ein bis zwei Stunden täglich länger arbeiten können. Hölzerne Hakenpflüge werden heute teilweise noch in der Landwirtschaft von Entwicklungsländern eingesetzt, denn Eisen ist teuer. Sie sind ein wesentlicher Grund dafür, dass die Getreideernten in diesen Ländern im Verhältnis zu den unseren klein sind. Andere Erfindungen waren Hufeisen für Pferde, Dreschflegel, Sense und Wassermühlen.

M4 *Sense und Dreschfegel*

1. Schreibe je eine kurze Erklärung zu den folgenden Begriffen: Brache, Allmende, Wintergetreide, Sommergetreide, Kummet.

2. Beschreibe die Schaubilder (M1 und M2) und erläutere das Vorgehen der Bauern. Warum ergibt die Dreifelderwirtschaft mehr Ertrag?
Tipp: Seite 166

3. Lege eine Tabelle an. Liste die genannten Veränderungen und ihre Folgen auf. Beachte dabei auch M3 und M4. Diskutiert in der Klasse über mögliche Konsequenzen.

Leben auf der Burg

ZEITREISE Auf dem Weg zur Burg

Die kleine Gruppe war tagelang geritten – durch dichte Wälder und auf schlammigen Wegen. Der siebenjährige Erik wurde zu der adligen Familie gebracht, die seine
5 Ausbildung zum Ritter übernommen hatte. Eriks Vater hatte den Burgherrn, Graf Adalbert, im Kampf kennengelernt. So hatte Erik Glück, dass er in eine angesehene und einflussreiche Familie kam.

10 An diesem Tag hat es viel geregnet und die Wollumhänge waren nass und schwer. Aber heute sollten sie ihr Ziel erreichen. Erik freute sich auf ein Dach über dem Kopf, ein Feuer, um die Kleidung zu trock-
15 nen, ein warmes Essen und einen trockenen Ort zum Schlafen. Und plötzlich ragte die Burg vor ihnen auf wie ein steinernes Gebirge aus Menschenhand. So eine hoch gelegene, großartige Burg hatte Erik noch
20 nie gesehen! Jahrelang muss daran gebaut worden sein. Die Burg seines Vaters war eher ein Gutshof, umgeben von einem stabilen Holzzaun.

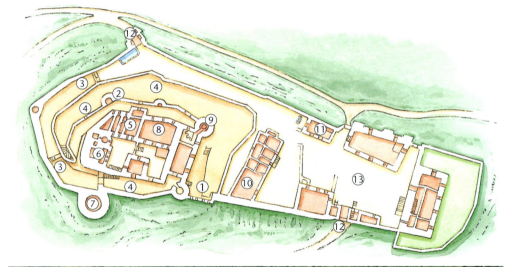

M 1 *Die Burg Hornberg am Neckar. Oben der Grundriss der Burg; unten der Blick auf die Burg*

① *Turm,*
② *Bergfried,*
③ *Zwischentore,*
④ *Zwinger (Verteidigungsbereich),*
⑤ *Palas (Herrenhaus),*
⑥ *Kapelle,*
⑦ *Bollwerk,*
⑧ *Wohnhaus,*
⑨ *Burgverlies,*
⑩ *Weingärtnerhäuschen,*
⑪ *Waschküche,*
⑫ *Eingänge,*
⑬ *Vorburg*

Über die Zugbrücke und durch das Tor kam die Reisegruppe zunächst in die Vorburg. Hier lebten die Knechte und Mägde, hier befanden sich die Ställe und die Holzvorräte. Erst durch ein zweites Tor gelangten sie in den Haupthof der Burg. Über ihnen ragte der Bergfried in den Himmel, das höchste Bauwerk der Burg, der allen Bewohnern bei einer Belagerung als Zufluchtsstätte dienen sollte. Sie gelangten zu einem mehrstöckigen Steinbau, dem Palas. Hier lebte die Grafenfamilie und der Graf Adalbert begrüßte sie nun.

Aus der Küche im Erdgeschoss roch es sehr angenehm, denn hier waren die Mägde mit der Vorbereitung des Essens beschäftigt. Aber sie stiegen in das Obergeschoss hinauf, wo sich der kleine Festsaal befand, in dem schon die Tafeln für das Begrüßungsmahl aufgebockt waren. Ein Kaminfeuer wärmte die frierenden, erschöpften Reisenden. Im Obergeschoss waren auch die Wohn- und Schlafräume zu finden. In den Schlafräumen gab es aber keine Kamine – außer im Frauengemach, der „Kemenate".

Erik, sein Vater und seine Begleitung fanden sich mit der Familie und den Männern des Grafen zum Mahl ein. Es gab verschiedene Fleischsorten, Eier, Käse und Fisch, Gemüse, Suppe und Brot. Pagen* liefen mit den Platten um die Tafel. Das würde später auch Eriks Aufgabe sein. Zu trinken gab es sauren Wein und Bier, das für die Jüngeren mit Wasser verdünnt wurde. Heute würde Erik noch bei seinem Vater schlafen, morgen jedoch mit den anderen Pagen. Würde er in der Vorburg auf Stroh schlafen wie das Gesinde*? Die Ausbildung zum Ritter sollte beginnen. Seine Familie würde Erik lange nicht wiedersehen.

M2 Buchmalerei von David Aubert aus dem 15. Jahrhundert

Warum Burgen bauen?

Das Bild vom Mittelalter ist für viele Menschen durch Burgen geprägt. Die Aufgabe der auf den Burgen lebenden Adligen und Ritter war es, das Gebiet zu sichern. Ab dem 11. Jahrhundert errichteten immer mehr von ihnen dicke Steinmauern und Wehranlagen, um ihren Wohnsitz zu schützen. Auch die Bauern der Umgebung sollten im Kriegsfall in der Burg Aufnahme finden. Um die Sicherheit der Menschen zu gewährleisten, wurde sehr viel Zeit und Arbeit für den Bau dieser Burgen aufgewendet. Doch über die Jahrhunderte wurden neue Waffen entwickelt wie beispielsweise die Kanone, gegen die Burgen nicht verteidigt werden konnten. So ging mit der Zeit der Ritter auch die Zeit der Burgen zu Ende.

----

1. a) Liste die Aufgaben einer Burg auf.
   b) Weise den Bereichen der Burg Aufgaben zu (M1).

2. Recherchiere im Internet. Stelle deinen Klassenkameraden eine restaurierte mittelalterliche Burg vor.
   Tipp: Seite 166

* Page: junger Adliger, der auf der Burg Dienst tut

* Gesinde: die Bediensteten eines Gutsherrn (nicht mit „Gesindel" zu verwechseln

M3 Wie es auf einer Burg zugehen konnte

Der Gelehrte Ulrich von Hutten wurde 1488 als Sohn eines Ritters geboren. In seiner Kindheit lebte er auf der Burg seiner Familie. Im Jahr 1518 berichtete er in einem ausführlichen Brief über diesen Lebensabschnitt. Er schilderte:

Die Burg ist von Mauern und Graben umgeben, innen ist sie eng und durch Stallungen für Vieh und Pferde zusammengedrängt. Daneben liegen dunkle Kammern,
5 vollgepfropft […] mit Kriegsgerät.

Überall stinkt es nach Schießpulver; und dann die Hunde und ihr Dreck, auch das – ich muss es schon sagen – ein lieblicher Duft! Reiter kommen und gehen, darun-
10 ter Räuber, Diebe, Wegelagerer. […]
Man hört das Blöken der Schafe, das Brüllen der Rinder, das Bellen der Hunde, das Rufen der auf dem Feld Arbeitenden, das Rattern der Fuhrwerke und Karren; ja so-
15 gar das Heulen der Wölfe hört man in unserem Haus, weil es nahe am Wald liegt.
Der ganze Tag bringt vom Morgen an Sorge und Plage. Äcker müssen umgepflügt und umgegraben werden, Weinberge
20 müssen bestellt, Bäume gepflanzt, Wiesen bewässert werden; jetzt steht die Ernte bevor, jetzt die Weinlese.
Wenn aber einmal ein schlechtes Ertragsjahr kommt, wie in dieser mageren Ge-
25 gend meistens, dann haben wir fürchterliche Not und Armut; dann hört es gar nicht mehr auf mit banger Unruhe.
Zitiert nach: A. Borst: Lebensformen im Mittelalter, 1995 (14. Auflage), S. 174f.

Eine schriftliche Quelle untersuchen

Eine Schilderung aus der Vergangenheit gibt nicht unbedingt wirkliche Zustände oder Ereignisse wieder. Oft enthalten Texte auch Ausschmückungen oder Übertreibungen. Für Historiker, die eine solche Darstellung als Textquelle verwenden möchten, ist es daher wichtig, dies zuerst zu prüfen. Sie fragen z. B. Folgendes:
- Wer ist der Autor?
- Wo und wann lebte er?
- Woher hat er seine Kenntnisse?
- Welche Absicht verfolgt er mit seinem Text?

Um diese Fragen zu klären, sind Zusatzinformationen notwendig. Im Fall von M 3 erfährst du manches aus der Einleitung der Quelle. Aber auch die Untersuchung des Textes hilft dir weiter:

- Mach dir klar, ob Ulrich von Hutten positiv oder negativ über das Leben auf der Burg berichtet.
- Schau die einzelnen Absätze genauer an und finde jeweils eine Überschrift, die den Inhalt knapp bezeichnet.
- Finde heraus, ob der Autor seinen Text ausschmückt. Achte dabei z. B. auf Übertreibungen und auf die Wortwahl.

Fasse zum Schluss deine Ergebnisse in einem Satz zusammen.

 Wie man Angreifer abwehrte

Über die Verteidigung einer Burg schrieb die französische Schriftstellerin Christine de Pisan um 1400:

In der Burg muss ausreichend Öl, Pech und Schwefel gelagert sein, um die Belagerungsmaschinen des Gegners in Brand zu setzen, außerdem eiserne und hölzerne
5 Geschosse und Speere, Bogen, Armbrüste und alle Arten von Verteidigungswaffen. Man braucht auch große Mengen von festen Steinen, die man auf den Mauern und in den Türmen bereithält. Dort liegen
10 auch Behälter mit gelöschtem Kalk. Wenn man diesen auf angreifende Feinde herunterschüttet, werden sie blind gemacht. […]
Wenn die Leute auf der Burg […] etwas
15 wahrnehmen, was auf das Graben von unterirdischen Gängen hinweist, müssen

M 5 *Je aufwendiger die Befestigungen gebaut wurden, desto ausgetüftelter wurden auch die Angriffs- und Belagerungsmaschinen. Sie konnten schwere Steine schleudern oder Angreifer auf die Höhe der Befestigungsmauern heben, wie auf dem Bild ganz links und ganz rechts zu sehen ist.*

sie ihrerseits Gänge graben, bis sie diejenigen der Feinde erreichen. Wenn sie die Feinde sehen, täuschen sie Flucht vor, und wenn sie wieder oben sind, werden Wasser und Urin in den Gang geschüttet, wodurch die anderen ertrinken.
Es gibt genug Methoden, einer Belagerung standzuhalten. Gegen den Rammbock wurde eine andere Maschine erfunden, der Wolf. Die Verteidiger brauchen ein gebogenes Eisen mit scharfen und starken Zähnen. Es wird an Seile gebunden und mit ihm wird der Rammbock eingefangen, hochgezogen und festgezurrt, sodass die Mauern nicht mehr beschädigt werden können. Gegen hölzerne Türme können die Verteidiger glühend heißes Eisen einsetzen.

C. de Pisan: Le livre des faits et bonnes meurs du sage roy Charles V., 1866, S. 58 ff.

3. a) Vergleicht das Leben auf der Burg mit dem Leben im Dorf mithilfe einer Tabelle.
Tipp: Seite 166

b) Möchtest du auf einer Burg leben? Begründe deine Meinung.

4. Stelle Maßnahmen für einen Angriff auf eine Burg und Gegenmaßnahmen zusammen (M 4). Erläutere dabei, wie ein Rammbock und ein Katapult funktionieren.
Oder:
Schreibe eine Handlungsanweisung für die Burgbewohner. Thema „Verhalten bei Angriff auf die Burg". Gehe auch darauf ein, was vorbereitet werden muss.

VERTIEFUNG

Die Welt der Ritter

M 1 *Festliches Ritterturnier. Spätmittelalterliche Buchmalerei aus Frankreich*

Mainz, Pfingsten 1184: Aus allen Teilen des Reiches kommen Adlige zusammen. Auf den Wiesen rechts des Rheins stehen Zelte, in denen sie eine Herberge finden. Ziel ihrer Reise ist der kaiserliche Hoftag, wo sie ihrem Herrscher Friedrich I., genannt Barbarossa (italienisch für „Rotbart"), huldigen wollen. Der Höhepunkt des Festes findet aber erst am Pfingstmontag statt: Die beiden Söhne des Kaisers werden von ihrem Vater mit dem Schwert umgürtet und so in den Ritterstand aufgenommen. Jubel brandet auf, die beiden Geehrten werden mit Glückwünschen und Geschenken überhäuft. Im anschließenden Turnier gehört den Söhnen des Kaisers der erste Auftritt. In einem zeitgenössischen Bericht ist zu lesen, dieses Ritterfest sei das größte und schönste gewesen, das der Verfasser je erlebt habe.

Adlige und Ritter

Seit dem 11. Jahrhundert hatte sich das Rittertum herausgebildet. Es setzte sich aus bewaffneten Kämpfern zusammen, die entweder selbst adelig waren oder als Kämpfer im Dienst adeliger ▸ Grundherren standen. Letztere erhielten für ihren Dienst Land, auf dem ▸ Hörige für sie arbeiteten und ihnen Abgaben leisteten. So hatten sie Zeit, um für den Kampf zu trainieren, und waren vermögend genug, um sich teure Waffen zu leisten.

Kämpfen in Turnier und Fehde

Zu den Höhepunkten eines Ritterlebens gehörte der Sieg in einem großen Turnier. Für die Teilnehmer war es wichtig, immer wieder ihre Kampfkraft zu erproben, denn schließlich gab es nur selten die Möglichkeit, sich in einer kriegerischen Auseinandersetzung zu bewähren. Aufgrund der räumlichen Enge wurden Turniere aber nicht auf Burgen, sondern meist auf großen Plätzen in der Ebene ausgetragen. Die Ritter kämpften mit stumpfen Waffen gegeneinander, sodass Todesfälle oder schwere Verletzungen nur selten vorkamen. Daneben gab es den Tjost, einen Zweikampf zwischen Berittenen, die in mehreren Runden versuchten, den Gegner aus dem Sattel zu heben. Der Unterlegene musste sich, sofern er überlebt hatte, mit Lösegeld freikaufen. Seine Rüstung, seine Waffen, oft auch sein Pferd, gehörten dem Sieger. Es folgte die Siegerehrung und zum Ausklang ein Festmahl.

Ganz anders geartete Kämpfe waren die Fehden, in die Ritter häufig verwickelt waren: Da es im Mittelalter keine Polizei gab, an die sich Menschen – z.B. im Fall einer Bedrohung – hätten wenden können, war es ihnen gestattet, sich selbst zu helfen, auch mit Waffengewalt. Ritter verwüsteten fremde Äcker, vernichteten Vorräte, raubten Vieh oder brannten Gehöfte nieder, um dem Gegner ihres Herrn zu schaden.

Der Ritter – ein Vorbild

Doch Ritter sollten nicht nur kämpfen können. Über die Jahrhunderte entwickelte sich die Vorstellung von einer vorbildlichen ritterlichen Lebensführung, die für alle ➤ Adligen zum Vorbild wurde. Bäuerliche Arbeit galt für den Ritter als „unehrlich", also mit der Ehre nicht vereinbar. Stattdessen sollte die ritterliche Lebensweise „höflich" und vorbildlich im Sinne des Christentums sein: eifrig im Glauben, hilfsbereit gegenüber den Armen und Schwachen, aber auch stets bereit, Andersgläubige zu bekämpfen. Seinem Herrn sollte ein Ritter gehorsam und treu sein sowie Gerechtigkeit gegenüber denjenigen walten lassen, die abhängig von ihm waren. Diese Ansprüche zeigen auch mittelalterliche Dichtungen, z. B. „König Artus".

Die Erziehung der Jungen

Die Ausbildung der Jungen zum Ritter begann meist im Alter von sieben Jahren: Er lernte klettern, schwimmen, fechten sowie das Jagen mit Pfeil und Bogen, manchmal auch Lesen und Schreiben. Verschiedene europäische Sprachen zu sprechen, war nichts Ungewöhnliches. Spätestens mit 14 verließ der Junge sein Zuhause, um sich einem von seinen Eltern ausgewählten erfahrenen Ritter als Knappe anzuschließen. Seine Aufgabe war es, für Pferd, Rüstung und Waffen zu sorgen und dem Ritter auf gemeinsamen Fahrten zu dienen. Im Alter von 21 Jahren wurde er dann in einer feierlichen Zeremonie, der **Schwertleite** (M 4) zum Ritter erhoben. Wenn möglich übernahm der junge Ritter nach und nach die Verwaltung der Burg und des väterlichen Besitzes. Viele Ritter, häufig die jüngeren Söhne, verließen aber auch die Burg der Eltern, um als fahrende Ritter anderen Herren zu dienen.

Die Erziehung der Mädchen

Adlige Mädchen heirateten häufig mit 14 oder 15 Jahren; meist hatten die Eltern die Ehe schon lange vereinbart. Wenn der Ritter zum Heeresdienst gerufen wurde, war es Aufgabe der Frau, die Arbeit ihres Mannes zu übernehmen. Junge Mädchen mussten also lernen, den riesigen Haushalt einer Burg zu führen. Dazu gehörten das Spinnen, Weben und Sticken ebenso wie das Kochen und das Beaufsichtigen von Bediensteten. Auch finanzielle Angelegenheiten mussten sie regeln. Deshalb erwartete man ganz selbstverständlich von ihnen, dass sie lesen, schreiben und rechnen konnten. Die meisten Adelstöchter konnten zudem singen, tanzen und Schach spielen. Viele waren in der Lage, zu reiten und mit ihrem Jagdfalken, den sie selbst abgerichtet hatten, die Männer auf der Jagd zu begleiten. Quellen berichten sogar von Frauen, die die Verteidigung von Burgen gegen Angreifer geleitet haben.

M2 Die Abbildung ist einem Buch aus dem 14. Jahrhundert, der „Manessischen Liederhandschrift", entnommen. Darin sind Liebeslieder gesammelt, mit denen adlige junge Damen besungen wurden.

VERTIEFUNG

M3 Gutes Benehmen

Der Dichter Gottfried von Straßburg berichtet von der Erziehung der jungen Adligen Isolde:

Isolde beherrschte ihre Muttersprache, Latein und Französisch. Vor allem aber lernte sie die gute Sitte: Die sollten alle Frauen in ihrer Jugend lernen. Sie lehrt uns nämlich, Gott und der Welt zu gefallen. Sie unterhielt ihren Vater und die anderen Ritter mit allem, was sie an Wissen und schönem Brauch kannte. Sie schrieb und las vor, sang und spielte die Fiedel. Sie konnte Briefe aufsetzen und Lieder dichten und sie achtete dabei auf Vers und Reim.

Gottfried von Straßburg: Tristan und Isolde, 7962–8084 und 8132–8141 (bearbeitet)

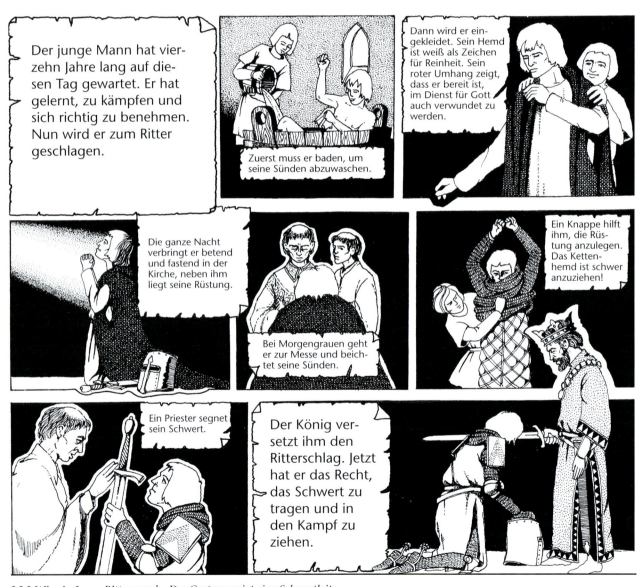

M4 *Wie ein Junge Ritter wurde: Der Cartoon zeigt eine Schwertleite. Der Zeichner hat sich den Ablauf zum Vorbild genommen, wie er aus Frankreich im 13. Jahrhundert bezeugt ist. Der Ablauf war von Ort zu Ort verschieden.*

M5 Gebet eines Ritters

Aus einem Gebetbuch des 13. Jahrhunderts:

Heiligster Herrgott, allmächtiger Vater, Du, der Du den Gebrauch des Schwertes auf Erden erlaubt hast, um die Arglist des Bösen zu bezwingen und die Gerechtig-
5 keit zu verteidigen. Der Du zum Schutz des Volkes den Ritterstand eingesetzt hast. […] Hilf deinem Knecht und wende sein Herz zum Guten, damit er dieses Schwert hier niemals gebrauche, um je-
10 mand Unrecht zu tun, sondern dass er sich seiner stets bedient, um Recht und Gerechtigkeit zu verteidigen.

Zitiert nach: M. Bloch: Die Feudalgesellschaft, 1982, S. 384

M6 Auf in den „fröhlichen Krieg"?

Im Lied eines französischen fahrenden Sängers aus dem 12. Jahrhundert heißt es:

Sehr mag ich die lustige Osterzeit, die die Blumen und Blätter sprießen lässt; und ich liebe es, der Freude der Vögel zuzuhören. Aber mir gefällt es auch, wenn ich auf den
5 Wiesen Zelte und gehisste Flaggen erblicke, und mein Jubel ist groß, wenn ich bewaffnete Ritter auf ihren Pferden in Schlachtordnung aufgestellt sehe. Und es gefällt mir, wenn das Volk vor den schnel-
10 len Reitern flieht, in deren Gefolge eine große Schar bewaffneter Männer kommt. Mein Herz schlägt schneller vor Freude, wenn ich feste Burgen belagert und die Palisaden zerstört sehe und das Heer am
15 Ufer, umgeben von Wassergräben […], Waffen, Schwerter, Helme in Hülle und Fülle. Die Schilde werden durchstoßen sein, sobald der Kampf beginnt, und viele Soldaten werden niedergestreckt sein,
20 ihre Pferde und die der Verwundeten irren dann umher.
Und wenn die Schlacht tobt, darf keiner mehr, der aus vornehmer Familie stammt, an etwas anderes denken, als daran, Köp-
25 fe zu spalten und Glieder abzuschlagen, denn besser ist es zu sterben, als besiegt weiterzuleben.
Ich sage euch: Weder am Essen, Trinken noch Schlafen finde ich so viel Gefallen
30 wie daran, den Schrei: „Auf sie!" zu hören.

Zitiert nach: M. Bloch: Die Feudalgesellschaft, 1982, S. 352 f.

---

1. Stelle anhand von M 3 und dem Text auf Seite 47 gegenüber, was adelige Mädchen und Jungen lernen mussten.

2. Verfasse einen Brief des Knappen in M 4 an seinen Vater, in dem er von seinem Dienst und seinen Erlebnissen berichtet.

3. Betrachte die Abbildung M 4.
   a) Versetze dich in die Rolle des jungen Mannes und beschreibe, wie du dich bei der Schwertleite fühlst.
   b) Wodurch wird die Bedeutsamkeit des Ereignisses betont?
   c) Diskutiert, ob die Schwertleite wohl dazu beitragen konnte, dass Ritter sich vorbildlich verhielten.

4. Gib die Bitte des Ritters in M 5 mit eigenen Worten wieder. Versucht, Situationen zu bestimmen, in denen es schwerfällt, „Arglist des Bösen" von „Recht und Gerechtigkeit" zu trennen.

5. a) Sage in eigenen Worten, wie der fahrende Sänger die Ritterwelt sieht.
   b) Stellt euch vor, die beiden Ritter aus M 5 und M 6 treffen abends am Kamin zusammen. Entwerft in Zweiergruppen ein Gespräch zwischen ihnen.
   Tipp: Seite 166

Klöster prägen die europäische Kultur

M 1 Ein Junge wird von seinem Vater einem Abt, dem Leiter eines Klosters, übergeben. Die Inschrift verrät, dass der Abt zusagt, den Jungen aufzunehmen, und der Vater dem Kloster daraufhin einen Teil seines Grundbesitzes schenkt. Buchmalerei aus dem 11. Jahrhundert

1. Schau dir M1 an und lies die Bildunterschrift.
a) Erkläre und begründe, welche Figuren Vater und Abt darstellen.
b) Suche dir einen der Beteiligten aus. Überlege und schreibe auf, welche Gedanken und Gefühle er haben könnte.

Eine Ankunft im Kloster

In heutiger Zeit gibt es kaum Menschen, die sich vorstellen können, im ▸ Kloster zu leben. Im Mittelalter dagegen entschieden sich viele junge Adlige, aber auch Frauen und Männer aus Bauernfamilien dafür, Mönch oder Nonne zu werden. Was war das Besondere der klösterlichen Lebensform? Besuchen wir das Kloster Reichenau am Bodensee:

„Ich war völlig unwissend und staunte sehr, als ich die großen Klostergebäude sah, in denen ich von nun an wohnen durfte. […] Allein schon nach wenigen Tagen fand ich mich besser zurecht, und kaum hatte ich mich in die gemeinsame Ordnung fügen gelernt, so überwies mich der Lehrer Grimald einem der Meister, bei dem ich lesen lernen sollte." So erinnerte sich Walahfrid Strabo an seine ersten Tage im Kloster Reichenau, in das er um 815 im Alter von etwa acht Jahren kam. Andere Kinder waren bereits seit ihrem fünften Lebensjahr hier. Sie lebten in einem abgesonderten Klosterbereich unter der Aufsicht eines Lehrers, bei dem sie Unterricht in Lesen, Schreiben und Latein hatten. Das war etwas Besonderes: Denn außerhalb von Klöstern gab es damals Zeit kaum Möglichkeiten, Lesen und Schreiben zu lernen. Nach der Schulzeit, etwa im 16. Lebensjahr, begann für die Klosterschüler dann das Noviziat, eine Art Probezeit, an deren Ende sie ihr Gelübde ablegten. Erst danach waren sie richtige Mitglieder der Klostergemeinschaft.

Die Karriere eines Mönchs

Warum Walahfrid von seinen adligen Eltern in ein Kloster geschickt wurde, wissen wir nicht. Vielleicht wollte seine Familie, dass ihr Sohn für sie betet, um auf diese Weise Gott näherzukommen? Häufig gaben Eltern auch Kinder ins Kloster, die – als jüngere Geschwister – keinen Grundbesitz erben würden. Das Kloster bot ihnen Versorgung.

Walahfrid jedenfalls erlebte als Mönch Ungewöhnliches. Im Gegensatz zu den meisten anderen, die das Kloster in ihrem Leben kaum jemals verließen, kam er weit herum: Er erhielt die Möglichkeit, bei einem Gelehrten zu studieren, und wurde im Alter von 30 Jahren von König Ludwig dem Frommen zum Abt des Klosters Reichenau ernannt. Als Abt verfasste Walahfrid mehrere Bücher über Pflanzen sowie über das Leben von Heiligen.

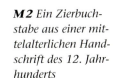

Klosterregeln

Die ersten Klöster entstanden im 4. Jahrhundert: An abgeschiedenen Orten bildeten Gläubige Lebensgemeinschaften, um sich ganz auf ihren Glauben zu konzentrieren. Sie suchten ein Leben in Askese.*
Der Begriff Kloster – er kommt vom lateinischen Wort „claustrum": Verschluss – bezeichnet solch einen abgeschiedenen Ort. Um so zu leben, wie es Gott gefallen würde, unterwarf man sich im Kloster strengen Regeln.

Für das europäische Klosterleben entscheidend wurde der Mönch Benedikt von Nursia. Die von ihm schon im Jahr 529 bei einer Klostergründung aufgestellten Regeln wurden für viele weitere Klöster übernommen und galten für Nonnen und Mönche gleichermaßen. Die Benediktsregeln schrieben nicht nur gemeinsame Bet-, Schlafens- und Essenszeiten vor. Sie legten auch fest, wie im Kloster ein maßvolles Leben geführt werden könnte: So mussten die Nonnen und Mönche sich bei ihrem Eintritt ins Kloster von ihrem persönlichen Besitz trennen. Außerdem gelobten sie den Zölibat, also ehelos zu leben, und absoluten Gehorsam gegenüber ihrem Abt.

Bete und arbeite!

In der Regel des Benedikt wurde der Tagesablauf genau festgelegt (M 3). Die Mönche und Nonnen arbeiteten meist in ihren Werkstätten, in der Bibliothek oder in der Landwirtschaft. Auf ihre Umgebung übten die Klöster oft großen Einfluss aus – z. B. durch die Entwicklung handwerklicher Fertigkeiten oder landwirtschaftlicher Anbautechniken, die Mönche an die Bauern weitergaben. Zu den Hauptarbeiten der Mönche und Nonnen gehörte das Abschreiben alter Texte. Ohne diese Leistung wären viele Ideen der Antike nicht überliefert worden. Denn bis zur Erfindung des Buchdrucks im 15. Jahrhundert wurden Bücher vor allem in den Scriptorien, den Schreibstuben, der Klöster hergestellt. Mönche und Nonnen kopierten aber nicht nur lange Texte, sondern schmückten sie auch aus, z. B. mit verzierten Initialen, Anfangsbuchstaben (M 2).

Klöster waren die einzigen Orte, in denen Menschen sich mit Kunst und Wissenschaft beschäftigten. Hier entstanden auch die ersten Schulen. Auf die perfekte Beherrschung der lateinischen Sprache wurde viel Wert gelegt, denn dies war die Sprache, in der Bücher geschrieben und Gesetze und Urkunden abgefasst wurden.

M 2 Ein Zierbuchstabe aus einer mittelalterlichen Handschrift des 12. Jahrhunderts

* Askese: Enthaltsamkeit

M 3 Der Tagesablauf in einem Benediktinerkloster

2. Vergleiche den Tagesablauf im Kloster (M 3) mit deinem eigenen.

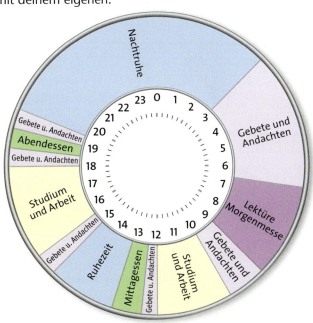

M 4 Entwurf eines idealen mittelalterlichen Klosters:

Unten ist die Nachzeichnung zu sehen, oben ein Modell.

Das Kloster soll so angelegt sein, dass sich alles Nötige innerhalb des Klosters befindet: Wasser, Mühle, Garten, Werkstätten. Draußen herumzulaufen ist für die Seele der Mönche nicht gut.

Müßiggang ist der Feind der Seele. Deshalb sollen sich die Brüder zu bestimmten Zeiten mit Handarbeit oder mit göttlicher Lesung beschäftigen.

M 5 *Auszüge der Mönchsregel, die Benedikt von Nursia im 6. Jahrhundert formuliert hat*

M6 Unterricht im Kloster

Walahfrid Strabo berichtet davon, wie er im Kloster Reichenau im Lesen lateinischer Texte geschult wurde:

Ich war da nicht allein, sondern es waren noch mehrere Knaben meines Alters, vornehmen und geringen Standes, die aber alle schon weiter vorgerückt waren. Die
5 gütige Nachhilfe meines Lehrers und der Ehrgeiz trieben mich wechselweise an, dieser Beschäftigung mit Eifer zu folgen. Das Erste, was ich da tun musste, war, einige lateinische Redensarten auswendig
10 zu lernen, um mich auf Latein mit meinen Kameraden verständigen zu können. […]
Nach einiger Zeit wurde mir die Grammatik des Donatus in die Hand gegeben und
15 ein älterer Schüler beauftragt, mich darüber so lange abzufragen, bis ich alle acht Wortarten und die Regeln über ihre Abwandlung im Gedächtnis hatte. Bald hatte ich es so weit gebracht, dass ich nicht
20 nur dasjenige, was man mir auf meine Wachstafel schrieb, sondern auch das lateinische Buch, das man mir gab, mit einiger Geläufigkeit lesen konnte. Daraufhin bekam ich ein deutsches Büchlein,
25 das mir viel Freude machte. Denn wenn ich etwas gelesen hatte, verstand ich es auch, was beim Lateinischen nicht der Fall gewesen war. […]
Jeden Tag wurde uns ein Abschnitt des
30 Psalters* vorgelesen. Wir schrieben ihn auf unsere Tafeln; dann musste jeder die Schreibfehler des Nachbarn verbessern, und einer musste alle Arbeiten durchsehen. Hierauf wurde Wort für Wort durch-
35 gegangen, alles geklärt, und am anderen Morgen mussten wir den Abschnitt auswendig lernen. Auf diese Weise prägten wir uns im Laufe des Winters und nachfolgenden Sommers den ganzen Psalter
40 ein. Von nun an durften wir wie die älteren Schüler am Chorgesang der Brüder teilnehmen.

Zitiert nach: Quellen zur Geschichte der Erziehung, 1971, S. 38f. (bearbeitet)

* Psalter: Buch der 150 Psalmen aus dem Alten Testament

3. a) Erstelle eine Liste der Gebäude und Anlagen des idealen Klosters (M4), getrennt nach kirchlichen, wirtschaftlichen und wissenschaftlichen Aufgaben.
b) Benenne ihre Bedeutung für das Leben der Mönche.
Tipp: Seite 167

c) Prüfe, ob der Klosterplan (M4) ein Leben nach den Benediktsregeln (M5) ermöglichen würde. Begründe deine Auffassung.

4. a) Erkläre, wodurch die Klöster im Mittelalter zur Bildung beitrugen. Beziehe dich auf den Text Seite 51 (ab Zeile 82), M6 und M7.
b) Diskutiert: Was wäre anders in der mittelalterliche Gesellschaft gewesen, wenn es keine Klöster gegeben hätte?

M7 *(links) Buchmalerei aus dem 12. Jahrhundert*

Macht Gott Unterschiede?

M 1 Die Buchmalerei aus dem 13. Jahrhundert stellt die Gruppen der mittelalterlichen Gesellschaft dar. Durch ihre Kleidung und die mitgeführten Gegenstände wird deutlich, welchen Platz die Dargestellten in der Gesellschaft haben.

„Hier auf Erden beten die einen, andere kämpfen und noch andere arbeiten." So schrieb Bischof Adalbero von Laon um 1025. Und der englische Priester Aelfric erläuterte: „Auf diesen drei Füßen ruht die Ordnung der Welt. Wenn einer zerstört ist, bricht sie zum Nachteil der anderen Füße zusammen."

Die Ständegesellschaft

Die Geistlichen, die Gebildeten des Mittelalters, erklärten den Menschen die Welt. In ganz Europa wiesen sie darauf hin, dass Gott die Menschen drei ➤ Ständen zugeordnet habe: dem Stand der Geistlichen, dem des ➤ Adels und dem des einfachen Volkes, der Bauern. Dabei hätten alle Stände bestimmte Aufgaben und Rechte. Zwar wären ihre Tätigkeiten ungleich, aber doch gleich viel wert, da jeder Stand auf die Tätigkeit der anderen angewiesen sei: Die Bauern stellten durch ihre Arbeit die Versorgung der Menschen mit Lebensmitteln sicher, der Adel verteidige und schütze das Volk und der wichtigste Stand, die Geistlichkeit, sorge für die Verbindung aller Menschen zu Gott.

Die Menschen, so schrieben die Gelehrten, hätten sich in die Ordnung zu fügen, denn sie sei von Gott gegeben. Es galt als Gotteslästerung, sich über seinen Stand erheben zu wollen. Kleiderordnungen* sorgten dafür, dass die Menschen sofort ihrem Stand zugeordnet werden konnten. Nur gelegentlich war es möglich, aufzusteigen, z. B. im Kloster. Auch wer im Gefolge eines Königs diente, konnte in höchste Ämter aufrücken. Dennoch blieb die ➤ Ständegesellschaft bis in die Neuzeit bestehen.

* Kleiderordnung: Vorschriften, die festlegen, wer welche Kleidung tragen darf

M2 Wer soll ins Kloster aufgenommen werden?

a) Tenxwind, Äbtissin des Klosters Andernach, schrieb an die Klostergründerin Hildegard von Bingen (um 1150):

Das scheint uns merkwürdig, dass Ihr nur Frauen aus angesehenem und adligem Geschlecht den Eintritt in Eure Gemeinschaft gewährt. Nichtadligen und weniger Bemittelten hingegen verweigert Ihr fast durchweg die Aufnahme in Eure Gemeinschaft. Darüber sind wir geradezu erstarrt und ratlos, […] da der Herr selbst für die entstehende Kirche unansehnliche und arme Fischer erwählt und der heilige Petrus den damals zum Glauben bekehrten Völkern gesagt hat: „In Wahrheit habe ich erfahren, dass bei Gott kein Ansehen der Person gilt."

b) Hildegard von Bingen antwortete:

Gott hat dem Volk auf Erden Unterschiede gesetzt, wie Er auch im Himmel Engel, Erzengel, Throne, Herrschaften, Cherubim und Seraphim* getrennt hat. Sie alle werden von Gott geliebt. […] Gott achtet darauf, dass sich der niedere Stand nicht über den höheren erhebe, wie es einst Satan und der erste Mensch getan haben. Wer steckt all sein Viehzeug zusammen in einen Stall: Rinder, Esel, Schafe, Böcke? Da käme alles durcheinander! So ist auch darauf zu achten, dass nicht alles Volk in einer Herde zusammengeworfen wird.

Beide Quellen zitiert nach: M. Diers: Hildegard von Bingen, 1998, S. 49f.

* *Die Namen beziehen sich auf Engel mit verschiedenen Aufgaben: So stellte man sich z.B. Seraphim als die Gott am nächsten stehenden Engel vor. Erzengel galten als Verkünder göttlicher Botschaften an die Menschen.*

M3 Die mittelalterliche Ständeordnung in einer Darstellung aus dem 15. Jahrhundert. Die Beschriftungen und ihre Übersetzungen lauten: „Tu supplex ora": „Du bete inständig", „Tu protege": „Du schütze", „Tuq labora (Tu que labora)": „Und du arbeite".

1. a) Beschreibe M1. Benenne die gezeigten Stände und erkläre, welche Arbeiten ihnen zugeschrieben werden.
b) Untersuche jetzt M3 und vergleiche die Darstellung mit der in M1.
c) Adlige und Geistliche könnten ein Interesse daran gehabt haben, dass in M3 die Christusfigur erscheint. Erkläre, warum.

2. Führe mit einer Partnerin/einem Partner ein Streitgespräch in den Rollen der Äbtissinnen Tenxwind und Hildegard.
Tipp: Seite 167

Der Markt – Mittelpunkt der Stadt

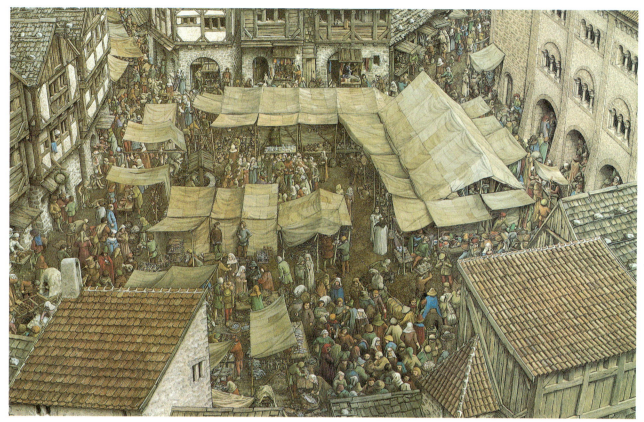

M 1 Rekonstruktionszeichnung eines mittelalterlichen Marktes

📖 ZEITREISE Ein Markttag in der Stadt

* Hospital (von lateinisch „hospitalis": gastfreundlich): in früheren Zeiten Armenhäuser, später auch Krankenhäuser

* Hökerinnen: Kleinhändlerinnen, die zu Wochenmärkten zogen. Dort verkauften sie, was sie in der Kiepe, einem geflochtenen Korb, auf dem Rücken tragen konnten.

Endlich! Dort unten lag Lüneburg. Jetzt konnte Minna die Stadt sehen, die hohen Befestigungsmauern, die Wälle und Tore. Fast sah sie aus wie eine riesige Burg. Und die vielen Türme! Kirchtürme, Stadttürme und Türmchen auf dem Dach der Hospitäler*. Minna versuchte, sie zu zählen. Doch plötzlich schrie sie auf: „Hilfe! Die Stadt brennt!" Grete und Ida, mit denen Minna zum Stadttor gezogen war, sahen erschrocken auf. Dann aber lachten sie. „Ach was! Das ist doch nur der Wasserdampf über dem Salzwerk." Minna guckte sie ratlos an. Da lachten die Frauen noch mehr. Aber dann erklärten sie es ihr: „Da wird Salzwasser gekocht, bis das feine Salz übrig bleibt. Lüneburg ist doch berühmt für sein Salz! 54 Siedehütten gibt es hier. Die Sülzer kochen Tag und Nacht – sogar sonntags. Dafür haben sie eine Erlaubnis vom Papst. Die Dampfwolken kannst du immer hier sehen."

Die schwere Kiepe auf dem Rücken, zog Minna mit den beiden anderen Hökerinnen* zum Stadttor. Auf dem Wochenmarkt wollten sie Eier und Gemüse verkaufen. Minna kam zum ersten Mal in die Stadt. Sie musste die Mutter ablösen, die zu Hause im Dorf genug zu tun hatte. Jetzt, mit elf Jahren, war Minna alt genug für die Stadt.

Eine andere Welt

Am Roten Tor prüften die Torschreiber jeden Karren. Für die meisten Waren mussten die Händler Abgaben an die Stadtkasse zahlen. Die Kiepen der Hökerinnen beachtete der Torwächter aber gar nicht. Doch wie alle Fremden musste auch Minna ihren Namen nennen, der in eine Liste eingetragen wurde.

Als sie durch die Straßen zum Marktplatz gingen, stellte Minna enttäuscht fest, wie klein und krumm die Häuser waren, die sich am Straßenrand zusammendrängten. Aber was hieß schon Straße! Die reinste Schlammspur war das. Dabei hatte die Stadt aus der Ferne so herrschaftlich gewirkt. Grete bemerkte, wie unglücklich Minna jetzt aussah. „Sei froh, dass es so nass und schlammig ist", sagte sie aufmunternd. „Hast du schon gesehen, dass die Leute hier ihren Dreck einfach auf die Straße kippen? Drei Tage lang dürfen sie ihn liegen lassen, dann werden die Reste in den Stadtgraben geschaufelt. Und wenn es warm ist, dann stinkt es hier zum Gotterbarmen."

Der Wochenmarkt war riesig. Auf Tischen, in Krambuden und auf Stadtbänken boten Händler und Handwerker ihre Waren an. Nur mit Mühe fanden Minna, Grete und Ida eine Ecke, in die sie sich mit ihren Kiepen stellen konnten. „Passt bloß auf", warnte Ida, „hier laufen überall Diebe herum. Die nehmen, was sie kriegen können."

Minna sah sich um. Jetzt fiel ihr zum ersten Mal das Rathaus auf. Mächtig stand es da. Die rote Marktfahne zeigte, dass Wochenmarkt war, das hatten ihr die anderen schon erklärt. „Da sind ja Zimmerleute", rief Minna, „ist das Rathaus denn schon kaputt?" „Im Gegenteil", antwortete Ida, „sie machen es immer größer. Hier gehen doch die hohen Herren ein und aus, die die Stadt regieren. Die brauchen ihren Platz. Und dann erst die ganzen Papiere! Sie schreiben alles auf. Die Gesetze und natürlich vor allem die Steuern, die jeder Bürger einmal im Jahr zahlen muss …"

Aber Minna hörte nicht mehr hin. Gegenüber gab es auf einmal ein großes Geschrei. Männer zerrten eine junge Frau herbei und schlossen sie mit Eisenfesseln an einen hohen Pfahl. „Was ist denn da los?", fragte sie. „Die hat bestimmt geklaut", meinte Grete, „deswegen muss sie jetzt am Kak stehen." „Am Kak?" „Na, an dieser Schandsäule da. Die nennt man den ‚Kak'. Jetzt dürfen die Leute sie bewerfen! Oha, mit der Frau möchte ich nicht tauschen." „Hat das der Stadtherr entschieden?", fragte Minna. „Nein, die Ratsherren", rief Ida, „das habe ich doch gerade erklärt: Die bestimmen hier einfach alles. Das können sie sich erlauben, weil sie aus den vornehmsten Kaufmannsfamilien stammen. Und die allerreichsten werden Bürgermeister. Die werden hier verehrt wie bei uns der Gutsherr."

Da läuteten die Kirchturmglocken. Es war so laut, dass Minna sich unwillkürlich nach dem Turm umdrehte. Aber sie konnte die Richtung, aus der das Läuten kam, nicht ausmachen. Es schien von allen Kirchtürmen gleichzeitig zu kommen. In der Stadt war wirklich alles im Übermaß vorhanden!

•••••••••••••••••••••••••••••

1. Notiere in Stichworten, welche Besonderheiten Minna in der Stadt wahrnimmt und was sie von Ida und Grete noch darüber erfährt.

2. Betrachte noch einmal die Abbildung M 4 auf Seite 38 und erkläre, durch welche Merkmale sich Dorf und Stadt im Mittelalter voneinander unterschieden.
Tipp: Seite 167

Lebensorte im Mittelalter | Der Markt – Mittelpunkt der Stadt

M2 Hans Bornemann: Ansicht von Lüneburg, um 1445 (Ausschnitt). Lüneburg, St.-Nikolai-Kirche

Die Stadt, die Minna mit den anderen Hökerinnen betrat, war eine reiche Stadt, in der ein Stadtrat und ein Bürgermeister regierten. Die Lüneburger hatten Salz, das "weiße Gold", mit dem sie Handel trieben. Salz war in einer Zeit ohne Tiefkühltruhen und Kühlschränke ein wichtiges Mittel zum Haltbarmachen von Lebensmitteln. Außerdem brauchte man es zum Gerben von Tierhäuten, und Töpfer benutzten es für Glasuren. Salz bedeutete also Reichtum – doch zunächst nur für die hohen Herren.

Lüneburg steigt auf

Am Anfang war im Schutz einer fürstlichen Burg, der Lüneburg, und des benachbarten Michaelisklosters eine kleine Siedlung entstanden, deren Bewohner das Salz verarbeiteten. Die Siedlung lag nahe eines wichtigen Handelsweges, dem Fluss Ilmenau. Doch für den Handel mit dem Salz mussten die Salzarbeiter Abgaben an das Kloster zahlen, das dafür seit 956 ein kaiserliches ▸Privileg* hatte.

Erst im 12. Jahrhundert wendete sich das Blatt zugunsten der Salzarbeiter. Der Landesfürst Heinrich der Löwe förderte Handelszentren, um seine eigenen Einnahmen zu erhöhen. Indem er andere Salzquellen zuschütten ließ und das mächtige Bardowick nahe der Lüneburg zerstörte, bekam die Siedlung an der Ilmenau eine herausragende Stellung im Salzhandel. Erwartungsvoll bauten ihre Bewohner einen neuen ▸Marktplatz sowie ein Rathaus und umgaben alles mit einem Holzzaun.

Jetzt sah Lüneburg zwar schon aus wie eine Stadt, aber es war noch keine. Dazu fehlte das Stadtrecht, das Recht, eigene Gesetze zu machen und anzuwenden sowie einen Rat zu wählen. Erst 1247 bekamen die Lüneburger von Herzog Otto dem Kind und seiner Gemahlin Mathilde das Stadtrecht verliehen. Dadurch waren sie zu freien Bürgern geworden. Stolz umgaben sie ihre Stadt nun mit einer Mauer.

Neue Städte überall

Seit dem 12. Jahrhundert wurden immer mehr Städte gegründet. Jahrhundertelang hatte das bäuerliche Leben die mittelalterliche Welt bestimmt. Doch als die Bevölkerung wuchs und immer besser versorgt wurde, gewann der Handel wieder an Bedeutung. Handwerker und Händler richteten Marktorte im Schutz von Klöstern und Burgen oder an Fernhandelswegen und Flussübergängen (Furten) ein. Die Stadt Lüne**burg** trägt ihre Entstehungsgeschichte in ihrem Namen. Den Mittelpunkt dieser Siedlungen bildete der Markt. Den Fürsten kamen die Gründungen von Marktorten gelegen. Sie hatten erkannt, wie gut sie an den Städten verdienen konnten: Die Händler mussten dem Stadtherrn Zölle und Miete für Marktstände zahlen. Bei Streitigkeiten wurden Gerichtsgebühren fällig.

Zu Beginn des 14. Jahrhunderts gab es bereits über 3000 deutsche Städte. Nur sehr wenige von ihnen galten wie Lüneburg mit mehr als 10 000 Einwohnern als Großstädte. Man schätzt, dass im 14. Jahrhundert etwa 20 Prozent der Menschen in Städten lebten.

---

* Ein Privileg ist ein besonderes Recht, das nur von einem Fürsten verliehen werden konnte.

- Allen denen, die zu meinem Markt kommen, gewähre ich Frieden und Schutz innerhalb meines Marktbereichs.
- Wenn einer meiner Bürger stirbt, so sollen seine Frau und seine Kinder alles ohne jeden Einspruch besitzen, was der Verstorbene hinterlassen hat.
- Allen Kaufleuten der Stadt wird der Zoll erlassen.
- Wenn ein Rechtsstreit entsteht, soll er nach Gewohnheit und Recht aller Kaufleute entschieden werden.

M3 *Aus der Gründungsurkunde der Stadt Freiburg, die im Jahr 1120 ausgestellt wurde (Nach: D. Starke: Herrschaft und Genossenschaft im Mittelalter, 1982, S. 86 f., bearbeitet)*

M4 Ordnung muss sein

Über die Märkte in den Städten wachten Marktaufseher. Dieses Amt war genau geregelt, wie das Beispiel aus Hildesheim zeigt:

Das Banner, das als Marktzeichen dient, sollt Ihr zur rechten Zeit aufrichten und einholen [...] und Ihr sollt kontrollieren, dass keinerlei unzulässige und verfälschte
5 Ware auf den Markt kommt und zum Verkauf angeboten wird. Wenn Ihr jemand mit solcher Ware antrefft, der körperliche Züchtigung oder eine andere große Strafe verdient, sollt Ihr ihn vor den Rat brin-
10 gen. Auch sollt Ihr aufpassen, dass Fremde mit Fremden keinen Handel treiben. [...] Ihr sollt auch den Marktplatz reinigen lassen und [...] anweisen, dass jeder seine Ware zum gebührenden Preis anbie-
15 tet. Auch sollt Ihr darauf achten, dass die Maße eines jeden Kaufmannes – seien es nun Kornmaße, Biermaße oder andere Maße – und auch alle Arten von Gewichten den Vorschriften entsprechen und
20 stimmen. [...] Für diese Dienste will Euch der Rat in jedem Jahr ein blaues und ein graues Gewand geben und dazu fünf neue Pfund Silber.
Zitiert nach: H.-G. Borck (Hg.): Quellen zur Stadt Hildesheim im Mittelalter, 1986, S. 43

M5 *Das Bild von 1442 stammt aus dem „Lüneburger Sachsenspiegel". Es zeigt, wie den Lüneburgern das Stadtrecht verliehen wird.*

3. a) Beschreibe M5: Wie ist das Verhältnis der abgebildeten Personen bei der Übertragung der Rechte dargestellt?
b) Erkläre mithilfe von M3, was es für die Lüneburger bedeutete, die Stadtrechte zu erhalten.

4. a) Fertigt ein Plakat an, auf dem die Anweisungen an den Marktaufseher (M4) in Regeln für die Händler umformuliert sind (z. B. „Ihr dürft eure Waren nur verkaufen, wenn das Marktbanner hochgezogen ist!").
b) Diskutiert darüber, ob ihr diese Marktordnung für sinnvoll haltet.

① Herzog Otto das Kind
② Kaiser Friedrich II.
③ die Bürger von Lüneburg
④ ein Rechtsgelehrter
⑤ der Kalkberg mit der Burg des Herzogs, in der auch das Michaeliskloster untergebracht war

Arbeiten in der Stadt

M1 Ein städtischer Marktplatz in einer französischen Buchmalerei aus dem 15. Jahrhundert

Das Rote Tor, durch das Minna Lüneburg betrat, steht nicht mehr. Doch die Bäckerstraße, über die sie zum ›Markt ging, gibt es noch. Vielleicht ist Minna auch in die Grapengießerstraße eingebogen, um über die Schröderstraße dorthin zu laufen. Alle diese Straßennamen bezeichnen die Berufe derer, die hier gelebt und gearbeitet haben: Die Bäcker backten Brot, Grapengießer fertigten gusseiserne Kessel, die zum Kochen in jedem Haushalt benötigt wurden. Die Schröder oder Schrader waren Schneider, denn „schraden" ist ein altes Wort für schneiden.

Gemeinsam stärker

Dass die Straßen nach dem Handwerk benannt wurden, das in ihnen ausgeübt wurde, war praktisch: So konnte man sich besser orientieren. Wer ein Brot, einen Kessel oder einen neuen Mantel brauchte, wusste, wohin er zu gehen hatte. Heute würde man wohl denken, dass es doch günstiger für die Handwerker gewesen wäre, sich über die Stadt zu verteilen, schon um die Konkurrenz des Nachbarn zu umgehen. Aber das sahen die mittelalterlichen Handwerker ganz anders. Für sie galt: Die Gemeinschaft macht stark! Seit dem 12. Jahrhundert schlossen sie sich daher zu Berufsgruppen zusammen, in denen sie ihre wirtschaftlichen Interessen gemeinsam verfolgen konnten. Je nach Region nannten sich diese Gemeinschaften Amt, Innung, Bruderschaft oder ›Zunft. Wir sprechen heute von Zünften, wenn wir die Handwerksvereinigungen meinen.

Gemeinsam legten die Mitglieder Preise, Qualität und die Menge der Waren fest. Jeder Meister sollte dieselbe Zahl von Lehrlingen und Gesellen haben. Nach Möglichkeit sollten Söhne von Zunftgenossen ausgebildet werden, damit das Gewerbe in deren Familie blieb. Nur mit Zustimmung aller Meister durften fremde Handwerker in die Zunft aufgenommen werden. Diesem „Zunftzwang" unterwarfen sie sich, weil so keiner den anderen übertrumpfen konnte, und jeder Meister mit seiner Familie ein Auskommen fand.

Auch Kaufleute schlossen sich in ähnlichen Vereinigungen zusammen, den Gilden. Viele der Kaufmannsgilden waren sehr reich. Das zeigten sie nicht nur in prächtigen Gebäuden, die sie sich an den Marktplätzen der Städte erbauen ließen. Sie stifteten auch viele soziale Einrichtungen wie Hospitäler und Kirchen.

Leben und arbeiten in der Gemeinschaft

Die Zünfte oder Gilden regelten nicht nur wirtschaftliche Angelegenheiten: Sie waren auch Lebensgemeinschaften, zumal ja alle Mitglieder in derselben Straße wohnten. Die Mitglieder feierten gemeinsam Gottesdienste und hatten eigene Schutzheilige. Sie stifteten Leuchter für die Kirchenaltäre, die sie bei hohen Festen in feierlichen Prozessionen durch die Stadt trugen. Das Geld dafür kam aus einer gemeinsamen Kasse, in die jedes Mitglied Beiträge einzahlen musste. Damit versorgten sie auch kranke und in Not geratene Mitglieder sowie deren Witwen und Waisen. Auch andere Feste wurden zusammen gefeiert – und dabei der Wohlstand der Gemeinschaft gezeigt. Die Zünfte und Gilden waren jedoch auch militärische Einheiten. In Lüneburg trug zudem jeder Abschnitt des Stadtwalls den Namen einer Zunft wie etwa der Schifferwall, der Schusterzwinger und der Wollenweberdamm. Die Mitglieder dieser Zünfte hatten den Abschnitt instand zu halten und im Kriegsfall zu verteidigen.

Spezialisten sind gefragt

Wie war es zu der enormen Vielfalt an Handwerken in den Städten gekommen? Auch auf dem Land gab es ja Handwerker. Doch durch die Märkte in den Städten entstand eine große Nachfrage nach Handelswaren, sodass sich die Handwerker hier voll und ganz auf ihr Handwerk konzentrierten – für die Herstellung von Lebensmitteln sorgten ja andere. Dadurch konnten sich die Handwerker auch spezialisieren: Statt der Weber gab es bald Wollweber oder Tuchmacher für die Verarbeitung von Wolle, Leinenweber oder Lakenmacher für die Verarbeitung von Flachs und Seidenweber für die von Seide.

Frauen- und Männerarbeit

In den Gemeinschaften hatten die Männer das Sagen. Aber auch die Frauen arbeiteten selbstständig oder in den Familienbetrieben mit ihren Männern zusammen. Es war auch üblich, dass die Ehefrau ihren Mann vertrat, wenn er auf Reisen war, und dass die Witwe die Werkstatt ihres verstorbenen Mannes übernahm. Frauen konnten auch Meisterinnen mit vollem Zunftrecht sein, in die Lehre gehen und als selbstständige Mägde arbeiten.

Im Gegensatz zu den Männern hingen ihre Möglichkeiten aber von der jeweiligen Zunftsatzung ab. So kam es, dass Frauen in ein und derselben Stadt in einer Zunft Meisterin sein durften, in der anderen nicht alleine den Betrieb weiterführen durften, wenn ihr Ehemann verstorben war. Selbstständig arbeiteten Frauen hauptsächlich im Lebensmittel- und Textilgewerbe. In Köln und Paris wurden Garne und Seidentücher sogar in Frauenzünften hergestellt. Die meisten Frauen aber verdienten ihren Lebensunterhalt als Hökerinnen oder Krämerinnen, denn der Kleinhandel war gut mit der Hausarbeit zu vereinbaren.

M2 *Schmiedende Frau aus einer Buchmalerei des 14. Jahrhunderts*

---

1. In vielen Städten mit mittelalterlichem Kern gibt es Straßennamen, die Berufsbezeichnungen sind. Finde heraus, welche Straßennamen in deiner Stadt auf alte Handwerksbezeichnungen zurückgehen.
Frage deine Eltern oder Lehrer, wenn du Straßennamen nicht verstehst, oder recherchiere im Internet.

+ Möglicherweise geht auch dein Familienname auf ein mittelalterliches Handwerk zurück. Welches ist es?

2. Notiert, um welche Lebensbereiche ihrer Mitglieder sich die Zünfte kümmerten. Findet heraus, wer diese Aufgaben in unserer Zeit übernimmt.
Tipp: Seite 167

M 3 Berufe von Stadtbewohnern. Vier Darstellungen aus dem „Codex Balthasar Behaim", 1505

M 4 Zunftregeln der Kölner Goldschmiede, 1357

Es sei allen kundgetan, dass wir eine Bruderschaft der Goldschmiede gegründet haben. Alle Mitglieder sollen gutes Gold und Silber nach Vorgabe der Zunft ver-
5 wenden, wie es in Köln üblich ist.
Jährlich soll man einen Meister und fünf Beisitzer wählen, die vereidigt werden und dieses Amt annehmen müssen.
Wenn nötig, sollen sie jederzeit Gold und
10 Silber untersuchen können. Wer schlechteres Material als vorgesehen verwendet, zahlt Buße und muss alle schlechten Stücke entzweischlagen. […]
Kein Goldschmied soll heimlich verkau-
15 fen, sondern offen zur Straße hin, sodass niemand betrogen wird.
Jeder Bruder, der verkaufen will, soll einen eigenen Brustpanzer haben. Wer keinen hat, zahlt Buße. […]
20 Weiter soll man von Oktober bis zur Fastenzeit nicht länger bei Kerzenlicht arbeiten, als bis es vier schlägt und man zu St. Laurentius und St. Alban die Nachtglocke geläutet hat, außer zwei Wochen vor und
25 nach Weihnachten. Dann darf jeder Bruder so lange arbeiten, wie er will. Wer sonst länger arbeitet, zahlt 1 Mark Buße. […]
Wenn ein Bruder einen Lehrjungen an-
30 stellen will, soll er ihm einen Monat Probezeit geben. Will er ihn behalten, soll er der Zunft 8 Gulden geben und darauf achten, dass der Junge nicht älter als 15 Jahre, niemandem hörig und für den Be-
35 ruf geeignet ist. […]
Wenn ein Goldschmied nach Köln kommt und sich keiner dieser Regeln unterwirft, dann wird ihm verboten, dazuzugehören. […]
40 Weiterhin zahlt Buße: Wer bei der Beerdigung eines Bruders nicht teilnimmt und wer einen Bruder unbrüderlich mit Worten oder Taten behandelt.

Zitiert nach: H. von Loesch (Hg.): Die Kölner Zunfturkunden, 1907, S. 80 f. (bearbeitet)

3. Recherchiert mithilfe der Abbildungen auf diesen Seiten, welche Handwerksberufe es im Mittelalter gab.

+ Ermittelt die Handwerke, die es noch heute gibt, und die, die in anderen aufgegangen sind.

4. a) Stelle zusammen, wofür die Zunft der Goldschmiede in M 4 Regeln festlegte.
b) Ein Geselle, der in die Zunft aufgenommen werden will, fragt nach dem Sinn der Regeln. Erklärt ihm, z. B. in einer Spielszene, warum sie wichtig für ihn und alle Zunftgenossen sind.

M 5 *Zunftwappen des Mittelalters*

Bürger und andere Stadtbewohner

„Stadtluft macht frei" – das ist ein berühmter Satz, der für das Mittelalter gilt. Aber natürlich war es nicht die Luft, die Menschen innerhalb ihrer Stadtmauern zu freien Menschen machte. Frei wurden sie durch das Stadtrecht. Denn darin stand geschrieben: Ein ▸ Höriger, der ein Jahr und einen Tag in der Stadt gewesen ist, muss nicht an seinen ▸ Grundherrn zurückgegeben werden.

Vom Einwohner zum Bürger: das Beispiel des Burkhard Zink

In der Stadt wohnen zu dürfen, hieß aber noch lange nicht, ein vollwertiges Mitglied der Gemeinschaft, ein ▸ Bürger, zu sein. Das musste auch Burkhard Zink erfahren, der 1415 nach Augsburg kam. Der 19-jährige Kaufmannssohn hatte bereits ein Studium und eine Handwerkerlehre abgebrochen und suchte eine neue Chance. Zu seinem Glück fand er bei einem Augsburger Kaufmann eine Anstellung als Schreiber. Doch er verärgerte seinen Dienstherrn, als er heiratete, ohne um Erlaubnis zu fragen. Der Kaufmann verstieß ihn.

Mühsam hielten Burkhard und seine Frau sich mit Schreib- und Spinnarbeiten über Wasser, bis ihm sein ehemaliger Herr eine zweite Chance gab. Die nutzte er. Bald schon wurde er von seinem Dienstherrn am Geschäft beteiligt, konnte sparen und sich ein Haus kaufen. Um 1440 erhielt er das Bürgerrecht der Stadt Augsburg. Die Söhne von Bürgern erbten damals dieses Recht, Zugezogene wie Burkhard Zink aber mussten sich in die Gemeinschaft einkaufen und einen Bürgereid schwören (M4). 1450 wird Burkhard Zink in einer Urkunde sogar als Geschichtsschreiber der Stadt erwähnt. Er hatte es also geschafft! Vom Mittellosen war er zum angesehenen Bürger geworden.

Die Stadt und ihre Bewohner

Die Stadtbewohner hatten unterschiedliche Stellungen in der Gesellschaft. Das zeigte sich bereits an ihren Wohnorten innerhalb der Stadtmauern: Da gab es z. B. die reichen Kaufleute, die in großen, komfortablen Häusern direkt am ▸ Marktplatz lebten. Dahinter wohnten die einfachen Handwerker in den Straßen und Gassen, die nach ihren Berufen benannt waren. Ihre Wohnung, ihre Werkstatt und ihr Verkaufsraum befanden sich unter einem Dach.

Ganz am Rande der Stadt lebten die vielen Arbeiter und Armen, die das Bürgerrecht nicht besaßen. Sie hausten in einfachen Bretterbuden. Manche waren gleich an die Stadtmauer angebaut worden, um eine Wand zu sparen. Hier lebten auch diejenigen, deren Arbeit als „unehrenhaft" oder „unrein" galt. Für „unehrenhaft" hielt man z. B. Schäfer und Schauspieler, die nicht sesshaft waren. Als „unrein" wurden Totengräber und vor allem Henker betrachtet, die mit Blut und Leichen in Berührung kamen.

M1 *Ein Bettler kommt an das Haus eines Reichen. Altarbild aus Niedersachsen, um 1500. In vielen Städten war es Bettlern verboten, Bürger zu belästigen.*

M2 Die mittelalterliche Stadtgesellschaft. Schaubild

Vornehme regieren die Stadt

Die Reichen in den Städten vererbten ihren Nachkommen nicht nur ihren Besitz, sondern auch ihren Anspruch, die Stadt zu regieren. Nur alte angesehene Familien* hatten das Recht, den Rat zu wählen. Um selbst Ratsherr oder gar Bürgermeister zu werden, musste man sogar zu den Vornehmsten gehören. In Lüneburg z. B. waren dazu nur Mitglieder der Familien berechtigt, die Anteile am Salzwerk besaßen. Das waren nur wenige, daher waren im Rat häufig Väter und Söhne zur gleichen Zeit vertreten.

Als Ratsherren bestimmten sie die Politik der Stadt, was ihnen Vorteile verschaffte. So konnten sie mit dem sogenannten Stapelrecht alle durchreisenden Kaufleute dazu zwingen, ihre Waren drei Tage lang auf den Lüneburger Märkten anzubieten, und zwar zu Preisen, die der Rat festlegte. Um zu verhindern, dass die Kaufleute an der Stadt einfach vorbeifuhren, verhängten sie den „Straßenzwang", also ein Verbot, Lüneburg zu umfahren. Außerdem bauten sie in der Umgebung große Wälle, die die Benutzung anderer als der Hauptstraßen unmöglich machten. Die fremden Kaufleute mussten Zölle bezahlen und brachten daher der Stadt Lüneburg Geld.

Stadtherrschaft

Wie die Landbewohner ihren Grundherrn hatten, so hatten anfangs auch die Stadtbewohner einen Herrn, den Stadtherrn. Er gewährte ihnen Rechte, ließ sich das aber auch bezahlen. Als die Bürger reicher wurden, wuchs aber auch ihr Selbstvertrauen: Sie wollten nicht mehr auf den Stadtherrn angewiesen sein.

In Lüneburg sahen die Bürger ihre Stunde gekommen, als es 1371 zu einem Streit zwischen zwei Fürstenfamilien um die Stadtherrschaft kam: Als Frauen verkleidet gaben junge Bürger vor, einen Gottesdienst im Michaeliskloster besuchen zu wollen. So drangen sie in die herzogliche Burg auf dem Kalkberg ein. Unter den Röcken hatten sie Schwerter versteckt, mit denen sie alles kurz und klein schlugen. Einige Monate später versuchte der Fürst, die Stadt mithilfe seiner Soldaten zurückzuerobern, doch die Bürger konnten ihn in einer blutigen Straßenschlacht besiegen.

* *Reiche Familien, die nur untereinander heirateten und an der Regierung der Stadt beteiligt waren, nannten sich ▸ Patrizier.*

1. Arbeite aus dem Text heraus, welche Voraussetzungen ein Stadtbewohner erfüllen musste, um Bürger zu werden.

2. Erkläre, warum viele Menschen in die Stadt zogen, obwohl ihnen das Bürgerrecht zunächst verweigert wurde
Tipp: Seite 167

3. Werte das Schaubild aus: Lege eine Tabelle an, in der du die Lebensbedingungen, Rechte und Aufgaben der Menschen aus der Ober-, Mittel- und Unterschicht notierst.
Tipp: Seite 167

M3 Angesehene Augsburger Bürger beim Reigentanz. Ölgemälde, um 1500

 Ein Bürgereid

Wer Bürger von Bremen werden wollte, musste den folgenden Eid sprechen:

Ich will dem Rat gehorsam sein und niemals gegen ihn handeln. Auch will ich in allen Nöten und Gefahren, die dieser guten Stadt nun und zukünftig begegnen
5 mögen, dem Rat [...] treu und hold sein. Ich will auch zu keinem Aufruhr anstiften, noch mich daran beteiligen. Wo ich von Aufruhr oder heimlichen Anschlägen gegen diese gute Stadt erfahre, will ich das
10 dem Rat treulich vermelden. Ich will die Gesetze einhalten, die der Rat und die ganze Gemeinde beschlossen und beschworen haben. Ich will recht Zölle und Steuern zahlen. [...] Meinem Hauptmann
15 der Bürgerwehr und auch anderen Befehlshabern des Rates will ich gebührenden Gehorsam leisten; und will also zum Besten des Rates und der Stadtgemeinde streben und fördern, dagegen ihren Scha-
20 den und Nachteil abwehren [...].
Dieser Besitznachweis, mit dem ich vor einem ehrenfesten Rat erscheine, das ist mein eigen, dasselbe will ich nicht verringern, sondern nach bestem Vermögen
25 verbessern: So wahr mir Gott helfe!
Zitiert nach: www.bremen.de/926120 (bearbeitet)

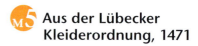 Aus der Lübecker Kleiderordnung, 1471

Keine Frau darf gekrauste Tücher tragen und mehr als zwei pelzgefütterte Mäntel besitzen und darf auch keinerlei Geschmeide mit teuren Edelsteinen und Perlen an ihren Kleidern tragen, wenn ihr Mann nicht mindestens 400 Mark Silber zu versteuern hat.

Wenn der Mann für mindestens 200 Mark Silber Steuern zahlt, darf seine Frau eine Mark Silber an allen ihren Kleidern tragen.

Wenn der Mann weniger als für 100 Mark Silber Steuern zahlt, darf seine Frau keinerlei Geschmeide tragen. Insbesondere darf keine Bürgersfrau Pelzwerk oder Seide unter ihren Kleidern tragen.

Insbesondere wird befohlen, dass keine Dienstmagd Spangen, scharlachrotes Tuch oder irgendwelches vergoldetes Geschmeide trägt, welches mehr als 8 Schillinge wert ist. Wer dagegen verstößt, dem soll das Geschmeide sofort weggenommen werden oder sein Herr oder seine Herrin sollen drei Mark Silber Strafe zahlen oder die Magd innerhalb von drei Tagen aus der Anstellung jagen.

Zitiert nach: K. M. Bolte: Gesellschaft im Wandel, 1966, S. 237 (bearbeitet)

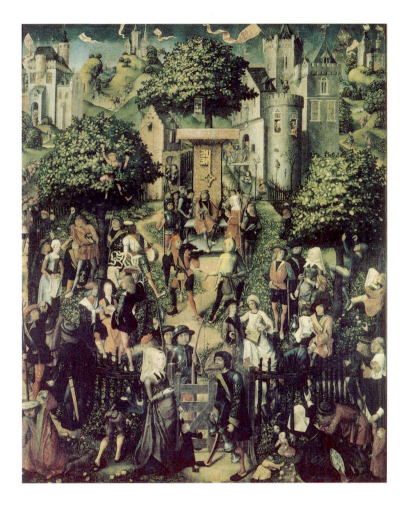

M 6 *Ein Fest im Zunftgarten. Ölgemälde, 1493*

4. Lies M 4. Stell dir nun vor, ein gerade vereidigter Bürger kommt nach Hause. Schreibe auf, wie er seinen Kindern erklärt, wozu er sich durch den Eid verpflichtet hat.

5. Vergleicht die Gemälde M 3 und M 6.
a) Die eine Hälfte der Klasse betrachtet M 3, die andere M 6. Untersucht euer Bild in Partnerarbeit und macht euch dabei Notizen zum jeweiligen Ort und zur Kleidung der dargestellten Menschen. Achtet darüber hinaus auf folgende Aspekte: Was tun die Personen? Wie verhalten sie sich zueinander?

b) Bildet anschließend Vierergruppen, sodass ihr zu beiden Gemälden Notizen habt. Vergleicht eure Ergebnisse und schließt gemeinsam auf Stellung und Macht beider Gruppen innerhalb der städtischen Gesellschaft.

6. a) Im Mittelalter war modische Kleidung ein teurer Luxus, für den sich viele Menschen stark verschuldeten. Arbeite heraus, wem die Kleiderordnung (M 6) auf welche Weise zugute kommt.
Tipp: Seite 167

b) Vergleiche: Womit versucht sich die Oberschicht unserer Zeit von anderen abzugrenzen?
Tipp: Seite 167

Alltag in der Stadt

M 1 Zeichnung eines städtischen Handwerkerhauses

Wie klein so ein Fachwerkhaus doch ist: Niedrige Stockwerke, schiefe Fußböden, winzige Fenster – und alles so dicht beieinander! In der Stadt mussten die Menschen eng zusammenzurücken, denn durch die Stadtmauer war der Raum begrenzt, guter Baugrund knapp. Die teuersten Grundstücke lagen im Stadtkern, in der Nähe von Rathaus, ▸ Markt und Hauptkirche und waren nur für die reichen Patrizierfamilien erschwinglich. Ihren Wohlstand zeigten sie, indem sie die Häuser mehrere Stockwerke in die Tiefe wie auch in die Höhe bauten. Bis zu drei Kellergeschosse gab es, und die obersten Stockwerke ließ man in die Straße hineinragen („vorkragen"). Diese Leute konnten es sich leisten, Steinhäuser zu bauen, denn sie waren „steinreich". Zur Stadtmauer hin wurden die Häuser in den engen, kreuz und quer verlaufenden Gassen immer kleiner und niedriger.

In den Handwerkerhäusern kochten, aßen, arbeiteten und schliefen alle unter einem Dach. Die Gesellen und Lehrlinge gehörten mit zur Familie. Auch Kleinvieh lebte im Haus. Das Erdgeschoss diente als Werkstatt und Verkaufsraum. Ganz oben unter dem Dach neben dem Speicher kamen die Lehrlinge unter. Die Familien selbst lebten in ein oder zwei Räumen – niemand hatte einen Raum für sich allein. In der Küche saßen alle zusammen, wenn man nicht die Geselligkeit im Zunfthaus suchte.

Gruppenpuzzle

1. Runde:
Erarbeitet die folgenden Themen in Stammgruppen:
- Was war völlig anders als heute? Welche Gründe gab es dafür?
- Welche Probleme konnten im Alltag auftreten? Wie gingen die Menschen damit um?

b) Bearbeitet die Arbeitsaufträge.
c) Fasst eure Ergebnisse in einem Kurzvortrag zusammen.
Tipp: Seite 167

2. Runde:
a) Besprecht die Kurzvorträge in Expertengruppen.
b) Fasst die Ergebnisse zusammen, indem ihr gemeinsam eine Ratssitzung vorbereitet. Schreibt auf, welche Alltagsprobleme der Stadt ihr entdeckt habt, und macht Lösungsvorschläge. Ihr könnt anschließend die Ratssitzung spielen: Einer von euch übernimmt als Bürgermeister den Vorsitz, die anderen sind Ratsherren. Ihr diskutiert das Vorbereitungspapier und beschließt Verbesserungsmaßnahmen.

Gemeinsam arbeiten im Gruppenpuzzle

Bei einem Gruppenpuzzle werdet ihr zuerst in sogenannten Stammgruppen gemeinsam zu Experten. Danach vermittelt ihr anderen in Expertengruppen euer Wissen:

1. Bildet für alle Themen möglichst gleich große Stammgruppen und setzt euch mit den gegebenen Materialien und Aufgaben auseinander. Notiert, was ihr nicht versteht.

2. Tauscht euch über euer Thema aus:
   - Klärt mithilfe eurer Notizen offene Fragen.
   - Besprecht, was wichtig und interessant ist. (Beachtet auch die Aufgaben.)

3. Jetzt wird gepuzzelt. Jede Gruppe schickt einen Vertreter/eine Vertreterin in die Expertengruppen. Die Experten halten in der neuen Gruppe Kurzvorträge über ihre Themen.

Thema 1 Wärme und Licht

Zwei Stuben habe er stets geheizt, notierte der ▸ Patrizier Anton Tucher 1510. Das kostete im Jahr 25 Gulden, so viel, wie ein Geselle in einem ganzen Jahr verdiente. Die ärmeren Stadtbewohner froren dagegen oft, ihnen spendete nur das Herdfeuer in der Küche Wärme. Auch dunkel war es meist bei ihnen, denn sie mussten mit dem wenigen Tageslicht auskommen, das die kleinen Fenster einließen. Im Winter waren diese mit Pergament oder Holzläden verschlossen, denn Glasscheiben konnten sich nur wenige leisten. Fackeln waren die qualmenden Lichtquellen, mit denen man nachts den Weg zum Abtritt fand.

Offene Feuerstellen in Küchen und Schmieden, Lichter und Fackeln stellten eine ständige Gefahr für die Städte dar, deren Häuser eng aneinander standen, vorwiegend aus Holz gebaut und mit Schindeln oder Stroh bedeckt waren. Besonders in Lüneburg, wo Tag und Nacht Salz über offenem Feuer gesiedet wurde, war die Angst vor einem Stadtbrand allgegenwärtig. Die Hauptaufgabe der Nachtwächter bestand darin, bei ihren Rundgängen Brände rechtzeitig zu bemerken und die Einwohner zu alarmieren. In vielen Städten gehörte es daher zu den bürgerlichen Pflichten, einen ledernen Eimer bereit zu halten, um im Brandfall löschen zu können. Trotzdem brannten die meisten Städte mehrmals ab!

....

1. Arbeitet aus M1 und M2 heraus, welche Personen mit welchen Mitteln Stadtbrände verhindern sollten. Vergleicht dies mit heutigen Feuerwehreinsätzen.

2. Entwickelt Maßnahmen, die in den Städten zu einem besseren Brandschutz hätten führen können.
Tipp: Seite 167

M1 Aus Feuerordnungen

Erhebt sich ein Feuer, so sollen die Träger Wasser tragen. Kommt aber einer nicht, soll er in acht Tagen die Stadt verlassen oder im Gefängnis sitzen. Jede Familie soll in ihrem Haus eine Leiter haben, die bis an das Dach reicht, und einen Wassereimer. Wer sich nicht daran hält, muss fünf Groschen Strafe* zahlen. (Erfurt, 1351)

Es ist untersagt, die Dächer mit Stroh zu decken. Wer es dennoch getan hat, der soll es noch in diesem Jahr ändern. (Hameln, 1385)

In welchem Haus Stroh oder Futter liegt und zwar auf dem Boden, wo die Feuerstelle direkt darunter gelegen ist, der soll dafür eine Strafe zahlen. (Hannover, um 1550)

Zitiert nach: F. Keutgen: Urkunden zur städtischen Verfassungsgeschichte, 1899, Nr. 334, und J. Frhr. Grote: Das Hannoversche Stadtrecht, 1846, S. 414

* Lohn eines Handwerkers für fünf Tage

M2 *Der große Brand von Bern (1405). Er soll über 100 Menschen ihr Leben gekostet und über 500 Häuser zerstört haben. Buchmalerei, um 1410*

Thema 2 Tischmanieren

Arme und reiche Städter wohnten und kleideten sich ganz unterschiedlich. Doch die Ernährung der Reichen unterschied sich nicht so sehr von der ärmerer Menschen. Im Mittelalter wurden die wichtigsten Speisen aus Getreide bereitet: Brot und Gebäck, Hirsebrei und Hafergrütze, Suppe aus Graupen und auch der „Gerstensaft" Bier waren die Grundnahrungsmittel. Dazu kam an Gemüse, Kräutern und Früchten auf den Tisch, was im Garten, der in der Regel vor den Stadtmauern lag, geerntet werden konnte. Ab und zu hatte man Eier von eigenen Hühnern. Die Hühner aß man –
20 wie Fleisch überhaupt – aber nur bei besonderen Gelegenheiten, zu kostbar war das Vieh. Fisch allerdings, vor allem Salzhering, wurde freitags und in der Fastenzeit gegessen.

25 Beim Essen versuchten besonders die Vornehmen, ihren Rang auch durch gute Manieren zu zeigen. Sie hielten sich an Regeln, die in sogenannten **Tischzuchten** verbreitet wurden. So wollten sie sich von
30 den Angehörigen der unteren Schichten und von den einfachen Bauern auf dem Land abgrenzen. Es hieß dort z. B.:

M1 Archäologische Fundstücke: mittelalterliches Essgeschirr

M2 Mittelalterliche Regeln für gutes Benehmen bei Tisch

Lege ein Stück Fleisch, das du schon im Mund hattest, nicht wieder zurück in die Schüssel.

Fass während des Essens nicht in deine Ohren.

Spucke nicht auf den Tisch.

Wirf die abgenagten Knochen nicht in die Schüssel zurück.

Reinige dir die Zähne nicht mit dem Messer.

Vor dem Essen Hände waschen!

Benutz nicht das Tischtuch, um dich zu schnäuzen.

Kratz dich nicht bei Tisch.

M3 Wie aßen die Menschen im Mittelalter?

Der Wissenschaftler Norbert Elias untersuchte die Umgangsformen der Menschen im Mittelalter. Über das übliche Verhalten vornehmer Menschen bei Tisch stellte er fest:

Bis ins 15. Jahrhundert gibt es wenig Tafelgeschirr [...]. In den Häusern der Reicheren werden die Platten mit dem Essen gewöhnlich aufgetragen, sehr oft ohne
5 bestimmte Reihenfolge. Jeder nimmt sich, wonach er gerade Verlangen hat. Man bedient sich aus den gemeinsamen Schüsseln. Man nimmt feste Stoffe, vor allem Fleisch, mit der Hand, flüssige mit
10 Kellen oder Löffeln. Sehr oft werden Suppen und Soßen [...] getrunken. Man hebt Teller oder Schüsseln zum Mund. Lange Zeit hindurch gibt es auch nicht gesonderte Geräte für verschiedene Speisen.
15 Man bedient sich derselben Messer, derselben Löffel. Man trinkt aus denselben Gläsern. Häufig essen zwei Personen von derselben Unterlage. Das ist der Standard der Esstechnik während des Mittelalters.
Zitiert nach: N. Elias: Über den Prozess der Zivilisation, 1992, S. 85

----

1. a) Setzt euch mit den Regeln für gute Tischmanieren auseinander (M2): Welche erscheinen euch ungewöhnlich?
b) Arbeitet heraus, welche Rückschlüsse diese Regeln über das übliche Verhalten der Menschen bei Tisch zulassen.

2. Erklärt mithilfe von M3 den Sinn der Regeln.

3. Vergleicht mit unseren Tischsitten: Wie erklärt ihr euch die Unterschiede?
Tipp: Seite 167

Thema 3 Hygiene

Schweine soll man im Haus halten und nicht durch die Straßen treiben, Schlachtabfälle dürfen Metzger nicht auf die Straße werfen. Kein Zweifel: Mittelalterliche Städte hatten ein Müllproblem. Man riecht regelrecht, wie es von den Ställen, Misthaufen und Plumpsklos gestunken haben muss. Und man kann sich die Streitereien zwischen Nachbarn vorstellen, wenn einer seinen Nachttopf und andere Abfälle einfach aus dem Fenster auf die Gassen entsorgte oder „nicht vor seiner Tür kehrte". Die ungepflasterten Straßen waren von Kot übersät. Sauberen Fußes konnte man sie nur überqueren, indem man auf Bohlen ging oder „Trippen" anschnallte. Häufig wurde auch über den Gestank aus verstopften Kloaken und übervollen Latrinen geklagt. Für ihre Säuberung mussten die antreten, die ohnehin einen „unreinen" Beruf ausübten: die Henker.

Lebenswichtig für die Wasserversorgung der Städte waren Brunnen. Man wusste, wie wichtig reines Wasser für die Gesundheit war, und regelte die Nutzung der Brunnen daher streng: Gerber* mit ihrem stinkenden Gewerbe durften nicht in ihrer Nähe wohnen. Doch Kloaken* in der Nähe von Brunnen verbot man nicht. Bakterien als Krankheitserreger waren noch unbekannt; die Ursache für Seuchen sah man z. B. in Ausdünstungen der Erde.

M2 Französische Buchmalerei aus dem 15. Jahrhundert

Saubere Straßen – klares Wasser?

Aus einer Verordnung des Rates von Hildesheim, 1446:

Auch gebieten unsere Herren vom Rate, dass niemand seinen Hauskehricht auf die Straße oder den Markt oder andere unbebaute Grundstücke in der Stadt werfen soll und dass keiner dem anderen seinen Schlamm oder Kehricht in die Gassen schwemmen oder schaufeln und in den Hagenbach* oder die Treibe* keinerlei Mist, Abfall, Schlamm oder Kehricht werfen oder schwemmen soll. […] Wer auch seinen Dreck oder Mist auf die Straßen tragen lässt, der soll dafür Sorge tragen, dass er nicht mehr als drei Tage dort liegt, bei fünf Hildesheimschen Schillingen Strafe.

Zitiert nach: H.-G. Borck: Quellen zur Stadt Hildesheim im Mittelalter, 1986, S. 80 (bearbeitet)

* Gerber: Handwerker, der Tierhäute zu Leder verarbeitete

*Kloake: Abwasserkanäle oder -bäche

* Hagenbach und Treibe waren Bäche in Hildesheim.

M1 Ein Straßenkehrer mit „Trippen". Zeichnung aus einem sogenannten Hausbuch, 1434

---

1. Erklärt mithilfe des Textes den Sinn des besonderen Schuhwerks des Straßenkehrers (M1).

2. Arbeitet aus den Texten heraus, wer in den Städten für die Müllentsorgung zuständig war. Überlegt, welche Folgen die Vernachlässigung der Müllfrage für die Gesundheit der Menschen in der Stadt hatte.

Thema 4 Bildung

M 1 *Schulunterricht um 1500, Holzschnitt*

Als der Lüneburger Bürgermeister Albrecht von Dassel starb, kam es bei seiner Beerdigung zu einem Aufruhr: Schüler, die den Leichenzug mit frommen Gesängen begleiten sollten, prügelten sich schreiend um den Lohn. Die Jungen beschuldigten sich gegenseitig, gleich zweimal Geld genommen zu haben. Tatsächlich ging es für sie ums Überleben: Viele kamen von weither. In der fremden Stadt mussten sie für ihre Unterkunft und ihren Lebensunterhalt selbst sorgen sowie Schulgeld bezahlen. Daher waren sie auf den Lohn für das Singen bei Begräbnissen und kirchlichen Feiern angewiesen.

Bildung ist gefragt

In den Städten gab es die von Geistlichen geführten Lateinschulen. Hier lernten die Schüler Rechnen, Schreiben und Lesen, vor allem aber Gebete auswendig sprechen. Die Unterrichtssprache war Latein. Für die Kaufleute waren diese religiös orientierten Unterrichtsinhalte nicht sinnvoll. Sie ließen ihre Söhne von Hauslehrern im kaufmännischen Rechnen unterrichten oder schickten sie auf die Schreib- und Rechenschulen. Hier hockten bis zu fünfzig Kinder aller Altersgruppen in der Schulstube und machten mit ihren Griffeln Schreibversuche auf kleinen Schiefertafeln. Der Stadtrat prüfte zwar die Tauglichkeit der Männer, die „Schule halten" wollten, überließ es aber den Eltern, ob sie ihre Kinder unterrichten ließen. Mädchen gingen nur sehr selten in die Schule. Man schätzt, dass um 1500 etwa ein Drittel aller Stadtbewohner lesen und schreiben konnte.

Welche Schule wählen?

Der Geistliche Giovanni Dominici schrieb 1405 über die Erziehung:

Knaben sollen den bestmöglichen Unterricht genießen. […] Willst du deinen Sohn etwa in eine Klosterschule schicken oder von den Klerikern unterrichten lassen, so wirst du ihn großer Gefahr aussetzen; heute sind diese so, dass er dort wenig lernen wird. […] Schickst du deinen Sohn aber in die öffentliche Schule, so ist zu befürchten, dass in einem Jahr die Frucht einer siebenjährigen Erziehung verloren geht; denn dort kommt eine Menge zusammen: zügellos, böse, zum Schlimmsten geneigt, unverträglich und allem Guten feindlich. Auch gegen die Beschäftigung eines Hauslehrers lassen sich Einwände vorbringen. […] Beschäftige dich daher mit den Knaben, wenn sie nach Hause kommen, sooft du Zeit dafür hast. Wenn sie dem Gift, dem sie ausgesetzt sind, schon nicht entkommen können, so soll es durch deine Bemühung wenigstens nicht in ihnen bleiben.

Zitiert nach: A. Rösler: Kardinal Dominicis Erziehungslehre, 1894, S. 26 f. (bearbeitet)

---

1. Beschreibt, was für eine Unterrichtsform in M1 dargestellt ist. Was tun die Schüler, was der Lehrer?

2. a) Arbeitet aus dem Text und M2 die verschiedenen Schultypen des Mittelalters heraus und stellt sie in einer Tabelle zusammen. Notiert in der zweiten Spalte, wie der Geistliche Giovanni Dominici die Schulformen einschätzt.
b) Diskutiert seine Ratschläge.

3. Erklärt die Bedeutung der Schulbildung für die Stadtbewohner.

Thema 5 Krankheiten

Wer im Mittelalter erkrankte, betete für seine Heilung. Zwar gab es den Bader, der kleinere Wunden versorgte oder Blutegel ansetzte. Auf den Jahrmärkten traf man
5 auch Quacksalber*, die verfaulte Zähne entfernten oder Salben von fragwürdiger Zusammensetzung verkauften. Aber diese Berufe galten als „unrein", ihre Vertreter als wenig vertrauenerweckend. Angese-
10 hener waren oft Kräuterfrauen, die Kranke mit Heilkräutern behandelten. Viele von ihnen hatten ein großes Wissen, das sie mündlich weitergaben.

Gegen die meisten Infektionskrankheiten
15 gab es keine wirksamen Mittel. Keuchhusten oder Masern brachten tödliche Gefahr, besonders in Städten, wo alle dicht beieinander lebten. Reiche Bürger stifteten Hospitäler, in denen Mönche und Nonnen
20 kranke und alte Menschen pflegten. Der Rat finanzierte und beaufsichtigte diese Krankenhäuser. Menschen mit ansteckenden Krankheiten wurden dort aber nicht aufgenommen. Sie waren als „Aussätzige"
25 aus der Gesellschaft ausgeschlossen.

> Lepra wurde durch Berührung übertragen. Am ganzen Körper des Erkrankten bildeten sich Geschwüre. Die Gliedmaßen verfaulten und fielen ab. Die Erkrankten waren „Aussätzige": Sie wurden aus der Stadt „ausgesetzt". Erst 1873 wurde der Erreger entdeckt. Heute kann Lepra wirkungsvoll bekämpft werden.

M1 Leprakranker. Ausschnitt aus einer Buchmalerei

M2 Ein Hospital in einer französischen Buchmalerei, um 1450

M3 Ansteckungsgefahr!

Im Mittelalter legten viele Städte Vorschriften für Leprakranke fest. Hier ein Beispiel:

Es ist dir verboten, in die Kirche, auf den Markt, in die Volksversammlung zu gehen; deine Hände in Quellen oder rinnendem Wasser zu waschen. Du sollst
5 Wasser mit deinem Becher schöpfen, nur in deinem Leprosenanzug und nicht barfuß herumlaufen. Du sollst eine Sache, die du kaufen willst, nicht anrühren, sondern nur mit einem Stäbchen berühren.
10 Du darfst mit keiner Frau umgehen, auch nicht mit deiner eigenen. Wenn du über eine Brücke gehen musst, darfst du das Geländer nur mit Handschuhen berühren. Wenn du gestorben bist, wirst du
15 nicht in der Kirche bei all den anderen Verstorbenen beigesetzt.
Zitiert nach: W. Besch u. a. (Hg.): Stadt in der europäischen Geschichte, 1972, S. 541 (bearbeitet)

* Quacksalber: jemand, der schreiend („quakend") seine Salben anpreist

1. Erklärt mithilfe von M3, wie der Rat die Stadtbevölkerung vor ansteckenden Krankheiten zu schützen versuchte.

2. Überlegt, warum Leprakranke wie in M1 Glocken oder Rasseln bei sich haben mussten.

VERTIEFUNG

Entwicklungen im Mittelalter

1. Ordne jeweils zwei Bilder, die zusammengehören, einander zu.
Tipp: Seite 167

2. Sprich mit deinem Nachbarn oder deiner Nachbarin darüber, warum diese Bilder zusammengehören, welches Thema sie haben, welche Entwicklung sich in der Zusammenstellung zeigt.

3. Diskutiert in der Klasse, ob es im Mittelalter einen Fortschritt gegeben hat.

SELBSTÜBERPRÜFUNG

Wenn du die vorangegangenen Seiten bearbeitet hast, solltest du folgende Aufgaben lösen bzw. Fragen beantworten können. Schreibe die Lösungen in dein Heft. Ob du richtigliegst, kannst du mithilfe der Lösungen und Hinweise auf Seite 174 überprüfen.

M 1 Diese mittelalterliche Zeichnung zeigt einen Vorgang, über den du in diesem Kapitel etwas erfahren hast. Erkennst du, worum es geht?

M 2 Ein Recht für Stadtbewohner

In der Gründungsurkunde der Stadt Freiburg legte Herzog Konrad von Zähringen 1120 fest:

Jeder, der in diese Stadt kommt, darf sich hier frei niederlassen, wenn er nicht der Leibeigene irgendeines Herrn ist und diesen auch anerkennt als seinen Herrn. Der
5 Herr aber kann seinen Leibeigenen in der Stadt wohnen lassen oder aus der Stadt wegholen lassen wie er will. [...]
Wer aber über Jahr und Tag in der Stadt gewohnt hat, ohne dass irgendein Herr ihn als Leibeigenen gefordert hat, der genießt von da an sicher die Freiheit.

Zitiert nach: H. de Buhr: Sozialgefüge und Wirtschaft des Mittelalters, 1973, S. 17 (bearbeitet)

1. Betrachte die Abbildung M 1 und bestimme, um was für ein Bild es sich hier handelt.
   a) Erkläre, was für Personen gezeigt sind und was sie tun.
   b) Erläutere die Bedeutung dieser Handlung.
   c) Schreibe auf, welches Verhalten einen Ritter auszeichnen soll.

2. Übertrage die folgenden Satzanfänge in dein Heft und vervollständige sie:
   • Die meisten Bauern hatten einen Grundherrn, der …
   • Die Hörigen lebten auf dem Land des Grundherrn, das sie …
   • Die Bauern mussten Abgaben und Dienste leisten. Dazu gehörten …
   • Jedes Feld im Dorf wurde in Streifen unterteilt, damit …
   • Im Dorf gab es einen Meier, der …
   • Bauern bearbeiteten ihre Felder mit …

3. Wie lebten Mönche und Nonnen im Mittelalter? Schreibe einen kurzen Artikel für ein Schülerwissensmagazin.

4. a) Arbeite aus der Quelle M 2 heraus, wodurch ein Stadtbewohner zu einem freien Menschen wurde.
   b) Erkläre, was den Einwohner vom Bürger unterschied. Benutze dabei die Begriffe: Bürgereid, Stadtrat, Bürgermeister.

+ Wo hättest du im Mittelalter am liebsten gelebt? Begründe deine Entscheidung.

ZUSAMMENFASSUNG

Lebensorte im Mittelalter

Die meisten Menschen – über 90 Prozent der Bevölkerung – lebten auf dem Land in kleinen **Bauerndörfern**. Fast alle waren von einem ▸ **Grundherrn** abhängig, dem sie zu Abgaben, Diensten und Gehorsam verpflichtet waren.

Viele der Grundherren im Mittelalter lebten als **Ritter** auf **Burgen**. Im Kampf und bei Turnieren mussten sie sich bewähren. Zugleich lernten sie, sich bei Hofe so zu benehmen, wie es von vornehmen und gebildeten Menschen erwartet wurde. Die Lebensart der Ritter wurde nach und nach vom gesamten Adel übernommen.

Mönche und **Nonnen** unterwarfen sich in den ▸ **Klöstern** strengen Regeln. Sie verrichteten neben ihrer frommen Lebensführung auch geistige und körperliche Arbeit. Die Klöster leisteten einen großen Beitrag dazu, dass Wissen überliefert wurde.

Die Menschen glaubten, dass sie als Bauern, Ritter oder Geistliche ▸ **Ständen** angehörten und von Gott vorgesehene Funktionen erfüllten. Jeder Stand hatte bestimmte Aufgaben:
- zu arbeiten, um Nahrung zu ernten,
- zu kämpfen, um andere zu schützen und
- zu beten, um den Kontakt zu Gott zu bewahren.

Seit dem 12. Jahrhundert nahmen die Zahl und die Größe der **Städte** in Europa stark zu. Sie entwickelten sich aus alten Römerstädten oder entstanden neu an Handelswegen. Mauern schützten die Städte, beengten allerdings auch den Lebensraum der Bewohner. Der zentrale Ort einer Stadt war der ▸ **Markt**, wo unter dem Schutz des Stadtherrn Waren zum Kauf angeboten wurden. Es galt der Grundsatz: „Stadtluft macht frei": Männer und Frauen, die über ein Jahr in der Stadt lebten, ohne dass ihr Grundherr sie zurückgefordert hatte, galten als frei.

In den Städten entwickelten sich unterschiedliche Gesellschaftsgruppen. An der Spitze der Gesellschaft standen der **Stadtherr** und die ▸ **Patrizier**, meist waren dies reiche Kaufleute. Zusammen hatten sie die politische Führung in der Stadt. Doch nicht alle Einwohner waren auch ▸ **Bürger**. Zugezogene mussten sich in die Gemeinschaft der Bürger einkaufen.

Eine breite Schicht von **Handwerkern** trug mit ihrer Spezialisierung wesentlich zur wirtschaftlichen Entwicklung der Städte bei. Die Handwerker und Kaufleute schlossen sich zu ▸ **Zünften** und Gilden zusammen.

- **um 529** Benedikt von Nursia gründet ein Kloster auf dem Monte Cassino in Italien und gibt der Mönchsgemeinschaft eine Regel.

- **8. Jahrhundert** Seit dem frühen Mittelalter breiten sich Klöster, die den Benediktinerregeln folgen, immer weiter aus.

- **seit dem 11. Jahrhundert** Bauern wenden neue Anbautechniken an. Dadurch werden die Ernten größer. Die Bevölkerung wächst stark an. Klöster werden zu Zentren der Kultur. Gepanzerte Ritter lösen die Bauernarmeen ab.

- **ca. 1100–1150** Weltliche und geistliche Fürsten gründen zahlreiche Städte und erteilen den Einwohnern durch Gründungsurkunden Rechte.

- **ca. 1150–1200** Handwerker und Kaufleute schließen sich in den Städten zu Zünften und Gilden zusammen.

Menschen reisen – Menschen

Jerusalem auf einem Kupferstich aus dem 16. Jahrhundert. Die heiligen Stätten der Juden, der Muslime und der Christen sind zu erkennen: ① Klagemauer, ② Felsendom, ③ Grabeskirche

Das europäische Mittelalter

begegnen sich

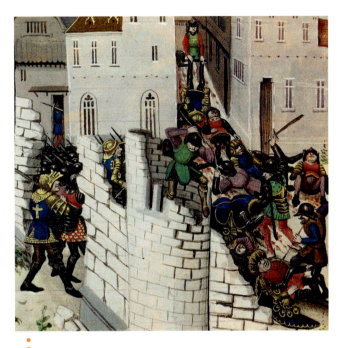

Kampf zwischen christlichen und muslimischen Rittern um Jeruslaem während der sogenannten Kreuzzüge. Ausschnitt aus einer Buchmalerei aus dem 14. Jahrhundert

Dieser Mann ist an dem Palmzweig, den er in seiner linken Hand hält, als christlicher Pilger zu erkennen, der heilige Stätten in Jerusalem besucht hat. Wandbild aus dem 12. Jahrhundert

Reisende Händler. Abbildung aus dem „Atlas catalan", der um 1350 gezeichnet wurde

Die Neuzeit

1200   1300   1400   1500   1600

Ein Lernender zwischen den Kulturen

Am späten Nachmittag erklomm das Maultier eine Hügelkuppe. Rob blickte in ein kleines Flusstal hinunter, und vor seinen Augen – zwanzig Monate, nachdem er London verlassen hatte – lag Isfahan. [...] Hinter der Stadtmauer lagen die großen Häuser der Reichen mit Terrassen, Obst- und Weingärten. Überall entdeckte er Spitzbögen – ob über Eingängen, Fenstern oder Gartentoren. Jenseits dieses vornehmen Viertels ragten Moscheen und größere Gebäude mit weißen, runden Kuppeln auf. [...]

Auf den Straßen drängten sich turbantragende Männer, doch man sah keine Frauen. Rob kam an einem weiträumigen, offenen Platz vorbei. Er genoss die Geräusche und Gerüche. Hier befand er sich unverkennbar in einem Viertel, in dem Menschen auf engem Raum lebten, so wie er es aus seiner Kindheit in London kannte [...].

Von den Minaretten ertönten Männerstimmen, um die Gläubigen zum Gebet zu rufen. [...] Als das Gebet gesprochen war, ging er zu einem Mann mittleren Alters. Er rollte einen kleinen Gebetsteppich zusammen, den er zuvor von seinem Ochsenkarren gezogen hatte. Rob fragte ihn nach dem Weg ins jüdische Viertel.

„Ach. Wir nennen es Jehuddijeh. Ihr müsst weiter der Allee folgen, bis ihr zum Judenmarkt kommt. Am anderen Ende des Marktes seht ihr ein Bogentor, und dahinter liegt euer Viertel. Es ist gar nicht zu verfehlen."

Der Platz war von Marktständen umgeben. [...] Rob wusste, dass er im Judenviertel war, denn er sah Frauen, die an den Ständen verkauften oder mit Körben am Arm über den überfüllten Markt gingen und ihre Einkäufe tätigten. Sie trugen weite schwarze Gewänder, und ihr Haar war von Tüchern bedeckt. Einige wenige hatten einen Schleier vor dem Gesicht wie die muslimischen Frauen, doch die meisten waren unverschleiert. Die Männer waren gekleidet wie Rob und trugen volle, buschige Bärte. Er ließ sich treiben, freute sich an allem, was er sah und hörte. [...]

Er ging durch die Jehuddijeh, bis er einen Stall entdeckte, wo er seine Tiere unterbringen konnte. Nicht weit von dem Stall stieß er auf ein Gasthaus, das von einem großen alten Mann geführt wurde. Er hieß Salman. [...] „Ihr kommt von weit her", sagte er.

„Europa."

„Wie lebt es sich als Jude in Europa?"
„Es ist oft schwer, ein Jude zu sein."
Salman nickte ernst.
„Wie lebt es sich als Jude in Isfahan?"
„Ach, hier ist es nicht schlecht. Die Leute lernen aus dem Koran, dass sie uns schmähen sollen, und deshalb beschimpfen sie uns. Aber sie haben sich an uns und wir haben uns an sie gewöhnt. In Isfahan hat es schon immer Juden gegeben", sagte Salman.

N. Gordon: Der Medicus, München: Wilhelm Heyne Verlag 2011, S. 386–390 (bearbeitet)

Rob (im Hintergrund) bei dem berühmten Arzt Ibn Sina. Standbild aus dem Film „Der Medicus", Deutschland 2013 (Regie: Philipp Stölzl)

M2 Das Gebiet, in dem die Romanfigur Rob Cole zwanzig Monate gereist ist

Rob Cole ist die Hauptfigur in dem Roman und Film „Der Medicus". Um das Jahr 1025 reist er von London nach Isfahan (im heutigen Iran). Eine lange, anstrengende und gefährliche Unternehmung. Warum nahm Rob sie auf sich? – Er wollte lernen, und zwar von dem berühmten muslimischen Gelehrten Ibn Sina. Ibn Sina war Arzt – und den Badern in Europa weit voraus. Rob hatte viel von ihm gehört. In Isfahan lehrte Ibn Sina Medizin. Und weil Christen an seiner berühmten Schule nicht zugelassen waren, gab Rob sich als Jude aus – so wichtig war ihm sein Anliegen.

1. Stelle fest, auf welchen Reiserouten und mit welchen Verkehrsmitteln Rob nach Isfahan gekommen sein könnte (M 2).

2. Lies den Text zu Robs Ankunft in Isfahan und schreibe heraus, was du
   a) über das Leben der Muslime und Juden und
   b) über das Verhältnis von Muslimen und Juden zueinander erfährst.

3. Wenn Menschen unterschiedlicher Kulturen und Religionen zusammentreffen, kommt es manchmal zu Streit. Stelle Vermutungen über die Gründe an.

Auf den folgenden Seiten erfährst du, ...
- wie das Judentum und der Islam entstanden sind.
- wie und warum sich Menschen aus unterschiedlichen Kulturen begegneten.
- welche Folgen diese Begegnungen hatten.
- aus welchen Gründen, mit welchen Mitteln und auf welchen Wegen Menschen im Mittelalter reisten.

Außerdem übst du, ...
- mit einem Zeitstrahl eine historische Entwicklung darzustellen.
- ein mittelalterliches Bild zu untersuchen und es auf die beabsichtigte Aussage hin zu befragen.
- auf verschiedene Arten aus Texten Informationen herauszuarbeiten, z.B. mithilfe einer Tabelle.

Das Judentum – der Glaube an *einen* Gott

Schon lange bevor es das Christentum und den ▸ Islam gab, hatte sich eine Religion herausgebildet, deren Anhänger an einen einzigen Gott glaubten. Es war das ▸ Judentum. Wie ist diese Religion entstanden und wie hat sie sich entwickelt? Dazu haben wir einen Experten befragt:

Woher kommt eigentlich das Judentum?

Entstanden ist die jüdische Religion wie später auch das Christentum und der Islam im Nahen Osten. In diesem Raum lebten vor viertausend Jahren unter anderen Stämmen die Israeliten. Sie waren Nomaden, zogen also mit ihren Viehherden umher. Der Hunger trieb viele von ihnen nach Ägypten, ins Reich der Pharaonen. Dort aber wurden sie gefangen genommen und mussten als Sklaven schwere Arbeit leisten.

Die Bibel berichtet, dass der Prophet* Moses die Israeliten aus der Gefangenschaft in Ägypten ins Land Kanaan führte. Auf ihrer Wanderung übermittelte Moses ihnen die Zehn Gebote Gottes. Durch sie, so glaubten die Israeliten, habe Gott einen Bund mit ihnen geschlossen: Solange sie seine Gebote befolgten, werde er ihnen helfen.

* Prophet: Person, die eine göttliche Offenbarung erhält und diese an andere Menschen als Botschaft Gottes weitergibt

* Hebräisch: Sprache, in der die heilige Schrift der Juden überliefert wurde

Blieben die Israeliten denn immer Nomaden?

Nein, in Kanaan wurden sie sesshaft. Das war um 1200 v. Chr. Um ihre Siedlungen gegen Feinde besser verteidigen zu können, wählten sie nun Könige. Jerusalem wurde die Hauptstadt ihres Königreiches. König Salomon ließ dort den ersten Tempel errichten. Er war das wichtigste Heiligtum der Israeliten.

Aber im 6. Jahrhundert v. Chr. fielen babylonische Armeen nach Jerusalem ein und zerstörten die Stadt und den Tempel. Ein Großteil der Israeliten wurde nach Babylon verschleppt. Das lag an den Flüssen Euphrat und Tigris im heutigen Irak. Erst Jahre später, als die Israeliten aus der Gefangenschaft in ihre alte Heimat zurückkehren durften, wurde der Tempel in Jerusalem wieder aufgebaut. Nun entstanden auch die ersten fünf Bücher der Bibel, die Thora. Sie erzählt die Geschichte der Israeliten. Bis heute werden die hebräischen Texte der Thora auf Pergamentrollen geschrieben. Sie gelten den Gläubigen als heilige Schriften.

Warum sagen Sie „Israeliten" und nicht „Juden"?

Erst seit der Zeit, in der die Thora entstand, nannten sich die Israeliten als Volk und als Glaubensgemeinschaft „Jehudim". Von diesem hebräischen* Namen leitet sich das Wort „Juden" ab. Der Glaube der Juden an einen einzigen Gott, der keine anderen Götter neben sich duldet, ist der erste Eingottglaube (Monotheismus) in der Geschichte der Menschen, der sich durchgesetzt hat und bis heute besteht. Er ließ die Juden zu einer Gruppe werden, die sich anders fühlte als die anderen Gruppen im Nahen Osten.

M1 *Das Gebiet, in dem seit ca. 2000 v. Chr. die Israeliten lebten*

Haben die Juden danach ihren Glauben im Nahen Osten verbreitet?

Nein, eher im Gegenteil! Ihr Land wurde immer wieder von fremden Herrschern besetzt. Dadurch, dass zahlreiche Menschen z. B. aus dem griechischen Raum oder aus dem Römischen Reich dorthin kamen, sahen viele Juden ihren Glauben in Gefahr. Propheten meldeten sich zu Wort und sprachen vom bevorstehenden Ende der Welt. Gott wolle aber noch einmal helfen und einen Retter, den „Messias", schicken, der das Judentum von den Besatzern befreien würde. Die Juden fragten sich: Sollten sie sich den Lebensformen der Besatzer anpassen oder die Gebote Gottes noch strenger befolgen?

Als später manche in Jesus den erwarteten Messias sahen, war das Land von römischen Truppen besetzt. Die Römer verurteilten Jesus als Rebell und richteten ihn hin. Nach seinem Tod entwickelten sich erste Christengemeinden, die sich auf die heilige Schrift der Juden stützten, nun aber auch die Geschichten über das Leben Jesu sammelten: Das Neue Testament entstand.

In der jüdischen Bevölkerung wuchs der Widerstand gegen die römischen Besatzer. Aber Aufstände, mit denen sich die Juden von den Römern zu befreien versuchten, wurden niedergeschlagen. In ihrer Folge wurde im Jahr 70 n. Chr. der zweite Tempel in Jerusalem zerstört. Viele Juden flohen, sodass die jüdische Gemeinschaft in alle Welt zerstreut wurde.

Dann mussten die Juden also woanders ganz neu anfangen?

Ja! Weit über den Mittelmeerraum hinaus entstanden jüdische Gemeinden. Im späteren Deutschland war das um 400 n. Chr. der Fall. Anfangs waren einzelne jüdische

M2 So sah nach der Schilderung der Bibel der Tempel Salomons aus, in dem sich die Schriftrolle mit den Zehn Geboten befand.

Händler den römischen Armeen dorthin gefolgt. Aber in ihrem religiösen Leben wurden die Juden dort immer wieder eingeschränkt. Ihre Lage verbesserte sich erst unter den fränkischen Königen, die ihnen Schutz boten. Doch auch wenn Juden nun weit verstreut lebten: Durch die Regeln ihrer Religion, religiöse Handlungen an Feiertagen wie dem Sabbat*, die hebräische Sprache und ihre Geschichte fühlten sie sich miteinander verbunden und hofften auf eine Wiedervereinigung als Volk und Glaubensgemeinschaft in ihrer Heimat.

Die dort verbliebenen Juden waren erst wieder sicher vor Verfolgungen, nachdem der Nahe Osten unter die Herrschaft muslimischer Kalifen* gekommen war. Denn die Muslime akzeptierten Angehörige anderer Religionen, die sich auf eine heilige Schrift stützten.

* Sabbat: hoher jüdischer Ruhe- und Feiertag, der wöchentlich begangen wird. Er beginnt am Freitagabend und endet am Samstagabend.

* Kalif: geistliches Oberhaupt der Muslime und zugleich Herrscher des arabischen Reiches

1. a) Arbeite bedeutende Ereignisse und Entwicklungen zur Geschichte des Judentums aus dem Text heraus.
b) Entwickle einen Zeitstrahl zur Geschichte des Judentums zwischen 2000 v. Chr. und 400 n. Chr.
Tipp: Seite 168

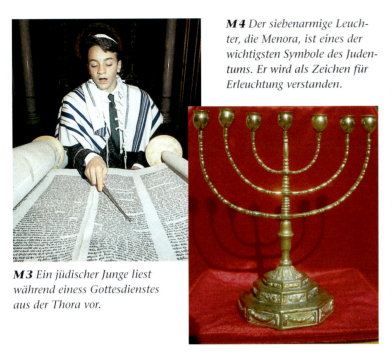

M 4 Der siebenarmige Leuchter, die Menora, ist eines der wichtigsten Symbole des Judentums. Er wird als Zeichen für Erleuchtung verstanden.

M 3 Ein jüdischer Junge liest während einess Gottesdienstes aus der Thora vor.

Aber wie konnte die jüdische Religion denn bestehen bleiben, wenn die Juden doch so verstreut lebten?

Naja – wenn Menschen in eine neue Stadt ziehen, lassen sie sich möglichst da nieder, wo sie Gleichgesinnte finden. Die Juden fühlten sich ja nicht nur durch den gemeinsamen Glauben miteinander verbunden, sondern auch durch das Schicksal, woanders nicht gewollt zu sein. Daher ergab es sich, dass sich z. B. in deutschen Städten schon früh Viertel bildeten, in denen viele Juden lebten. Da gab es dann auch eigene jüdische Schulen und Gotteshäuser, die Synagogen.

Waren die Juden in den deutschen Städten denn ganz unter sich?

Nein, ganz und gar nicht! Oft wohnten sie dicht am Stadtzentrum, nicht weit von Rathaus, ▸ Marktplatz und zentraler Kirche entfernt. Christen trafen mit Juden im Alltagsleben zusammen, z. B. auf dem Markt, und übten auch gemeinsam mit ihnen die Pflicht jedes Stadtbewohners aus: die Stadt zu verteidigen. Aber wegen ihrer anderen religiösen Regeln und auch, weil sie ihren Gottesdienst in hebräischer Sprache feierten, hatten viele christliche Stadtbewohner Vorurteile gegenüber Juden – sie waren vielen fremder als die christlichen Nachbarn.

Hatten Juden und Christen in den Städten dieselben Berufe?

Anfangs unterschieden sich die Berufe von Juden und Christen in den Städten nicht. Heute wissen wir, dass es lange Zeit jüdische Kaufleute, Ärzte, Geldverleiher und Handwerker gab – wie Buchbinder, Färber, Fenstermacher, Schneider, Metzger, sogar Techniker, z. B. für Mühlen. Viele jüdische Kaufleute waren besonders erfolgreich, weil sie Glaubensbrüder in anderen Städten hatten. So konnten sie leichter Handelsbeziehungen aufbauen – auch in ferne Länder, z. B. nach Osteuropa und in den Orient. An ihrem Wohnort zahlten sie Steuern, daher waren sie den Stadtherren als Stadtbewohner sehr willkommen.

Waren Juden und Christen in den Städten also gleichberechtigt?

Nein, das waren sie nicht. Schon wenn Juden sich in einer Stadt niederlassen und dort leben wollten, durften sie dies nur mit Erlaubnis des Stadtherrn oder der Stadtregierung tun. Auch das Bürgerrecht bekamen die Juden in deutschen Städten nicht! Selbst wenn eine jüdische Familie zu Ansehen und Reichtum kam, konnte sie also nicht an der Stadtregierung teilhaben.

Hinzu kommt, dass seit dem 12. Jahrhundert die Zünfte und Gilden in den Städten gegründet wurden. Die christlichen Stadtbewohner verstanden sie als christliche Vereinigungen und schlossen Juden aus. Man muss sagen, dass die Juden dadurch nach und nach aus vielen Berufen hinausgedrängt wurden. In der Stadtgesellschaft gerieten sie im Verlauf des Mittelalters immer weiter an den Rand.

M5 Juden in Speyer

Bischof Rüdiger von Speyer bot den Mainzer Juden nach einem Brand im jüdischen Bezirk in Mainz 1084 die Ansiedlung in Speyer an:

a) Die Ansiedlung:

Als ich [...] Speyer zu einer Stadt gemacht habe, habe ich geglaubt, die Ehre unseres Ortes um ein Vielfaches zu vergrößern, wenn ich hier auch Juden ansammelte.
5 Ich siedelte also die Versammelten außerhalb der Gemeinschaft und des Wohnbezirks der übrigen Bürger an und damit sie nicht so leicht durch die Unverschämtheit des Pöbels beunruhigt würden, habe
10 ich sie mit einer Mauer umgeben. Ihren Wohnort aber [...] habe ich ihnen unter der Bedingung übergeben, dass sie jährlich dreieinhalb Pfund Speyerer Geldes [...] zahlen.

b) Die Rechte der Juden:

15 Innerhalb ihres Wohnbezirks und in der Gegend außerhalb des Hafens bis zum Schiffshafen und im Schiffshafen selbst habe ich ihnen das Recht zugestanden, Gold und Silber frei zu tauschen und alles
20 zu kaufen und zu verkaufen, was sie wünschen. Dasselbe Recht habe ich ihnen auch in der gesamten Stadt zugestanden. [...] Schließlich [habe ich verfügt], dass ihr Synagogenvorsteher über alle Klagen,
25 die sie untereinander erheben oder die gegen sie erhoben werden, entscheiden soll. [...] Wachen, Verteidigungen und Befestigungen müssen sie nur innerhalb ihres Wohnbezirks verrichten. [...] Geschlach-
30 tetes Fleisch, das sie nach dem Gesetz für sich als verboten betrachten, dürfen sie an Christen verkaufen, und diesen ist es erlaubt, es zu kaufen. Kurz, ich habe ihnen ein Gesetz verliehen, das besser ist,
35 als es das jüdische Volk in irgendeiner anderen Stadt des deutschen Reiches besitzt.

Zitiert nach: J. H. Schoeps u. H. Wallenborn (Hg.): Juden in Europa. Band 1, 2001, S. 120 (bearbeitet)

M6 Nachbarn

Der Historiker Michael Borgolte setzt sich mit den Gemeinsamkeiten und Unterschieden von Juden und Christen auseinander. Er bezieht sich zunächst auf eine Darstellung eines anderen Historikers:

Michael Toch schrieb: „Vielfältig lassen sich in den Quellen normale nachbarschaftliche Beziehungen erschließen: von der Wohngemeinschaft im gleichen Haus
5 über die Unterkunft im Haus des anderen, der Teilnahme an Familienfesten, zuweilen mit gegenseitiger Beschenkung, dem gemeinsamen Glücks- und Kartenspiel, bis hin zur selbstverständlichen
10 Hilfeleistung in Notfällen wie Brand, Raub und Angriff." [...]
Andererseits waren es eben die unterschiedlichen religiösen Bräuche und Vorschriften, die Christen oder Muslime im
15 Alltag von den Juden trennten. Die Speisegesetze* schränkten die Tischgemeinschaft mit Andersgläubigen ein, Mischheiraten [...] waren von jüdischer Seite verboten.

Zitiert nach: H. Joas u. a. (Hg.): Die kulturellen Werte Europas, 2005, S. 158 (bearbeitet)

M7 Dieser Druck aus dem 15. Jahrhundert zeigt einen Heiligen der Christen, Basilius, als Kranken. Er wird von einem jüdischen Arzt (mit spitzem Hut) behandelt.

* *Speisegesetze:* Vorschriften Speisen, die für Juden zugelassen sind, und über deren Zubereitung

---

2. Arbeite mithilfe des Textes auf Seite 84 sowie M6 und M7 und problematische Beziehungen zwischen Juden und Christen heraus und stelle sie in einer Tabelle gegenüber.
Tipp: Seite 168

3. a) Liste in Stichworten die Rechte auf, die der Bischof von Mainz den Juden versprach (M5).
b) Erkläre, warum die Ansiedlung in einer Stadt für Juden und Stadtherren vorteilhaft war.

4. Erkläre, in welcher Situation sich Juden befanden, die in eine Stadt fern ihrer Heimat kamen. Folgende Begriffe kannst du dabei verwenden: Verfolgung, Orientierung, Neuanfang, Gemeinde, Nachbarschaft, Ansehen, Rolle, Vorschrift

Die Entstehung des Islam

Auf der Arabischen Halbinsel lebten um 600 n. Chr. vor allem Beduinenstämme, die Kamel-Nomaden waren. An Orten, wo Händler zusammentrafen, hatten sich Städte herausgebildet, von denen Mekka die bedeutendste war.

Die Eingebungen Mohammeds

In Mekka lebte der weitgereiste Kaufmann Mohammed. Überliefert ist, dass er Eingebungen hatte, die für ihn so deutlich waren, dass er sie als göttliche Botschaften verstand. Die Menschen in Mekka hatten zwar von jüdischen und christlichen Glaubenslehren gehört, selbst aber glaubten sie an eine Vielzahl von Göttern. Ihre Standbilder waren in der Kaaba, einem schwarzen, würfelartigen Gebäude in Mekka, aufgestellt. Gegen die Verehrung dieser Götter richtete sich nun Mohammed. Er warnte die Menschen, Gott würde in einem „Jüngsten Gericht" über ihre Lebensführung richten. Doch die meisten nahmen Mohammed nicht ernst. Er wurde sogar bedroht: Die Händler fürchteten um ihre Einnahmen, wenn Gläubige nicht mehr zur Kaaba kämen.

* Prophet: Person, die eine göttliche Offenbarung erhält und diese an andere Menschen als Botschaft Gottes weitergibt

M 1 Mohammed reitet auf einem Kamel, neben ihm reitet Jesus auf einem Esel. Buchmalerei, 15. Jahrhundert

Ein neuer Glaube entsteht

Nach vielen vergeblichen Bemühungen, die Menschen in Mekka zum Nachdenken über seinen neuen Glauben zu bewegen, verließ Mohammed seine Heimatstadt und zog mit wenigen Gefährten in die Oase Medina. Das geschah im Jahr 622. Dieser Auszug Mohammeds nach Medina ist bis heute der Anfangspunkt der muslimischen Zeitrechnung.

In Medina stießen Mohammed und seine Gefährten auf jüdische und christliche Gemeinschaften, die sie als ihre Verbündeten zu gewinnen hofften. Deshalb setzten sich viele neue Eingebungen Mohammeds auch mit der Bibel auseinander, die Juden und Christen als ihre Heilige Schrift ansahen. Die Propheten der Bibel begriff Mohammed als seine Vorgänger. Er meinte, sein neuer Glaube vervollständige die beiden anderen Religionen. Aber anders als Jesus im Glauben der Christen sei er kein Messias, sondern ein Mensch, der anderen mit seinem Glauben an Gott mit gutem Beispiel vorangehe.

In Medina entstand bald eine Gemeinschaft von Gläubigen, deren Mitglieder an einen einzigen Gott glaubten und bekannten, dass Mohammed der Prophet* Gottes sei. In ihrem neuen Glauben, dem ▸ Islam, sollten alle Menschen vereint und alte Stammesfeindschaften überwunden werden. Mohammed und seine Anhänger konnten sich gegen ihre Widersacher in Mekka verteidigen und nach heftigen Kämpfen ihren Glauben schließlich durchsetzen. Am Ende seines Lebens kehrte Mohammed in seine Geburtsstadt zurück und beseitigte die Standbilder der alten Götter in der Kaaba. Maßgeblich war nun dort der eine Gott, Allah, dem alle Verehrung gehören sollte. Islam hieß: „Ergebung in den Willen des einen Gottes, Allahs".

M2 Bekehrt von Mohammed

Anhänger Mohammeds erklärten, warum sie sich seiner Religion zugewendet haben:

Wir waren ein Volk von Götzendienern, das schreckliche Taten beging, […] bis Gott uns einen Gesandten aus unserer eigenen Mitte erweckte, den wir als Mann
5 der klaren Rede, als gerecht, vertrauenswürdig und rechtschaffen erkannt haben. Er hat uns aufgerufen, den einzigen Gott zu verehren und die Götzenbilder aus Stein zu verwerfen, die unsere Väter und
10 wir selbst […] angebetet haben. Er mahnte uns, wahrheitsliebend und zuverlässig zu sein, den Blutsverwandten und den Nachbarn zu achten und uns davor zurückzuhalten, unerlaubte Handlungen zu
15 begehen.
Er hat uns angewiesen, Gott zu verehren, ohne ihm andere Götter zuzugesellen, und die Gebote des Gebets, des Almosens* und des Fastens einzuhalten. Und
20 wir haben unser Vertrauen in ihn gesetzt und sind ihm gefolgt.

Zitiert nach: F. Gabrieli: Mohammed und der Islam. Historia mundi, Band. 5, S. 339 (bearbeitet)

* Almosen: eine Spende für die Armen

1. Benenne wesentliche Kennzeichen des Islam. Beziehe dich auf den Text und auf M2.

2. Beschreibe M3 und erkläre dann mithilfe des Textabschnitts „Ein neuer Glaube entsteht" und von M1 das Verhalten von Mohammed und seinem Schwiegersohn Ali in der Kaaba.

M3 Mohammed (im grünen Gewand) und sein Schwiegersohn Ali (auf Mohammeds Schultern stehend) in der Kaaba. Buchmalerei aus dem 16. Jahrhundert

*Der Prophet **Mohammed** wird in manchen islamischen Bildern ohne Gesicht, in anderen mit Gesicht gezeigt. Warum? Schon früh glaubten Muslime, dass Gott nicht menschlich dargestellt werden dürfe: Menschen sollten Gott nicht mit einem Menschen gleichsetzen. Mohammed ist zwar Prophet, aber doch Mensch, sagen manche. Daher darf er mit Gesicht gezeigt werden. Andere meinen, er stehe Gott so nahe, dass man ihn nicht wie einen gewöhnlichen Menschen abbilden darf. Einige Bilder zeigen anstelle des Kopfes einen Feuerball. Er soll zeigen, dass Mohammeds die Menschen aus der Dunkelheit zum Licht Gottes geführt hat.*

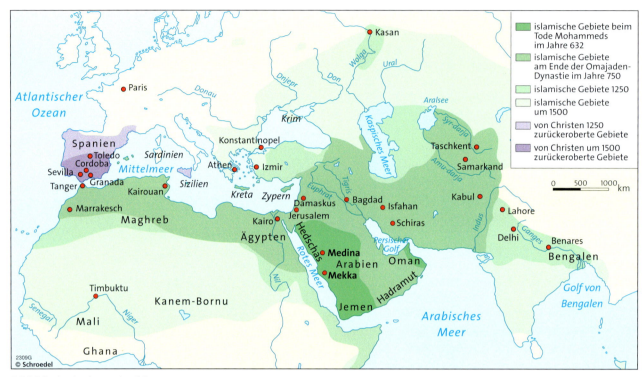

M 4 Die Ausbreitung des Islam

Der Koran entsteht

Nach Mohammeds Tod im Jahr 632 n. Chr. sammelten und ordneten seine Anhänger dessen Verkündigungen. Dadurch entstand die heilige Schrift des Islam, der
5 Koran. Die Angehörigen der islamischen Glaubensgemeinschaft, Muslime, verstehen diese heilige Schrift so, dass sie die Worte Gottes enthält. Die Gläubigen hören sie immer wieder und wiederholen sie
10 im Gebet.

Der Islam breitet sich aus

Seit Jahrhunderten hatten arabische Nomadenstämme Kriegszüge gegen verfeindete Stämme unternommen, um Beute zu machen. Diese benötigten sie für ihr Über-
15 leben in den Wüstengebieten. Der Islam erlaubte es ihnen aber nicht, Glaubensbrüder anzugreifen. Ihre Kriegszüge richteten sie daher nun vereint gegen ferner lebende, nichtmuslimische Völker. Inner-
20 halb kürzester Zeit stießen die islamischen Kämpfer in verschiedene Richtungen vor: nach Arabien, ins geschwächte Oströmische Reich, nach Asien und Afrika, schließlich sogar nach Spanien in Europa. Bereits
25 um das Jahr 750 hatten die muslimischen Heere riesige Gebiete rund um das Mittelmeer unter ihre Herrschaft gebracht. Dabei ging es ihnen weniger darum, Andersgläubige zum Islam zu bekehren, als
30 Gebiete zu erobern und Untertanen für die eigene Versorgung zu gewinnen.

Mekka war Mittelpunkt der neuen Religion. Weitere Zentren wurden die großen Städte Jerusalem, Damaskus, später auch
35 Bagdad, Kairo und Cordoba. Ähnlich wie im Christentum bildeten sich auch im großen islamischen Raum verschiedene Glaubensrichtungen heraus. Die Mehrzahl der Muslime sind Sunniten, eine andere große
40 Gemeinschaft nennt sich Schiiten (sprich: Schi-iten), die ausschließlich die direkten Nachkommen Mohammeds als rechtmäßige religiöse Oberhäupter anerkennen.

M5 Der Islam und die anderen Religionen

Ein islamischer Geschichtsschreiber berichtete über den ägyptischen Kalifen Az-Zahir, der im 11. Jahrhundert in Kairo regierte. Ein Kalif ist ein hoher muslimischer Geistlicher und zugleich weltlicher Herrscher. In der Darstellung des Geschichtsschreibers wird die Haltung des Kalifen zu Juden und Christen deutlich:

Der Kalif habe von der Sorge einiger Dhimmis*, Christen und Juden, erfahren, sie könnten zum Übertritt zum Islam gezwungen werden. Auch von ihrem Unmut deswegen erfuhr er, zumal es ja in der Religion keinen Zwang geben sollte. […] Der Kalif forderte die Christen und Juden auf, sich von diesen Hirngespinsten freizumachen und versichert zu sein, dass sie Schutz und Fürsorge genössen und weiterhin ihre Stellung unter der Obhut der Muslime behielten. Wer aus eigener Wahl und durch die Gnade Gottes, nicht aber in der Absicht, seine Stellung zu verbessern, dem Islam beitreten wolle, könne das tun und werde willkommen sein. Wer hingegen seiner Religion treu bleiben wolle, stehe unter dem Schutz und der Obhut, und es sei die Pflicht der Muslime, ihm Schutz und Sicherheit zu gewähren. Das gelte jedoch nicht für diejenigen, die sich vom Islam abgewendet hätten.

Zitiert nach: B. Lewis (Hg.): Der Islam von den Anfängen bis zur Eroberung von Konstantinopel, Bd. 2, 1982, S. 283 (bearbeitet)

* *Dhimmis: Nicht-Muslime, vor allem Juden und Christen. Für sie galten besondere Regeln, z.B. durften sie keine Waffen tragen.*

---

3. a) Beschreibe an M4 die Ausbreitung des Islam. Liste mithilfe der Karte hinten im Buch die heutigen Namen der Länder auf, die bis ins Spätmittelalter unter muslimische Herrschaft geraten sind.
b) Zeige anhand des Darstellungstextes, wie es zu dieser Ausbreitung gekommen ist.

4. a) Erkläre mithilfe von M5, wie die muslimischen Heerführer mit den unterworfenen Völkern verfuhren.
b) Schreibe aus Sicht eines Christen oder Juden einen Brief an den Kalifen, in dem du ihm deine Meinung zum Umgang mit Dhimmis mitteilst.
Tipp: Seite 168

M6 Mohammed zieht in eine eroberte Stadt ein. Der Erzengel Gabriel begleitet ihn. Persische Buchmalerei des 14. Jahrhunderts

Reisende im Namen Gottes

* Statt „Pilgerreise" kann man auch „Wallfahrt" sagen.

Fast drei Millionen Muslime aus aller Welt pilgern jedes Jahr zur Kaaba nach Mekka, dem bedeutendsten Heiligtum des ▸ Islam. Jeder gläubige Muslim sollte einmal im Leben an einer solchen Pilgerreise*, der „Hadsch", teilgenommen haben, verlangt der Koran. Auch viele Christen pilgern – heute meist auf dem „Jakobsweg" nach Santiago de Compostela. Dort soll der Apostel Jakobus begraben sein. Im Mittelalter war er Schutzheiliger der Christen, die gegen die muslimischen Herrscher in Spanien kämpften. Und in der jüdischen Religion gibt es Wallfahrtsfeste, zu denen viele Gläubige nach Jerusalem pilgern. Ziel der jüdischen Pilger ist die Klagemauer, ein Überrest von Salomos Tempel (Seite 83).

Auch Muslime und Christen haben Heiligtümer in Jerusalem, sodass sich an diesem Ort viele Pilger treffen – bereits seit dem Mittelalter. Die heiligen Stätte der Muslime ist hier der Felsendom. Die Christen besuchen die Grabeskirche (M 2).

Warum pilgern?

M 1 Muslimische Pilger an der Kaaba in Mekka. Foto aus dem Jahr 2010

Schon im Mittelalter pilgerten Gläubige – vornehme ▸ Adlige ebenso wie einfache Leute. Die meisten taten es freiwillig. Einige hofften, am heiligen Ort von einer Krankheit geheilt zu werden, anderen war der Weg wichtiger als das Ziel, denn auf der langen Reise hatten sie Zeit über ihr Leben nachzudenken. Manche wollten vor allem fremde Länder kennenlernen. Es gab aber auch Pilger, die sich anstelle von Kranken auf den Weg machten, weil diese selbst die anstrengende Reise nicht auf sich nehmen konnten. Andere wurden dafür bezahlt, dass sie an einem heiligen Ort für einen anderen beteten. Manche waren aber auch unfreiwillig unterwegs, z. B. weil ihnen ein Geistlicher das Pilgern als Buße für begangene Sünden abverlangt hatte.

Nicht einfach „drauflospilgern"

Auf ihrem Reiseweg durch fremde Länder trugen christliche Pilger einen Pilgerausweis mit sich, der es ihnen erlaubte, in staatlichen Herbergen zu übernachten. Doch nicht nur um Unterkünfte mussten sie sich Gedanken machen. Wichtig war auch, Mitreisende zu gewinnen, damit man möglichst sicher ans Ziel kam.

Zudem musste man als Pilger auch wissen, wie man sich vor Ort angemessen verhält. Von dem Christen Felix Faber, der 1483 in Jerusalem am Grab Jesu um die Vergebung seiner Sünden bitten wollte, wissen wir, dass er sich bei einem Priester, Pater Guardian, nach Verhaltensregeln für den Umgang mit den „Heiden" in Jerusalem erkundigte (M 3) – so bezeichneten die Christen andersgläubige Menschen und meinten damit vor allem Juden und Muslime.

M 2 Pilger an der Grabeskirche in Jerusalem. Abbildung aus einem um 1400 gestalteten Buch

 Rat für Jerusalem-Pilger

Der Pilger Felix Faber berichtet von Verhaltensvorschriften, die Pater Guardian christlichen Pilgern im Jahr 1483 gab:

[…] 3. Keiner solle auf die Gräber der Heiden treten, denn das könnten sie nicht leiden und meinten, unser Gehen tue den Toten weh und sei für sie eine Pein.
5 4. Wenn ein Pilger von einem Heiden geschlagen würde, so solle er nicht zurückschlagen. Aber geschehe ihm Unrecht, so solle er es Pater Guardian sagen, der würde ihm zu seinem Recht verhelfen. […]
10 6. Die Adligen sollten nicht durch Schreiben und durch Zeichnen mit Kohle oder Rötelstein oder durch Kratzen die Wände verunstalten, Wappenschilde und Helme darstellen und Reime daranschreiben,
15 denn es sei unnütz und […] die Heiden nähmen Anstoß daran und verspotteten uns deswegen.

Zitiert nach: G. E. Sollbach (Hg.): Felix Faber. Reise in das Heilige Land, 1990, S. 76 f. (bearbeitet)

1. a) Jerusalem war heilige Stätte der Juden, Muslime und Christen. Erkläre, was Pater Guardian mit seinen Vorschriften (M 3) beabsichtigt haben könnte.
b) Begründe, warum die Regeln von Pater Guardian befolgt werden sollten.

2. Erstelle für einen mittelalterlichen Pilger eine Checkliste zur Reiseplanung nach Jerusalem. Gehe darin auf die Regeln ein, die er beachten soll (M 3).
Tipp: Seite 168

+ Recherchiert arbeitsteilig zu den Heiligtümern in Jerusalem: Klagemauer, Felsendom und Grabeskirche. Informationen findet ihr z. B. auf „religionen-entdecken.de".

VERTIEFUNG

Wie reiste man im Mittelalter?

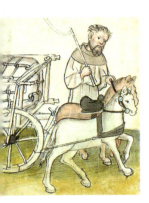

Ein Pferdegespann in einer mittelalterlichen Buchmalerei

Rob Cole aus dem Buch „Der Medicus" unternimmt eine Reise ins ferne Isfahan, um sich als Arzt ausbilden zu lassen. Pilger waren wegen ihres Glaubens unterwegs, Kaufleute, um Handel zu treiben, Könige, um an verschiedenen Orten Herrschaft auszuüben. Auch Handwerker zogen von Stadt zu Stadt, um ihre Kenntnisse anzubieten. Was aber bedeutete es im Mittelalter, zu reisen? Das englische Wort für „reisen" gibt uns einen Hinweis: Es heißt „to travel" und ist von dem französischen „travail" abgeleitet. Im Deutschen bedeuten das Wort „Mühe" und „Arbeit".

Mühsames Vorankommen

Die meisten Menschen waren zu Fuß, mit dem Ochsenkarren oder mit dem Pferd unterwegs. In einigen Gebieten konnte man auf alten, teilweise zerfallenen Römerstraßen reisen, in anderen fanden Reisende nur unbefestigte Naturwege vor. Die Wege folgten der Landschaftsform. Je nach Reiseziel mussten natürliche Hindernisse wie Sümpfe, Flüsse, dichte Wälder und Berge durchquert, umgangen oder überwunden werden. Dabei war der Zustand der Straßen und Wege sehr unterschiedlich. Auf unbefestigten Wegen musste man bei Regen durch Schlamm gehen oder fahren. Die Räder der Karren hinterließen im matschigen Boden oft tiefe Fahrrinnen, sodass die Wege auch bei Trockenheit nur schwer zu befahren waren. Bequemer war das Reisen und Transportieren von Waren auf Wasserwegen mit Flößen oder Kähnen.

Reisende	Kilometer pro Tag
Fußwanderer	20–40
Reisende mit Gefolge und Gepäck, z. B. Kaufleute	30–45
Frachtpferd	30–50
Kuriere mit wechselnden Pferden	50–80
Flusskähne (mit der Strömung fahrend)	100–150

M2 *Entfernungen, die an einem Tag zurückgelegt werden konnten (je nachdem, wie das Gelände beschaffen war)*

Unterkunft und Schutz

Am Ende eines anstrengenden Tages erholten sich Reisende in Herbergen und Gasthäusern, sofern sie sich das leisten konnten. Pilger wurden auch in ▶Klöstern oder Herbergen bei Synagogen aufgenommen. Einige Gastwirte sorgten sogar für die Instandhaltung der Wege und Brücken im Umfeld ihres Gasthauses und boten ihren Gästen Schutz und Geleit an, damit sie sicher weiterreisen konnten. Denn nicht immer war das Reisen ungefährlich. Kaufleute und wohlhabendere Reisende wurden nicht selten von Wegelagerern bedroht, überfallen und ausgeraubt.

M1 *Buchmalerei aus dem 15. Jahrhundert*

Die Strapazen einer Reise

Der Mönch Richer von Reims berichtete über eine Reise nach Chartres, die er im März 991 unternahm, um dort in der Dombibliothek medizinische Handschriften zu lesen.

a) Unvorhergesehene Ereignisse:

Als ich mit meinen zwei Begleitern auf verschlungene Waldwege geriet, häuften sich die Widerwärtigkeiten. Denn an den Wegkreuzungen gingen wir fehl und machten einen Umweg von sechs Meilen. Nachdem wir an Château-Thierry vorbeigekommen waren, verfiel das Packpferd […] in Eselstrott. Die Sonne hatte die Mittagshöhe überschritten und wollte untergehen, die ganze Luft schien sich in Regen aufzulösen; da brach das Pferd, von äußerster Anstrengung erschöpft, zusammen und verendete, wie vom Blitz getroffen, sechs Meilen vor der Stadt. Welche Verwirrung und Angst mich ergriff, mögen diejenigen ermessen, die einmal ähnliche Unfälle erlitten und sie mit verwandten Situationen vergleichen können. […] Für das Gepäck gab es kein Tragtier mehr. Der Regen goss in Strömen herab. Der Himmel war mit finsteren Wolken überzogen. Der Sonnenuntergang brachte die Androhung der Nacht. Während ich inmitten all dieser Bedrängnis überlegte, kam Gottes Rat. Ich ließ den Burschen mit dem Gepäck da, schrieb ihm vor, was er auf Fragen Vorbeikommender antworten solle, und schärfte ihm ein, dass er trotz seiner Müdigkeit nicht einschlafen dürfe. Dann machte ich mich allein mit dem Reiter aus Chartres auf und kam nach Meaux.

b) Gefährliche Wege:

Als ich die Brücke betrat, war es kaum mehr hell genug, sie zu sehen. […] Auf ihr klafften so viele große Löcher, dass an diesem Tag kaum die Ortskundigen hinüberkamen. Der Mann aus Chartres, unverdrossen und beim Reisen recht umsichtig, suchte […] nach einem Kahn, fand aber keinen, riskierte doch den Weg über die Brücke und brachte mithilfe des Himmels seine Pferde heil hinüber. Wo Löcher waren, legte er den Pferdehufen seinen Schild oder weggeworfene Bretter unter, und bald gebückt, bald aufgerichtet, bald vorwärtsgehend, bald zurücklaufend kam er tatsächlich mit den Pferden und mir hinüber. Die Nacht war hereingebrochen und bedeckte die Welt mit abscheulicher Finsternis, als ich die Klosterkirche des heiligen Faro betrat. [Die Mönche] nahmen mich wie einen Bruder auf und erquickten mich mit freundlichen Gesprächen und genug Speisen. Den Reiter aus Chartres schickte ich mit den Pferden zu dem verlassenen Burschen zurück; er musste die eben überstandene Gefahr an der Brücke noch einmal auf sich nehmen.

Zitiert nach: A. Borst: Lebensformen im Mittelalter, 1979, S. 146 ff. (bearbeitet)

M 4 Eine Römerstraße mit Gleisen für Wagenräder

1. a) Arbeite aus M 3 heraus, welche Schwierigkeiten der Mönch und seine Begleiter auf ihrer Reise bewältigen mussten.
b) Wie könnte es dem Burschen ergangen sein, der zurückbleiben musste? Schreibe auf, was er Richer erzählen könnte.
c) Entwickelt in Partnerarbeit einen Dialog. Richer von Reims spricht mit einem Mönch des Klosters, das ihm eine Unterkunft für die Nacht bietet, über seinen Reisetag.
Stellt euren Dialog in der Klasse vor.
Tipp: Seite 168

2. Nimm deinen Schulort als Ausgangspunkt und entscheide dich für das Ziel einer mittelalterlichen Reise. Berechne mithilfe eines Atlasses und M 2 die Zeit, die dafür (mit unterschiedlichen Transportmitteln) benötigt werden würde.

Kriegerische Pilgerreisen: die Kreuzzüge

Im Jahr 1095 erhielt ▸Papst Urban II. einen Brief des oströmischen Kaisers Alexios I. Darin bat er um Beistand gegen die muslimischen Seldschuken. Dieser Nomaden-
⁵ stamm hatte einige Jahre zuvor Kleinasien sowie das damalige Palästina und damit auch Jerusalem erobert. Christliche Pilger hatten Jerusalem seit Jahrhunderten besucht – auch, nachdem es im Jahr 637 von
¹⁰ den Arabern erobert worden war. Nun verbreitete sich das Gerücht, dass die Wallfahrten durch die Seldschuken bedroht seien!

Der oströmische Kaiser verfolgte mit seinem Brief eigene Interessen: Mithilfe west-
¹⁵ europäischer Ritter wollte er seine frühere Machtstellung in Kleinasien zurückgewinnen. Er wandte sich an den Papst, weil nur dieser einen Krieg zur Befreiung der heiligen Stätten ausrufen konnte. Der Papst
²⁰ wiederum sah die Chance, als Anführer eines solchen Krieges sein Ansehen in der Christenheit vergrößern zu können. Außerdem hoffte er, die zahlreichen Fehden der Ritter untereinander durch einen „hei-
²⁵ ligen Krieg" gegen die Muslime beenden zu können.

M 1 Christen bekämpfen Muslime. Darstellungen wie dieser Holzstich waren weit verbreitet.

„Gott will es!"

Auf einer Kirchenversammlung in Clermont (Frankreich) forderte Papst Urban II. den Adel und die christliche Welt zu einer kriegerischen Pilgerreise auf. Viele Zuhörer sollen so begeistert gewesen sein, dass sie sich mit dem Ruf „Gott will es!" ein Kreuz auf den Mantel hefteten und gelobten, in den Krieg zu ziehen. Später wurde der Krieg, der nun ausbrach, als ▸Kreuzzug bezeichnet.

Tatsächlich gab es für viele Menschen
⁴⁵ Gründe, sich daran zu beteiligen und Kreuzfahrer zu werden: Da waren z. B. die Ritter, die wegen ihrer Fehden mit kirchlichen Strafen belegt waren. Sie vertrauten darauf, dass ihnen ihre Sünden erlassen
⁵⁰ werden würden. Und es gab Bauern, die unter der Last der Abgaben an den Grundherrn, unter Fehden und schlechten Ernten litten. Sie hofften auf ein besseres Leben in der Fremde.

Der Kriegszug der Armen

⁵⁵ Papst Urban II. hatte bei seinem Aufruf vor allem an die Ritter gedacht. Doch zunächst gingen viele Leute aus dem einfachen Volk auf die kriegerische Pilgerreise. Sie besaßen wenig Geld, und um sich unterwegs
⁶⁰ zu versorgen, waren sie auf Spenden aus der Bevölkerung angewiesen. Blieben diese aus, waren ihre zumeist adligen Anführer auch bereit, sich mit Erpressungen oder Gewalt Lebensmittel zu verschaffen.

⁶⁵ Besonders ▸Juden hatten darunter zu leiden: Die Kreuzfahrer waren ihnen gegenüber feindselig eingestellt; sie sahen die Juden als Mörder Christi. Unter dem Vorwand, Rache zu nehmen, töteten sie ganze
⁷⁰ Gemeinden – Männer, Frauen und Kinder. Die bischöflichen Stadtherren von Mainz, Worms, Köln oder Trier versuchten, die Juden zu schützen, was aber nur selten gelang. Der „Kreuzzug der Armen" gelangte
⁷⁵ unter großen Verlusten nach Kleinasien, wo das Heer im Kampf vernichtet wurde.

Im August 1095 brachen Ritterheere in vier getrennten Zügen nach Kleinasien auf, wo sie sich im Mai 1096 zu einem gro-
⁸⁰ ßen Heer zusammenschlossen. Sie waren

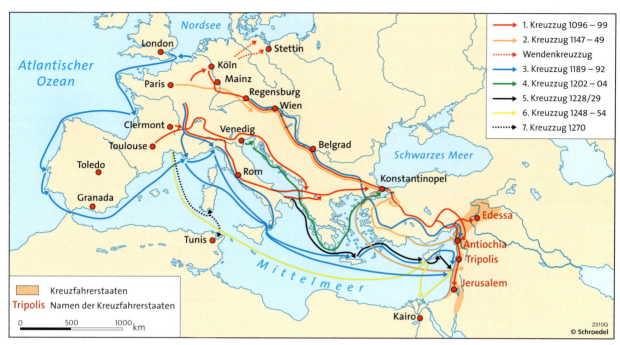

M2 Die Kreuzzüge. Fast 200 Jahre lang, vom 11. bis zum 13. Jahrhundert, zogen Heere aus Europa in den Orient.

gut bewaffnet und verfügten über Geld. Auch eine große Zahl von Geistlichen und Frauen zog mit in den Orient. In der Hitze des Frühsommers 1099 zog das Heer nach Palästina. Nach einer langen Belagerung wurde Jerusalem am 15. Juli 1099 von den Kreuzfahrern eingenommen. Unter der muslimischen und jüdischen Bevölkerung richteten die Christen ein furchtbares Blutvergießen an.

Christen in Palästina

In Palästina waren die Kreuzfahrer der muslimischen Bevölkerung zahlenmäßig weit unterlegen. Um ihre Herrschaft zu sichern, gründeten christliche Heerführer schließlich sogenannte **Kreuzfahrerstaaten**. Dies waren anfangs nur einzelne Städte oder Burgen, in denen sich Kreuzfahrer ansiedelten. Erst allmählich gelang es, die Herrschaftsbereiche weiter auszudehnen. Überliefert ist aber, dass viele der Europäer unter dem feuchtheißen Klima in Palästina litten und nicht lange überlebten.

Ein Miteinander der christlichen und der muslimischen Bevölkerung entwickelte sich in den Kreuzfahrerstaaten kaum, obwohl beide Seiten wirtschaftlich aufeinander angewiesen waren. Es kam zur Rückeroberungen durch muslimische Heere und zu neuen Eroberungsversuchen von christlichen Rittern. Auf den Kreuzzug der Jahre 1096–1099 folgten sechs weitere, bis im Jahr 1291 die Muslime schließlich die letzte christliche Festung, Akkon, endgültig zurückerobern konnten.

1. Werte die Informationen des Textes aus, indem du folgende Fragen beantwortest:
    • Wann fand der Erste Kreuzzug statt?
    • Wo fand er statt?
    • Wer war beteiligt?
    • Warum fand er statt?
    • Wie verlief er?
    • Welche Folgen hatte der Kreuzzug für Juden, Muslime und Christen?

   Tipp: Seite 168

M3 Ein Ritter vor dem Aufbruch zum Kreuzzug. Buchmalerei

M4 Aus dem Aufruf des Papstes

Der Mönch Robert von Reims gab später wieder, mit welchen Worten Papst Urban II. 1095 zum Kreuzzug aufrief:

Unerschrockene Ritter, Nachkommen unbesiegter Vorfahren, gedenkt der Tapferkeit eurer Väter! [...] Das Land, das ihr bewohnt, ist überall von Meer und Bergen umgeben und zu eng für eure große Zahl. Es ernährt kaum jene, die es bearbeiten. Aus diesem Grunde streitet ihr euch, führt Kriege gegeneinander und bringt euch gegenseitig um. Hört auf, euch zu hassen und zu bekriegen. Geht hin nach Jerusalem zum heiligen Grab, nehmt das Land, von dem die Schrift sagt, dass Milch und Honig dort fließen. Beschreitet den Weg, der zur Vergebung eurer Sünden führt. Des unvergänglichen himmlischen Ruhmes seid ihr gewiss.

Zitiert nach: H. D. Schmid: Fragen an die Geschichte 2, 1981, S. 63 (bearbeitet)

M5 Die Eroberung Jerusalems

a) Über die Eroberung Jerusalems 1099 berichtete der arabische Geschichtsschreiber Ibn al-Atir (1160–1233) etwa 100 Jahre später:

Die Franken* nahmen die Stadt Jerusalem tatsächlich von der Nordseite, morgens am Freitag, dem 22. Sa'ban [15. Juli 1099]. Die Einwohner wurden ans Schwert geliefert, und die Franken blieben eine Woche in der Stadt, während der sie die Einwohner mordeten.

Eine Gruppe von diesen suchte Schutz in Davids Bethaus, verschanzte sich dort und leistete einige Tage Widerstand. Nachdem die Franken ihnen das Leben zugesichert hatten, ergaben sie sich. Die Franken hielten den Vertrag, und sie zogen des Nachts in Richtung Askalon und setzten sich dort fest. Im Masgid al-Aqsa dagegen töteten die Franken mehr als siebzigtausend Muslime, unter ihnen viele Religionsgelehrte, Fromme und Asketen, die ihr Land verlassen hatten, um in Zurückgezogenheit an diesem heiligen Ort zu leben. Aus dem Felsendom raubten die Franken mehr als vierzig Silberleuchter, [...] und mehr als zwanzig goldene und andere unermessliche Beute.

Zitiert nach: F. Gabrieli: Die Kreuzzüge aus arabischer Sicht, 1973, S. 48 (bearbeitet)

b) Ein anonymer Teilnehmer am Ersten Kreuzzug berichtet über die Eroberung Jerusalems 1099:

In die Stadt eingedrungen, verfolgten unsere Pilger die Sarazenen* bis zum Tempel des Salomo, wo sie während des ganzen Tages den Unsrigen den wütendsten Kampf lieferten, sodass der ganze Tempel von ihrem Blut überrieselt war. Nachdem die Unsrigen die Heiden endlich zu Boden geschlagen hatten, ergriffen sie im Tempel eine große Zahl Männer und Frauen, töteten sie oder ließen sie leben, wie es ihnen gutdünkte. Bald durcheilten die Kreuzfahrer die ganze Stadt und rafften Gold, Silber, Pferde und Maulesel an sich. Sie plünderten die Häuser, die mit Reichtümern überfüllt waren. Dann, glücklich und vor Freude weinend, gingen die Unsrigen hin, um das Grab unseres Erlösers zu verehren.

Zitiert nach: P. Thorau: Die Kreuzzüge, 2004, S. 9 f. (bearbeitet)

---

*Sarazenen: So wurde die sesshafte Bevölkerung des Heiligen Landes von Kreuzfahrern und Pilgern bezeichnet.

*Franken: Die Kreuzfahrer wurden von vielen arabischen Geschichtsschreibern verallgemeinernd als Franken bezeichnet.

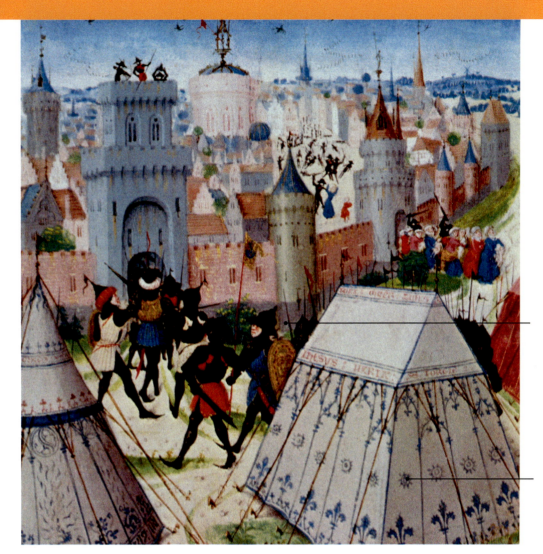

M 6 Die Eroberung einer Stadt in Palästina, dem „heiligen Land". Französische Buchmalerei aus dem 15. Jahrhundert

schwarz gekleidet: die Kreuzritter

Die Zelte der Kreuzritter. An den Wappen und Verzierungen auf dem Zeltstoff erkennt man, welchem Ritter ein Zelt gehört.

2. a) Arbeite aus M 4 heraus, wie der Papst seine Zuhörer davon überzeugen will, am Kreuzzug teilzunehmen.
b) Vergleiche die vom Papst genannten Gründe für eine Teilnahme mit denen, die im Text auf Seite 94 (ab Zeile 44) genannt sind. Wie erklärst du dir die Unterschiede?
Tipp: Seite 168

3. Vergleiche die Schilderungen zur Eroberung Jerusalems miteinander.
a) Nenne Textstellen, an denen deutlich wird, für wen der Autor Partei ergreift.
b) Welche der beiden Sichtweisen gibt M 6 wieder? Begründe!

 Ein Bild untersuchen

Schau dir das Bild genau an. Achte darauf, wohin du zuerst geschaut hast. Woran ist dein Blick hängen geblieben?

Beschreibe nun das Bild. Versuche, genau zu sein, sodass sich jemand, der das Bild nicht sieht, eine Vorstellung davon machen könnte. Achte auf Folgendes:
- Was befindet sich im Vorder-, was im Mittelgrund des Bildes?
- Was für Personen und Gruppen sind dargestellt? Was tun sie?
- Kannst du einen Handlungsablauf erkennen?
- Wirst du als Betrachter in das Bildgeschehen einbezogen? Wenn ja, wodurch wird das erreicht?

Stelle am Schluss heraus, für welche Seite der Maler Partei ergreift. Begründe deine Auffassung.

VERTIEFUNG

Toledo, ein Schnittpunkt der Kulturen

Ein Blick auf die spanische Stadt Toledo nahe Madrid. Foto, 2007

Lange bevor Kreuzritter nach Jerusalem zogen, lebten in Spanien Muslime, Juden und Christen friedlich miteinander. Betrachten wir hier einen Ort etwas genauer: Toledo, südlich von Madrid. Der Ort wurde als römische Siedlung gegründet und im frühen Mittelalter zum christlichen Bischofssitz. Seit 711 eroberten muslimische Heere, die „Mauren", fast ganz Spanien. Ein Emir* wählte nun Toledo als Regierungssitz. Juden und Christen war es dort unter muslimischer Herrschaft gestattet, ihre Religion auszuüben. Rechtlich waren sie den Muslimen aber nicht gleichgestellt.

* Emir: Befehlshaber, Fürst

Als Toledo im Jahr 1085 von den Christen zurückerobert wurde, blieben Muslime und ▸ Juden in der Stadt. Weiterhin lebten die Gläubigen unterschiedlicher Religionen friedlich miteinander. So wurde eine 1357 für die jüdische Gemeinde errichtete Synagoge von Muslimen gebaut. Die hebräischen und arabischen Inschriften preisen den christlichen Herrscher von Toledo.

Kulturaustausch

Im 12. Jahrhundert entstand im christlichen Toledo das wichtigste Gelehrtenzentrum Europas: Bedeutende Bücher wurden dort aus dem Arabischen ins Lateinische übersetzt. In der arabischen Welt hatte man bereits Jahrhunderte zuvor indische, persische, aber auch antike griechische Bücher gesammelt und ins Arabische übertragen, um überliefertes Wissen anderer Kulturen zu erhalten. Die Gelehrten in Toledo trugen nun dazu bei, dass die Aufzeichnungen der arabischen Wissenschaftler in ganz Europa bekannt wurden.

> **Arabische Gelehrte** hatten seit dem 9. Jahrhundert in Bagdad überliefertes Wissen aus der Vergangenheit übersetzt. In der Folge entstanden in der muslimischen Welt große Bibliotheken und Universitäten. Wissenschaftliche Erkenntnisse in den Bereichen Medizin, Astronomie, Mathematik und Physik wurden dort weiterentwickelt. Vor allem die medizinischen Kenntnisse in der arabischen Welt waren enorm. Um 930 gab es in Bagdad bereits öffentliche Krankenhäuser, sogar Spezialkliniken. Operationen unter Narkose waren dort möglich.

Durch den Handel mit den Muslimen wurden die Europäer zudem mit vielen Luxuswaren der gesamten arabischen Welt vertraut. Auch handwerkliche Techniken verbreiteten sich. So schmiedeten Handwerker aus Damaskus in Toledo Schwerter und Lanzen für Christen und Mauren. Zudem schufen die Araber im trockenen Spanien leistungsfähige Bewässerungssysteme: Hier konnten nun Pflanzen angebaut werden, die viel Wasser benötigen: Zuckerrohr, Baumwolle, Orangen, Auberginen, Artischocken, Aprikosen und Reis.

Kulturkonflikt

Auch nach der christlichen Rückeroberung herrschte in Toledo also lange Zeit ein friedliches Zusammenleben. In anderen Gegenden Spaniens kam es jedoch zu immer mehr Gewalttaten gegen Andersgläubige – von muslimischer wie auch von christlicher Seite. Vor allem unter den Christen hatte sich in der Zeit der Rückeroberung ein starker Glaubenseifer verbreitet. Dieser wurde durch den Kult um den heiligen Jakob von Compostela beflügelt, der in einer sagenumwobenen Schlacht geholfen haben soll, Tausende Muslime zu töten. Als im Verlauf der Rückeroberung die Pilgerfahrten nach Compostela zunahmen, entstand ein neues Feindbild: Die Muslime in Spanien wurden nun als Bedrohung für die christliche Welt gesehen. Der Kampf gegen sie bekam den Charakter von ▸ Kreuzzügen. Sie richteten sich auch gegen die Juden.

In Toledo wurden bereits 1391 fast alle Synagogen zerstört. Viele Juden traten gezwungenermaßen zum Christentum über. 1449 kam es zu schweren Gewalttaten: Wohnviertel ehemaliger Juden wurden geplündert, Hunderte von Menschen ermordet.

M 2 *Der heilige Jakob. Skulptur aus der Kathedrale in Santiago de Compostela. Sie entstand gegen Ende des 17. Jahrhunderts.*

M 1 *Ein muslimischer und ein christlicher Musiker spielen auf Instrumenten, die im Orient entwickelt und über Spanien in Europa bekannt wurden. Buchmalerei aus dem 13. Jahrhundert*

1. a) Liste auf, welche Lebensbereiche sich unter dem Einfluss der jüdischen und muslimischen Bevölkerung in Spanien in besonderer Weise entwickelten.
Tipp: Seite 168

b) Erkläre mithilfe des Textes, welche Bedeutung das Übersetzungszentrum in Toledo für die Verbreitung von Wissen im christlichen Europa hatte.

2. a) Beschreibe, wie der heilige Jakob in M 2 dargestellt ist.
b) Erkläre, welche Bedeutung er für die Rückeroberung Spaniens hatte. Berücksichtige den Text ab Zeile 56.

Reisende Händler knüpfen Kontakte

M 1 Eine Karawanserei in der Nähe von Isfahan. Druck aus dem 19. Jahrhundert

 ZEITREISE In einer Karawanserei

* *Die Rede ist von der Romanfigur Rob Cole (Seite 80). Diese Zeitreise wurde einem Ausschnitt aus dem Roman „Der Medicus" nacherzählt.*

Schon von Weitem, als Rob* sich dem Dorf näherte, bemerkte er unzählige Pferde und Maultiere, Karren, Planwagen und Menschen. Es war die Karawane des Kaufmannes Karl Fritta, die hier Rast machte. Rob freute sich, als der Kaufmann ihm anbot, im Schutz der Karawane weiterzureisen. Ihr Ziel war Konstantinopel. Dort wollte Karl Fritta seine Waren auf dem großen Basar verkaufen und neue Waren aus dem fernen Asien aufkaufen.

* *Karawanserei: festungsartiges Gebäude, in dem Kaufleute mit ihrer Karawane Rast machen, Waren lagern, Tiere versorgen und übernachten*

In Konstantinopel führte der Kaufmann seine Karawane zu einer Karawanserei*. Sie war von hohen Mauern umgeben und konnte mit einem dicken hölzernen Tor verschlossen werden. Rob staunte: Im Innenhof wimmelte es nur so von Menschen, Pferden und Maultieren. Einige der Vierbeiner waren größer als Pferde und hatten einen Höcker auf dem Rücken. Er hörte Stimmen in Sprachen, die er nicht verstand, sah Waren, die er noch nie zuvor zu Gesicht bekommen hatte – und es duftete nach Gewürzen. Aus dem fernen Osten waren sie hierher gebracht worden.

Es hieß, dass täglich Karawanen auf der Seidenstraße nach Konstantinopel kämen. Sie würden Seide, Gewürze, Medikamente und Parfum mitbringen – aber auch abenteuerliche Geschichten von fernen Ländern und anderen Lebensweisen. Bis nach China sollte die Seidenstraße gehen!

Kaufleute zwischen den Kulturen

Kontakte mit Menschen und Kaufleuten anderer Länder und Kulturen hatten vor allem die Fernkaufleute, die im Mittelalter durch Europa, in den Orient und bis ins heutige China reisten. Der berühmteste war Marco Polo (ca. 1254–1324), der sich im Alter von 17 Jahren zusammen mit seinem Vater und seinem Onkel von Venedig aus auf die Reise nach China machte. Sein Buch über die Erfahrungen und Eindrücke der Reise, das er nach seiner Rückkehr nach Venedig (1295) verfasste, wurde mit großer Neugier von vielen gelesen. Marco Polo galt ihnen als „Entdecker" Asiens.

M2 Marco Polo – Reisender und Fernhändler

Die Historikerin Christiane Deluz schreibt über das Buch von Marco Polo:

a) Die Ausbildung zum Kaufmann
Der jüngere Marco erhielt die für einen Kaufmann übliche Ausbildung. Er lernte lesen und schreiben, rechnen und Buchführung, und er musste sich um Geschäftsbriefe kümmern. […] Tatsächlich lernten die jungen Kaufleute aber das meiste auf Reisen – von frühester Jugend an begleiteten sie die älteren über die Meere oder auf den Landrouten. So heißt es im Buch Marco Polos: „Und so lernte Marco […] sehr viel über die Sitten der Tataren sowie ihre Sprache und Schrift. Und wisst, dass er innerhalb kurzer Zeit mehrere Sprachen beherrschte."

b) Die Interessen des Händlers Marco Polo
Er berichtet über Porzellan, die Reichtümer der Bergwerke, Salz, Kohle […], ebenso über Perlen und Edelsteine. Anbauprodukte dagegen werden von Marco Polo vernachlässigt, mit Ausnahme von Gewürzen wie Pfeffer, Ingwer, Zimt, Indische Nüsse. Auch macht er Angaben zu den verschiedenen Münzen, zum berühmten Papiergeld, das im Reich des Großen Khan* im Umlauf war […]. Ferner interessiert er sich für die Transportmittel, für Pferde, Kamele und Boote […]. Auch werden alle Wege der Kommunikation untersucht: lange Straßen, die in China von Bäumen gesäumt sind, Flüsse, Kanäle, die die Flüsse verbinden, Brücken, die sie überqueren.

c) Berichte von fremden Kulturen
Im Verlauf seiner Reise und seines langen Aufenthaltes in China interessierte sich Marco Polo auch für die dortige Bevölkerung. […] Man findet in seiner Erzählung eine sehr ausführliche Beschreibung der Völker Asiens und der Inseln: Die Menschen in Tangut [in China] wären eher dick, hätten kleine Nasen und keine Bärte, die „schönen und angenehmen Damen" dienten der Herrscherin; ihre Kleidung reichte von prunkvollen Roben am Hof des Khan bis zur Nacktheit der Inselbewohner. Er schrieb über die Tätowierungen der Leute, deren Haut „mit Nadeln bearbeitet wird zu Löwen, Drachen und Vögeln". […] Er informiert über Sitten, Heiratsgebräuche und Beerdigungsriten.

Zitiert nach: F. Novoa Portela/F. J. Villalba Ruiz de Toledo (Hg.): Legendäre Reisen im Mittelalter, 2008, S. 109, 111 ff. (bearbeitet)

M3 Marco Polo als Reisender in einem Boot. Malerei, um 1412

1. a) Erstelle mithilfe der Zeitreise eine Mindmap (Seite 172), mit der du die verschiedenen Tätigkeiten von Kaufleuten sortierst.
b) Erkläre, warum sich viele Kaufleute Karawanen anschlossen.

2. Teilt M 2 zu dritt untereinander auf und macht euch jeweils Notizen zu Marco Polo als lernender Kaufmann (a), als Händler (b) und als Wissenschaftler (c).
Tragt anschließend eure Ergebnisse zusammen.

* *Großer Khan: Herrscher über ein großes Gebiet in Asien (das heutige China)*

SELBSTÜBERPRÜFUNG

Wenn du die vorangegangenen Seiten bearbeitet hast, solltest du folgende Aufgaben lösen können. Schreibe die Lösungen in dein Heft. Ob du richtigliegst, kannst du mithilfe der Hinweise auf Seite 175 überprüfen.

M 1 Die Abbildung zeigt einen christlichen und einen muslimischen Ritter. Sie stammt aus einem Buch des spanischen Herrschers Alfons X., genannt „der Weise". Er wurde 1223 in Toledo geboren.

 Sünde?

Um 1220 schrieb der Dichter und Sänger Wolfram von Eschenbach über einen Krieg zwischen Christen und Muslimen. Er fragte:

Ist das nicht Sünde, dass man die, die nie Kunde von der Taufe empfingen, erschlug wie Vieh?
Ich sage sogar, dass es große Sünde ist, weil alle Geschöpfe Gottes sind, alle Menschen der zweiundsiebzig Sprachen, die er geschaffen hat.

Zitiert nach: W. Heinzle (Hg.): Wolfram von Eschenbach. Willehalm. Frankfurt, 2009 (bearbeitet)

1. Auf den letzten Seiten hast du etwas über das Judentum und den Islam erfahren.
   a) Welche Wörter gehören zu welcher Religion und Kultur? Ordne zu: Ägypten, Verfolgung, Medina, Mohammed, Moses, Kaaba, Monotheismus.
   b) Erkläre die einzelnen Wörter im Zusammenhang mit der jeweiligen Religion.

2. a) Beschreibe die Abbildung M 1. Gehe vor allem darauf ein, was für Personen hier dargestellt sind und wie sie sich verhalten.
   b) Ordne das Bild mithilfe der Unterschrift in den historischen Zusammenhang ein, in dem es entstand.
   c) Erkläre anschließend, mit welcher Absicht es wohl in Auftrag gegeben wurde.

3. Bearbeite M 2:
   a) Formuliere in einem Satz, welches Ziel Wolfram mit dieser Äußerung verfolgt.
   b) Nenne mindestens zwei Situationen, in denen nicht so vorgegangen wurde, wie er es für richtig hält.
   c) Nenne zwei Situationen, in denen der Kontakt zwischen Menschen verschiedener Kulturen weitgehend problemlos verlief.

ZUSAMMENFASSUNG

Menschen reisen – Menschen begegnen sich

Im Nahen Osten waren bis ins 7. Jahrhundert drei monotheistische Religionen entstanden: das ▸ **Judentum**, das **Christentum** und der ▸ **Islam**. Die Menschen lebten dort in ihren Religionsgruppen, wussten aber voneinander so viel, dass sie friedlich miteinander auskommen konnten. Durch die Vertreibung der Juden zur Zeit der Römer und die spätere arabische Ausdehnung fast rund ums Mittelmeer wurden Christen, Juden und Muslime auch in Europa Nachbarn.

Im Heiligen Römischen Reich lebten Juden und Christen in den Städten miteinander. Juden hatten einige besondere Rechte in den Städten und standen unter dem **Schutz** des Stadtherrn. Trotzdem waren sie rechtlich benachteiligt, denn das Bürgerrecht erhielten sie nicht. In Spanien führten der **Kulturaustausch** und die Zusammenarbeit zwischen muslimischen, jüdischen und christlichen Gebildeten zu einer Blüte der Wissenschaften und der Kultur.

Zu Kontakten von Menschen aus verschiedenen Kulturen kam es auch zwischen **Reisenden**. Das waren vor allem Kaufleute, Pilger, aber auch Handwerker oder Studierende. Marco Polo reiste sogar bis ins heutige China und teilte sein Wissen über Land und Leute in einem Buch mit.

Im Jahr 1095 rief der Papst zu Kriegszügen (**Kreuzzügen**) auf, mit denen die Muslime aus Jerusalem vertrieben werden sollten. Damit veränderte sich das Verhältnis zwischen den Menschen unterschiedlicher Religionen, auch in Europa. Die nach Jerusalem ziehenden Kreuzfahrer verübten in Städten, durch die sie zogen, auch Massaker gegenüber Juden.

Bei der Eroberung Jerusalems 1099 durch die Kreuzfahrer wurden fürchterliche Bluttaten gegenüber der jüdischen und muslimischen Bevölkerung der Stadt begangen. Nach der Eroberung der letzten Kreuzritterfestung Akkon im Jahre 1291 standen sich Christen und Muslime im Nahen Osten unversöhnlich gegenüber.

In Europa regten sich nur vereinzelt Stimmen, die das Leid, das Christen den Juden, aber auch Christen und Muslime einander angetan hatten, beklagten und zur **Versöhnung** aufriefen.

- **586 v. Chr.** Seit der Verschleppung der Israeliten nach Babylon entsteht im Nahen Osten die erste monotheistische Religion, das Judentum.

- **70 n. Chr.** Die Römer zerstören die heiligen Stätten der Juden in Jerusalem; viele Juden wandern aus.

- **622** Mohammed, der Begründer des Islam, zieht von Mekka nach Medina.

- **632 bis ca. 750** Arabische Truppen erobern den Vorderen Orient, Nordafrikas und Teile Spaniens.

- **1085** Die christlichen Spanier erobern Gebiete von den Arabern zurück.

- **1099** Der erste Kreuzzug endet nach drei Jahren mit der Eroberung Jerusalems. In der Folge entstehen die christlichen Kreuzfahrerstaaten.

- **1130–1284** Durch die Zusammenarbeit jüdischer, muslimischer und christlicher Gelehrter wird Toledo bei Madrid zu einem bedeutenden Wissenschaftszentrum.

- **1295** Der italienische Kaufmann Marco Polo verfasst einen Bericht über seine Reisen, die ihn nach seinen Angaben bis nach China führten.

Die Buchmalerei zeigt den Dichter Wolfram von Eschenbach (im dunklen Gewand) als Vermittler zwischen einem Juden, einem Muslim und einem Kreuzritter.

Die Zeit der Entdeckungen

Die Wandmalerei des mexikanischen Künstlers Diego Rivera aus dem Jahr 1951 zeigt die Landung der Spanier in Veracruz. Der heutige mexikanische Atlantikhafen Veracruz geht auf die älteste spanische Siedlung in Mittelamerika zurück, die 1519 angelegt wurde.

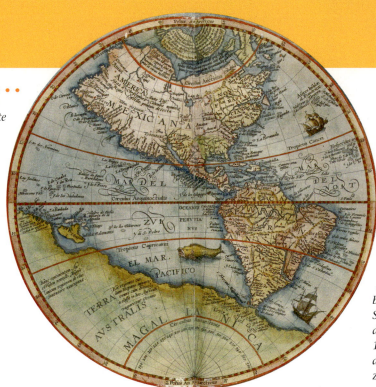

Der Kupferstich aus dem Jahr 1566 zeigt eine Karte Amerikas. Sie macht deutlich, dass die Menschen siebzig Jahre nach der „Entdeckung" des amerikanischen Kontinents recht genau über seine Geografie informiert waren.

Zwei aztekische Väter bringen ihre Söhne zur Schule. Abbildung aus dem Codex Florentinus, 1575–1577. Zur Kultur der Azteken gehörten Erziehungsvorschriften und ein staatlich organisiertes Schulsystem.

Der sogenannte Magellan-Kompass in einer Abbildung aus einem Bericht über Magellans Weltumsegelung, der um 1520 veröffentlicht wurde.

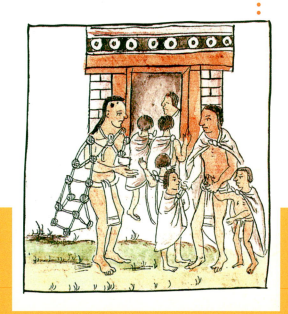

Die Neuzeit

1200 1300 1400 1500 1600

EINSTIEG

Wege durch die Wasserwüste

M1 *Diese Abbildung stammt aus einem „Thierbuch", das der Naturforscher Conrad Gesner im 16. Jahrhundert veröffentlicht hat. Es sollte das Wissen seiner Zeit zusammenfassend darstellen.*

Wie weit kann man sich aufs offene Meer hinauswagen? Was, wenn man in Not gerät und kein Land mehr in Sicht ist? Den Menschen früherer Jahrhunderte war das Meer ein noch unheimlicherer Ort als uns heutigen Menschen. Die Nord- und die Ostsee sowie das Mittelmeer befuhren sie zwar, auf den Atlantik aber wagten sie sich kaum hinaus. Verstärkt wurde ihr Unbehagen von Zeichnungen, die riesige, Schiffe verschlingende Meeresungeheuer zeigten. Und wie sollte man es überhaupt schaffen, auf See nicht verloren zu gehen, wie feststellen, wo man sich gerade befindet?

Heinrich der Seefahrer

Solche Fragen beschäftigten auch den portugiesischen Prinzen Heinrich, der 1394 geboren worden war. Sein Vater war König Johann I. von Portugal und seine Mutter Philippa von Lancaster, eine englische Prinzessin. Im Alter von 21 Jahren unternahm er seine einzige größere Seefahrt. An Bord des väterlichen Schiffes war er an der Eroberung des Handelsortes Ceuta beteiligt, einer Stadt im heutigen Marokko. Dennoch ging er als Heinrich der Seefahrer in die Geschichte ein und gilt als eine der wichtigsten Personen in der europäischen Seefahrt. Ja, sein Ruhm war so groß, dass man lange dachte, er habe eine Seefahrerschule gegründet. Daran bestehen heute Zweifel, denn inzwischen weiß man, dass er nie ein Schiff befehligte. Doch was hat ihn so bedeutsam gemacht?

Als Gouverneur – eine Art Verwalter – lebte Heinrich an der Algarve, einer Gegend im Süden Portugals. Dort ließ er sich einen Palast errichten, die „Villa do Infante" („Prinzenvilla"). Sowohl für Seefahrer aus dem Mittelmeer als auch für solche, die den Atlantik befuhren, war sie gut zu erreichen. Seeleute waren hier immer willkommen, wurden mit Proviant ausgerüstet und Heinrich unterhielt sich mit ihnen über ihre Erfahrungen.

Zusammen mit Kartografen, also Kartenzeichnern, und Technikern wertete er die Informationen aus, die die Seeleute ihm gaben. Sein Ziel war es, die Seeleute zu befähigen, an der Küste Afrikas weiter nach Süden vorzudringen. Denn er war überzeugt, dass man ferne Länder, die bisher unter großen Gefahren auf dem Landweg bereist wurden, auch auf dem Seeweg erreichen konnte. Für europäische Fernhändler, die mit Waren aus Asien handelten, könnte der Seeweg weitaus sicherer, günstiger und komfortabler als der Landweg sein, meinte Prinz Heinrich.

Um von Portugal über das Meer nach Indien zu gelangen, musste man aber zuerst das „Kap Bojador", das „Kap ohne Wiederkehr", überwinden und auf die offene See hinausfahren. Dafür fehlte bislang nicht nur Mut, sondern auch technische Voraussetzungen, vor allem ein Hilfsmittel, mit dem man sich in der Wasserwüste orientieren konnte.

M2 *(rechts): Denkmal für Prinz Heinrich den Seefahrer in der portugiesischen Hauptstadt Lissabon. Heinrich steht an der Spitze der ihm nachfolgenden portugiesischen Entdecker*

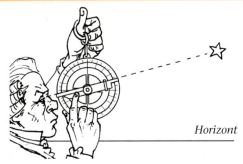

M3 Mit dem Astrolabium wurde der Polarstern angepeilt. An der Gradeinteilung konnte man den Winkel zwischen Polarstern und Horizont ablesen und so die Höhe des Sterns ermitteln. Sie entsprach dem Breitengrad, auf dem man sich befand.

Neue Herausforderungen – neue Lösungen

Heinrich und seine Mitarbeiter entwickelten das Astrolabium. Damit ließ sich bestimmen, auf welchem Breitengrad man sich gerade befindet. Für jemanden, der nach Süden wollte, war das enorm wichtig.

Zugleich wurde ein neuer Schiffstyp entwickelt, die Karavelle. Man übernahm dabei Kenntnisse der Muslime. Deren Schiffe, die Daus, hatten dreieckige Segel, sogenannte Lateinersegel. Damit war es leichter möglich, gegen den Wind zu kreuzen und Ladung mitzunehmen. Mit Karavellen konnten die schwierigen Strömungs- und Windverhältnisse südlich vom Kap Bojador gemeistert werden. Und es war möglich, lange auf See zu bleiben, ohne einen Hafen anlaufen zu müssen. Schließlich lernte man sogar, weit aufs offene Meer hinauszufahren, um in eine sichere Strömung zu gelangen, die eine schnellere Fahrt erlaubte.

Mit diesen Schiffen gelang es noch zu Heinrichs Lebzeiten, bis zum Senegal-Fluss vorzustoßen, aber auch zu den Azoren, den Kanarischen und den Kapverdischen Inseln kamen die Portugiesen. Die Südspitze Afrikas mit dem „Kap der Guten Hoffnung" zu umfahren und damit den Seeweg nach Indien zu entdecken, gelang allerdings erst nach dem Tod Heinrichs, der 1460 starb.

1. a) Schlage in einem Atlas nach, wo Portugal liegt und die Algarve. Suche außerdem das Kap Bojador, die Kanarischen Inseln und die Azoren.
b) Erkläre, warum das Kap der Guten Hoffnung umfahren werden musste, wenn man auf dem Seeweg nach Indien gelangen wollte.

2. Erkläre, warum gerade die Bestimmung der Breitengrade bei diesen Fahrten wichtig war.

M4 Eine Karavelle. Mit diesem schnellen Schiffstyp waren erstmals längere Seereisen möglich.

Auf den folgenden Seiten erfährst du, ...
- dass der Seeweg nach Indien in zwei Richtungen gesucht wurde. Die Portugiesen erkundeten den Weg um Afrika herum, die Spanier suchten ihn auf dem Weg nach Westen.
- welche Kultur die Azteken in Mittelamerika entwickelt hatten und wie sie ihr Reich organisierten.
- dass das Aztekenreich von den Spaniern erobert und ausgebeutet wurde.

Außerdem übst du, ...
- wie man einen Darstellungstext auf der Grundlage von Quellen überprüft und beurteilt.
- wie man historische Verhältnisse in Form eines Standbildes veranschaulichen kann.

Die Entdeckung der Erde für Europa

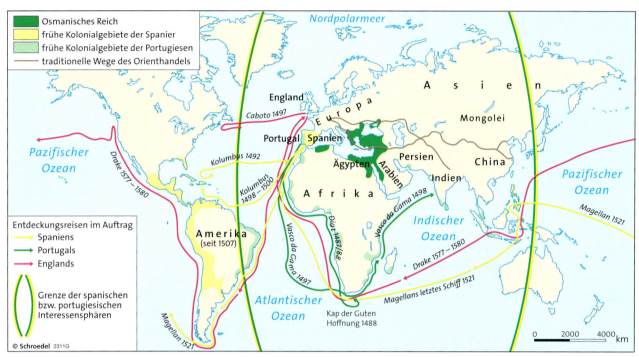

M 1 Die Fahrten der Entdecker

Nach Westen fahren – im Osten ankommen?

Am 3. August 1492 stach eine kleine Flotte in See, um zu einer der bekanntesten Seereisen der Geschichte aufzubrechen. Kommandant war Christoph Kolumbus, ein Italiener aus Genua. Es war ein waghalsiges Unternehmen. Auf dem offenen Meer gebe es Ungeheuer, die ganze Schiffe verschlingen könnten, glaubte man.

Außer Kolumbus waren es wohl nur wenige, die an einen Erfolg der Fahrt glaubten. Der Kommandant verließ sich aber auf die wissenschaftlichen Erkenntnisse seiner Zeit. Am wichtigsten war die von der Kugelgestalt der Erde. So wurde sie inzwischen auch mit einem Globus dargestellt. Weiter waren es die technischen Geräte, der Kompass und das Astrolabium, die eine Orientierung auf hoher See ermöglichten.

Die Expedition erfolgte im Auftrag des spanischen Königs. Ziel war es, Indien auf dem Seeweg zu erreichen. Damit verfolgten die Spanier dasselbe Ziel wie die Portugiesen, denen Kolumbus bereits erfolglos seine Dienste angeboten hatte. Während die Portugiesen nach Süden an Afrika entlang und dann nach Osten den Weg nach Indien suchten, setzten die Spanier und Kolumbus darauf, dass Indien auch über den Weg nach Westen erreicht werden könne.

Warum das Wagnis auf sich nehmen?

Das Ziel aller Erkundungsfahrten am Ende des 15. Jahrhunderts war ein Seeweg nach Indien, womit alle Länder im Osten gemeint waren. Von dort brachten Fernhändler Gewürze und Luxuswaren nach Europa. Pfeffer, Ingwer, Zimt und Muskat sowie Seide und Parfüm aus Asien waren an den

Fürstenhöfen und bei reichen Stadtbürgern begehrt und brachten ihnen deshalb sagenhafte Gewinne. Doch weil die Araber und Osmanen* den Vorderen Orient erobert hatten, kontrollierten sie alle Handelswege in den Osten und erhoben hohe Zölle. Zudem war der Transport wertvoller Güter über Landwege gefährlich. Die Seefahrer sollten aber auch Gold und Silber suchen, denn die Geldwirtschaft hatte sich durchgesetzt. Sowohl Geschäftsleute als auch Kunden benötigten immer größere Mengen als Zahlungsmittel.

Daneben gab es noch andere Gründe für die Fernreisen: Fürsten und Könige wollten ihren Machtbereich erweitern. Die Kirche versprach sich von den Fahrten die Bekehrung der Heiden* und damit einen Zuwachs an Gläubigen. Für viele Seefahrer waren sicher auch Abenteuerlust und Hoffnung auf Reichtum mit im Spiel.

Die Überfahrt

Die Seereise, die Kolumbus führte, war anstrengend und nervenzerreißend. Die Mannschaft war häufig kurz vor der Meuterei; es gab Sabotage, also den Versuch, die Schiffe so zu beschädigen, dass das Unternehmen abgebrochen werden musste. Krankheiten schwächten die Seeleute. Kolumbus informierte die Mannschaft falsch über die zurückgelegten Entfernungen. Er wollte ihnen damit die Angst nehmen, so weit wie kein bekannter Seemann auf den Atlantik hinausgefahren zu sein.

Im Oktober erschienen dann die ersten Vorboten von Land: Gras und bearbeitete Äste, die im Wasser trieben, sowie Vögel. In der Nacht des 12. Oktober 1492 war es dann soweit: Land in Sicht. Kolumbus verließ mit seinen Leuten das Schiff und begegnete ersten Einwohnern der Insel Guanahani vor Mittelamerika. Er war sich sicher, in Indien gelandet zu sein und den Wettlauf gegen die Portugiesen gewonnen zu haben. Bei diesem Irrtum blieb er bis an sein Lebensende.

Die Aufteilung der Erde

Die Portugiesen waren mit ihrem Vorhaben ebenfalls erfolgreich. Bartolomeo Diaz umfuhr die Südspitze Afrikas und Vasco da Gama erreichte Indien 1498 tatsächlich über den Seeweg. Zwischen Portugal und Spanien kam es bald zum Konflikt um die neu entdeckten Gebiete. Man beschloss, sie zwischen beiden Staaten aufzuteilen. Durch Verträge wurden 1494 und 1529 zwei Grenzlinien festgelegt, die der Papst als höchste Autorität – als höchster Machthaber – bestätigte (M 1). Im 16. Jahrhundert beherrschten daher beide Nationen den Handel mit Gewürzen, Gold und Silber.

Die Kolonisierung der Welt

Angesichts der Erfolge Portugals und Spaniens versuchten nun auch andere seefahrende Nationen sich einen Teil der Welt zu sichern: 1497 entdeckte der Venezianer Giovanni Caboto, der als John Cabot im Auftrag der Engländer reiste, Nordamerika. Und von 1499 bis 1504 erkundete eine Expedition, an der Amerigo Vespucci beteiligt war, die Küste Südamerikas. Nach ihm wurde der neue Kontinent „Amerika" genannt.

Christoph Kolumbus 1490 auf einem Gemälde von Domenico Ghirlandaio

* *Osmanen: Herrscher des Osmanischen Reiches, das seit 1299 bestand. In Europa wurde das Land meist als „Türkei" bezeichnet.*

* *Heiden: So nannten die Christen alle Menschen, die nicht christlich getauft sind.*

• •

1. Untersuche M1, wie im Methodentraining auf Seite 95 angeleitet.

2. Arbeite heraus, welche technischen und wissenschaftlichen Voraussetzungen die Entdeckung Amerikas hatte. Beziehe dich auf den Text, M1 und die Materialien auf Seite 107.

M2 Die Karte Toscanellis, 1474

M3 Westwärts nach Indien?

Der Wissenschaftler Paolo Toscanelli schrieb 1474 an den Geistlichen Fernan Martins:

Dem Kanonikus* Ferdinand Martins zu Lissabon sendet der Physiker Paolo seinen Gruß. […] Du sagst mir, dass Seine Majestät von mir einmal eine Erklärung und einleuchtende Darlegung wünscht, dass und wie man diesen Weg einschlagen kann. Wenngleich ich überzeugt bin, dass man dies auf einem Globus zeigen sollte, so will ich dennoch der geringeren Mühe und des besseren Verständnisses wegen den Weg auf einer Karte erläutern, die den Seekarten ähnelt. Ich sende deshalb Seiner Majestät eine eigenhändig gezeichnete Karte. […]
Dieses Land ist sehr dicht bewohnt, und es gibt dort viele Provinzen und viele Königreiche und zahllose Städte unter der Herrschaft eines Fürsten, der sich Großkhan nennt, was in unserer Sprache so viel heißt wie: König der Könige. Seinen Sitz hat er meistens in der Provinz Catay. Seine Vorfahren wünschten lebhaft, mit Christen in Verbindung zu treten. […] Dieses Land verdient mehr als jedes andre, dass man es aufsucht; man kann dort nicht nur sehr großen Gewinn machen und viele Dinge bekommen, sondern es gibt auch Gold, Silber, Edelsteine und alle nur denkbaren Gewürze in reicher Menge, wie nirgendwo bei uns. Es ist richtig, dass weise und gelehrte Männer, Philosophen und Astrologen und andre große Gelehrte, die in allen Künsten bewandert sind, das herrliche Land regieren und die Schlachten schlagen.

F. Berger (Hg.): Christoph Columbus, 1991, S. 46ff.

* Kanonikus: Geistlicher mit leitenden Aufgaben

* Kolumbus und seine Begleiter waren mit drei Schiffen aufgebrochen: der Santa Maria, der Niña und der Pinta

M4 Aus Kolumbus' Bordbuch

Montag, 6. August
Das Steuerruder der Karavelle „Pinta"*, die unter dem Befehl des Martin Alonso Pinzon stand, brach oder sprang heraus, was ein gewisser Gomez Rascon dem allgemeinen Verdacht nach getan haben soll, auf Anstiftung des Christoph Quintero, des Eigentümers des Schiffes, der diese Reise nur ungern mitmachte.

Dienstag, 2. Oktober
Während des Tages und der folgenden Nacht kamen wir 156 Seemeilen auf unserer Fahrt nach Westen vorwärts, wovon ich meiner Mannschaft gegenüber nur 120 erwähnte.

Mittwoch, 10. Oktober
Zu diesem Zeitpunkt beklagten sich meine Leute über die lange Reisedauer, die ihnen unerträglich zu sein schien.

Freitag, 12. Oktober

An Bord der „Pinta" entdeckte man zuerst das Land und gab Signale. […] Wir warteten bis zum Tagesanbruch, an welchem wir zu einer Insel gelangten, die in der Indianersprache „Guanahani" hieß. Dort erblickten wir gleich nackte Eingeborene. Ich begab mich, begleitet von zwei Leuten, an Bord eines mit Waffen versehenen Bootes an Land. Dort entfaltete ich die königliche Flagge. Sofort sammelten sich an jener Stelle zahlreiche Eingeborene der Insel an. In der Erkenntnis, dass es sich um Leute handle, die man weit besser durch Liebe als mit dem Schwerte retten und zu unserem Glauben bekehren könne, gedachte ich sie mir zu Freunden zu machen und schenkte also einigen unter ihnen rote Kappen und Halsketten aus Glas und noch andere Kleinigkeiten von geringem Wert, worüber sie sich ungemein erfreut zeigten.

Samstag, 13. Oktober

Ich beachtete alles mit größter Aufmerksamkeit, um herauszubekommen, ob in dieser Gegend Gold vorkomme. Dabei bemerkte ich, dass einige von diesen Männern die Nase durchlöchert und durch die Öffnung ein Stück Gold geschoben hatten. Mithilfe der Zeichensprache erfuhr ich, dass man gegen Süden fahren müsse, um zu einem König zu gelangen, der große goldene Gefäße und viele Goldstücke besaß.

Zitiert nach: F. Berger (Hg.): ebd., S. 121, übersetzt v. E.-G. Jacob (bearbeitet)

M5 Der Frankfurter Kupferstecher Theodor de Bry schuf 1594 – also mehr als 100 Jahre nach der Reise des Kolumbus – dieses Bild von der Ankunft auf der Insel Guanahani. Er nannte sie „San Salvador" (Heiliger Retter). Heute gehört sie zu den Bahamas.

2. Führt in Gruppen zwei Rollenspiele durch.
   a) Die erste Gruppe überlegt sich, wie man sich verständigen kann, wenn die Sprache des Gegenübers völlig unbekannt ist. Führt in eurem Rollenspiel vor, wie die erste Begegnung zwischen Kolumbus und den Menschen auf Guanahani verlaufen sein könnte.
   b) Die zweite Gruppe setzt die Informationen aus dem Bordbuch (M 4) und dem Bild (M 5) in ein Rollenspiel um.
   c) Vergleicht die beiden Versionen und besprecht, welche euch wahrscheinlicher erscheint.

3. Vergleicht die Erwartungen der Europäer mit den geschilderten Ereignissen. Arbeitet in Partnerarbeit.
   a) Ein Partner liest die Quelle M 3 und schreibt Begriffe heraus, die zeigen, was die Europäer in Indien erwarteten.
   b) Der andere Partner schreibt heraus, was Kolumbus und seine Mannschaft vorfanden, als sie das neue Land betreten hatten (M 4).
   c) Übernehmt nun die Ergebnisse eures Partners auf euer Blatt. Vergleicht dann die beiden Seiten und besprecht, ob sich die Fahrt in Hinblick auf die Erwartungen gelohnt hat.

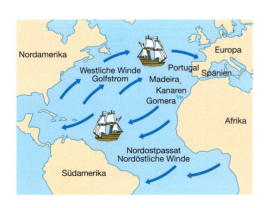

M6 Windverhältnisse bei Kolumbus' Fahrt

VERTIEFUNG

Ein großes Reich in Mittelamerika

Auf dem amerikanischen Kontinent existierten große Reiche, z.B. das der **Azteken**. Wie lebten sie und welches waren die Merkmale ihrer Kultur?

Gruppenarbeit

1. Erarbeitet in Gruppen verschiedene Aspekte der aztekischen Kultur:
   - Religion,
   - Krieg,
   - Erziehung,
   - Gesellschaft,
   - Städtebau.

   Bildet dann ein Gruppenpuzzle (Seite 68) und tauscht eure Ergebnisse aus. Stellt das Gesamtergebnis in Form eines Lernplakates (Seite 173) vor.

Ein Ballspiel und die Religion

Wer einen Ballsport betreibt, der möchte sich vielleicht fit halten oder das Mannschaftsgefühl genießen. Ballspiele kannte man um 1500 auch bei den Azteken. Das Spiel „Tlachtli" wurde mit einem Ball, der einen Durchmesser von etwa 25 cm hatte, gespielt. Zwei Mannschaften mit drei bis fünf Spielern traten gegeneinander an. Sie spielten nicht mit Fuß oder Hand, sondern mit Hüfte, Gesäß, Ellenbogen oder Knie. Jede Mannschaft hatte ein Spielfeld. Der Ball wurde einander zugespielt und musste sofort zurückgeschleudert werden, ohne den Boden zu berühren. „Spitzenteams" sollen ihn bis zu 45 Minuten in der Luft gehalten haben. Die Mannschaft, bei der der Ball auf den Boden fiel, hatte verloren – es sei denn, es gelang ihr, den Ball durch einen Ring seitlich des Spielfeldes zu schlagen. Häufig endete das Spiel in blutigem Ernst: mit dem Opfertod eines oder sogar mehrerer Spieler. Wie ist das zu verstehen?

Ballspiel war für die Azteken Teil der Religion. Der Ball symbolisierte die Sonne, die den Bestand der Welt sicherte; der Flug des Balles stand für ihren Lauf am Himmel. Der Sonne wurde sozusagen vorgespielt, wie sie die Welt erhalten kann. So wie sie nicht untergehen durfte, so durfte der Ball nicht seinen Flug beenden. Tat er es, musste man durch menschliches Blut dafür sorgen, dass die Sonne ihre alte Kraft zurückerhielt.

Nicht nur beim Ballspiel gab es Menschenopfer. Die Religion der Azteken diente vor allem dem Ziel, das Leben und die Welt zu erhalten. Die Azteken glaubten, dass die Welt einst von Göttern erschaffen worden war, indem sie sich selbst geopfert hatten. Den Fortbestand der Welt müssten nun die Menschen dadurch sichern, dass sie den Göttern Opfer brachten und sie günstig stimmten. Riesige Tempelanlagen, in denen mächtige Priester Opferhandlungen anordneten und durchführten, dienten diesem Kult*. Neben den Schöpfungsgottheiten verehrten die Azteken auch Regen- und Fruchtbarkeitsgötter. Deren Gunst war schon durch weniger grausame Opfer zu erlangen, für sie genügten z.B. Feldfrüchte als Gaben.

Die Azteken und der Krieg

Eine wichtige Rolle spielte für die Azteken die Sage von der Geburt Huitzilopochtlis,

* Kult: religiöse Handlung

M 1 Eine aztekische Ballspielszene. Abbildung aus dem Codex Magliabechiano, 16. Jahrhundert

ihres Kriegs- und Sonnengottes. Schon vor seiner Geburt habe dieser mächtige Feinde gehabt: Seine älteste Schwester hetzte seine Brüder gegen ihn auf, um ihn zu töten. Doch Huitzilopochtli sei gleich als Erwachsener und in voller Rüstung geboren worden. Seine erste Tat habe darin bestanden, die Schwester zu töten und ihre Gliedmaßen weithin zu verstreuen, bevor er dann seine Brüder umgebracht habe.

Mit diese Sage erzählten sich die Azteken die Geschichte ihres Aufstieges: Sie setzten sich als Volk mit ihrem Kriegsgott gleich. Denn zusammen mit vielen anderen Stämmen siedelten die Azteken in der Hochebene von Mexiko. In vielen Kriegen besiegten sie nach und nach alle anderen Stämme. So schufen sie über die Jahrhunderte ein riesiges Reich, in dem immer mehr unterworfene Stämme lebten. Diese hatten den Azteken Steuern zu entrichten und für die Versorgung ihrer Städte zu sorgen.

Die Krieger im großen aztekischen Heer, das die Eroberungen durchgeführt hatte und sichern musste, erhielten keinen Sold. Entlohnt wurden sie durch die eroberte Beute. Auch um das Heer zu versorgen, brauchte man daher immer wieder neue Kriegsziele. Wichtig war aber ebenfalls die Gefangennahme von Menschen, die dann als Opfer für die aztekischen Götter dienten.

Erziehung für den Krieg

Der Krieg war für die Azteken ein natürlicher Bestandteil des menschlichen Lebens. Nach aztekischer Vorstellung zeigte sich im Kampf zwischen zwei Gegnern, dass die Weltordnung von großen Gegensätzen geprägt war: Licht und Schatten, Tag und Nacht, Sonne und Erde. Deshalb sollten Jungen durch die Erziehung auf den Krieg vorbereitet werden.

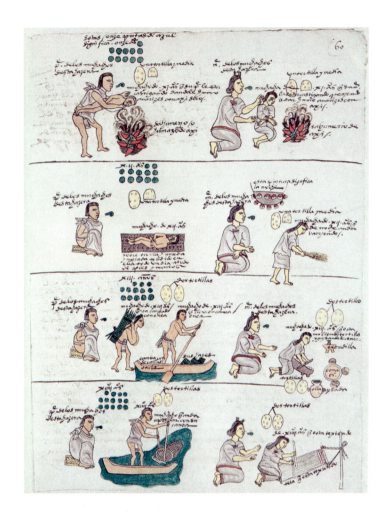

Bis zum Alter von vier Jahren wurden die Kinder von ihren Müttern gestillt und verwöhnt. Dann begann ein hartes Erziehungsprogramm in den Familien (M2). Während die Mädchen dann mit 16 bis 18 Jahren heirateten, wurden die Jungen im Alter von 15 Jahren im Jünglingshaus untergebracht, einer Art Schule, in der sie vor allem auf den Krieg vorbereitet wurden. Zudem mussten sie dort Aufgaben für die Gemeinschaft übernehmen. Mit ihrer Heirat verließen die Jungen die Jünglingshäuser. Junge Adlige hatten eigene Schulen, die zum Tempel gehörten. Dort erhielten sie eine militärische Ausbildung und wurden in Religion und ▶ Verwaltung, aber auch in Dicht- und Redekunst unterrichtet.

M2 Aztekische Erziehungsvorschriften für 11- bis 14-jährige Jungen (links) und Mädchen (rechts). Die Punkte zeigen das Lebensjahr an, um das es geht. Die größeren Figuren sind Erwachsene. Abbildung aus dem Codex Mendoza, um 1541

VERTIEFUNG

M 3 Händler beim Verkauf von Luxuswaren. Abbildung aus dem Codex Florentinus, 1575

Die aztekische Gesellschaft

Die Azteken lebten in Stadtstaaten, an deren Spitze jeweils ein König stand. Er kam aus einer der wenigen Herrscherfamilien und wurde in der Organisation der Verwaltung, des Militärs und der Rechtsprechung durch adlige Mitarbeiter unterstützt. Die Adelsfamilien unterschieden sich deutlich im Ansehen.

Allein der Adel verfügte über Grundbesitz. Auf seinem Land lebten und arbeiteten die Bauern. Anders als Bauern in Mitteleuropa, die einzeln ihren Grundherren verpflichtet waren, mussten sie bei den Azteken gemeinsam, als Dorfgemeinschaft, Abgaben entrichten und Dienste leisten.

Eine gesellschaftliche Sonderstellung hatten die Handwerker und Kaufleute. Sie lebten in eigenen Vierteln in den Städten. Sie waren zum Teil zu beträchtlichem Reichtum gelangt. Von Dienstleistungen waren sie befreit, gaben aber einen Teil ihrer Waren an den Herrscher ab. Am Rand der aztekischen Gesellschaft stand eine Gruppe, die ihre Arbeitskraft auf Zeit vollkommen in den Dienst anderer stellen musste. Der Grund dafür konnten Schulden sein, aber auch eine Strafe für ein begangenes Verbrechen. War die Schuld eines Unfreien abgetragen, so war er wieder frei.

Die Hauptstadt: Tenochtitlan

Dort, wo das heutige Mexiko City liegt, war früher ein flacher See. Auf Inseln in diesem See entstanden die ersten Unterkünfte der Azteken. Eine aztekische Sage berichtet, dort habe man auf einem Kaktus einen Adler erblickt, der eine Schlange tötet. Das war nach einer alten Prophezeiung der Ort, wo sich die das Volk nach langer Wanderung niederlassen sollten. Im Laufe der Zeit wurden die Inseln vergrößert. Nach und nach entstand die Stadt Tenochtitlan, die als Hauptstadt des Aztekenreiches gilt und um das Jahr 1500 etwa 150 000 Menschen beherbergte. Das ist eine Menge, die für damalige europäische Verhältnisse gigantisch war. Zum Vergleich: In einer der bedeutendsten Städte Europas, Venedig, lebten zur gleichen Zeit etwa 100 000 Menschen.

Tenochtitlan verblüffte die ersten Europäer, die es sahen, durch seine Größe, seine Ordnung und seine Bauwerke. Wie Venedig war die Stadt von Kanälen durchzogen, die rechtwinklig zueinander liefen. Straßen

M 4 Karte von Tenochtitlan, Holzschnitt von 1524. Die Stadt hatte zu dieser Zeit – nach der Eroberung durch die Spanier – ihr Aussehen aber schon verändert.

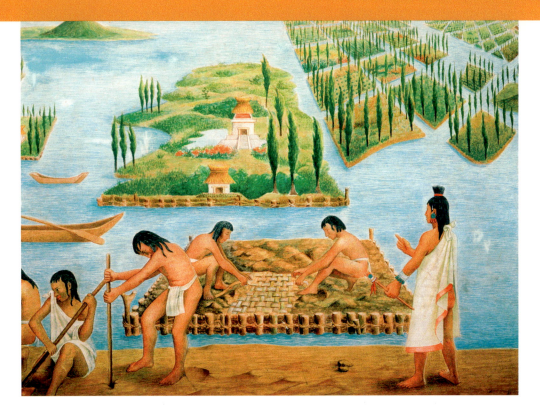

M 5 „Schwimmende Gärten" der Azteken in einer europäischen Buchillustration. Die Azteken nutzten die „Chinampas" („Einzäunungen aus Schilf") genannten schwimmenden Flächen, um Obst und Gemüse anzubauen sowie zur Landgewinnung.

auf Dämmen bildeten Verbindungswege innerhalb der einzelnen Stadtteile und zum Seeufer. Die Stadt war in vier Viertel geteilt, die wieder kleinere Stadtteile – mit mehrstöckigen, gemauerten Häusern – umfassten.

In Tenochtitlan gab es große Märkte. Besonders beeindruckend müssen für die Europäer aber auch die „schwimmenden Gärten" gewesen sein: künstlich geschaffene, zehn Meter breite und recht lange Felder, die hinter den Häusern angelegt waren. An ihrer Seite liefen schmale Kanäle, die eine hervorragende Bewässerung garantierten. Die Ernteerträge waren dadurch enorm hoch.

Hohes technisches Können war nötig, um diese gewaltige Stadt im See zu errichten. Im Zentrum lagen die großen öffentlichen Bauten: der Ballspielplatz, die Gebäude für die hochrangigen adligen Krieger, die Herrscherpaläste und weithin sichtbar, die riesigen Tempelanlagen, eine Doppelpyramide für die Götter.

Was die Azteken nicht kannten	Was die Azteken kannten
• Rad und Wagen • Zugtiere • Töpferscheibe • Gebrauchsgegenstände aus Metall • Maschinen, die Hebelwirkung nutzen • Saiteninstrumente • Gewölbebau • Glasur • Buchstabenschrift	

M 6 zusammengestellt nach: H. J. Prem: Die Azteken, 1996, S. 57 ff.

2. Erarbeite mithilfe der Tabelle M6 typische Merkmale der aztekischen Kultur.
a) Übertrage die Tabelle in dein Heft und fülle die rechte Spalte aus.
b) Vergleiche die beiden Spalten. Würdest du die aztekische Kultur eine Hochkultur nennen?
Tipp: Seite 168

c) Suche Gründe, warum bestimmte Erfindungen bei den Azteken nicht gemacht wurden.
Tipp: Seite 168

Die Eroberung des Aztekenreichs

Die Entdeckung der „Neuen Welt" weckte in Europa und vor allem in Spanien die Gier, dort reich zu werden. Adlige und Abenteurer machten sich auf. Der spanische König legten ihnen keine Hindernisse in den Weg. So trafen in den Jahrzehnten nach der „Entdeckung" viele sogenannte Glücksritter in Amerika ein. Zu ihnen gehört auch Hernán Cortés. Er war bereits der dritte Kommandant, der das mexikanische Festland erobern wollte. Mit ihm machten sich gut 500 Bewaffnete mit 16 Pferden auf die Reise.

Spanier vor Tenochtitlan

Tatsächlich hatte diese Expedition mehr Glück als die vorherigen: Schon bald nach seiner Ankunft konnte Cortés zwei Dolmetscher gewinnen, die von den Azteken zuvor als Sklaven gehalten worden waren. Mit ihrer Hilfe war Cortés in der Lage, mit der einheimischen Bevölkerung zu sprechen. Schnell merkte er, dass die Einheimischen Pferde und Kanonen nicht kannten. Beides rief Angst hervor und verschaffte ihm Respekt.

Später erzählten die Azteken – vielleicht, um ihre Niederlage zu erklären – von einer alten Prophezeiung. Danach sollte eines Tages ein weißer Gott bei ihnen landen. Das sei ein Vorteil für Cortés gewesen, meinten sie. Moctezuma, der König der Azteken, könnte unsicher gewesen sein: War dieser weiße Mann der angekündigte Gott? Jedenfalls wusste er nicht, wie er sich verhalten sollte, und wartete zunächst ab.

Vor allem aber erkannte Cortés recht bald, dass viele von den Azteken unterworfene Volksstämme des großen Vielvölkerstaates mit der aztekischen Herrschaft unzufrieden

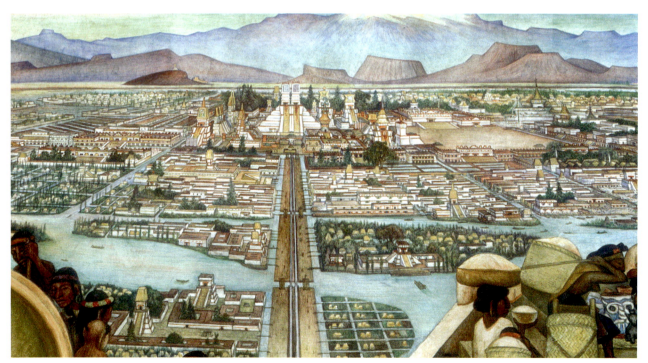

M1 *Ansicht von Tenochtitlan. Ausschnitt aus einem Wandgemälde, das der Maler Diego Rivera 1945 für das Regierungsgebäude in Mexiko City schuf.*

waren. Es gelang ihm, sie als Verbündete auf seinem Zug ins Landesinnere nach Tenochtitlan zu gewinnen. Er machte ihnen deutlich, dass er den Staat der Azteken erobern und deren Religion zerstören wollte. Stattdessen sollten die Menschen im Aztekenreich zu Christen werden.

Cortés bei Moctezuma

Moctezuma versuchte zunächst, durch Gesandtschaften den Zug des Cortés aufzuhalten und Erkundungen über die Absichten der Spanier einzuziehen – doch am 8. November 1519 stand Cortés mit seinen Truppen vor der Hauptstadt der Azteken. Moctezuma kam ihnen selbst entgegen, begrüßte Cortés und lud die Spanier in die Stadt ein. Diese folgten ihm in seinen Palast – mit unguten Gefühlen, da sie nicht wussten, was sie erwartete.

Cortés und seine Männer waren überwältigt von den Schätzen, die Moctezuma ihnen zeigte, zugleich aber abgestoßen von der aztekischen Religion mit ihren Ritualen*. Spätestens jetzt wussten die Azteken, dass Cortés nicht der erwartete weiße Gott sein konnte. Schnell kam es zwischen ihnen und den Spaniern zu Konflikten; die Stimmung gegen die Weißen schlug um. In dieser angespannten Situation nahmen die Spanier Moctezuma gefangen.

Nun konnten Cortés und seine Männer ihre Trupps nach Gold suchen lassen. Doch als sie versuchten, die Azteken zum christlichen Glauben zu bekehren, machten sie sich die mächtigen aztekischen Priester endgültig zu Feinden. Es kam zu Kampfhandlungen. Sie endeten mit einer Niederlage der Spanier. Cortés selbst konnte sich mit anderen Überlebenden nur knapp zu den verbündeten Einheimischen retten.

M2 *Cortés und seine indianischen Verbündeten im Kampf mit den Azteken. Darstellung aus einem aztekischen Buch, das um 1550 für den spanischen König hergestellt wurde*

Die Eroberung

Neun Monate warteten die Spanier, dann zogen sie wieder gegen Tenochtitlan und belagerten die Stadt. Es begann ein zäher Kampf mit Verlusten auf beiden Seiten. Am 13. August 1521 siegten die Spanier und rückten in eine zerstörte Stadt mit Tausenden von Leichen ein. Das Reich der Azteken war damit zerstört. Jetzt übernahmen die Spanier die Herrschaft. Sie nannten das Land Neuspanien und Tenochtitlan wurde zu Mexiko.

* *Ritual: feierliche religiöse Handlung, die immer wieder ausgeführt wird*

•••••••••••••••••••••••••

1. Arbeite aus dem Text heraus, warum es Cortés gelingen konnte, das Aztekenreich zu erobern.
Gehe dabei auf die Bewaffnung ein sowie auf die Rolle der Verbündeten und die angebliche Prophezeiung der Azteken.

M3 *Die erste Begegnung zwischen Hernán Cortés und König Moctezuma. Abbildung aus dem Codex Durán, 1579–1581*

M4 Fürstlicher Empfang

In drei langen Berichten an Kaiser Karl V. stellte Cortés die Ereignisse in Tenochtitlan dar und rechtfertigte sein Verhalten. Dieser Bericht von der ersten Begegnung mit dem Aztekenkönig wurde im Oktober 1520 gesendet:

Moctezuma [kam mir] entgegen mit einem Gefolge von ungefähr zweihundert vornehmen Herren, alle barfuß und in einer sehr reichen bei ihnen üblichen
5 Tracht, durch die sie sich von allen anderen unterschieden. Sie nahten sich langsamen Schritts und in feierlichem Zuge zu beiden Seiten der Straße, die sehr breit, sehr schön und so gerade ist, dass man bis
10 an ihr Ende sehen kann, wie sie mit ihren großen Häusern und Tempeln daliegt. Moctezuma schritt mitten in der Straße einher, begleitet von zwei Vornehmen, einer zur Rechten, der andere zur Linken.
15 [...] Alle drei waren in gleicher Weise gekleidet, nur dass der Kaiser eine Art Pantoffeln trug, während die andern barfuß gingen. Beide stützten ihn mit den Armen. Als wir einander begegnet waren, stieg ich
20 vom Pferde, um ihn zu umarmen; allein die beiden Herren kamen dazwischen und hinderten mich daran, ihn zu berühren. [...] Nachdem er einige Worte an mich gerichtet hatte, sprachen nacheinander alle
25 Herren, die den Zug bildeten, zu mir, um dann wieder, gemäß ihrem Range, ihren Platz einzunehmen. Während ich den Fürsten anredete, nahm ich mir ein Halsband von Perlen und Glasdiamanten ab
30 und legte es ihm um den Hals, woraufhin einer seiner Diener sich mir mit zwei in Stoff eingewickelten Hummerhalsbändern aus roten, überaus wertvollen Muschelschalen nahte. An jedem Halsband hin-
35 gen etwa acht vollendet schöne und nussgroße Goldperlen, und als der Diener sie brachte, wandte sich der Fürst zu mir und legte sie mir um den Hals. Dann schritt er in der gleichen Haltung wie vorher wei-
40 ter, und wir folgten ihm bis zu einem großen und schönen Palast, den er zu unserm Empfange hatte herrichten lassen.

H. Cortés: Die Eroberung Mexikos, 1980, S. 56 ff. (bearbeitet)

M5 Das eroberte Tenochtitlan

Diaz del Castillo war als Offizier für Cortés tätig. Seine Erinnerungen an das eroberte Tenochtitlan schrieb er als 75-Jähriger auf:

Die Luft in der Stadt war so verpestet, dass der König der Azteken darum bat, den Abzug sämtlicher Einwohner und sämtlicher auswärtiger Krieger zu gestatten. Drei
5 Tage und drei Nächte waren die Ausfallstraßen und die Dämme mit langen Zügen von erbärmlichen Gestalten bedeckt. Männer, Weiber und Kinder schleppten ihre entkräfteten Körper aus der Stadt, ein
10 jammervoller Leichenzug, der einen unglaublichen Gestank verbreitete.
Nach ihrem Abzug ließ Cortés die Stadt durchsuchen. Zwischen unzählbaren Leichen fand man noch einige arme Leute,
15 die zu schwach waren, sich zu bewegen. Die Stadt sah wie ein frisch gepflügter Acker aus; denn die Einwohner hatten jede Wurzel gesucht, herausgerissen und verzehrt. Die Bäume hatten keine Rinde
20 mehr. Es gab kein süßes Wasser, nur Salzwasser. [...] Es hat wohl kaum ein Volk gegeben, dass so viel Hunger, Durst und Kriegsnot ausstehen musste.

Zitiert nach: G. A. Narciß (Hg.): Denkwürdigkeiten des Hauptmanns Bernal Diaz del Castillo, 1971, S. 521 f.

Einen Darstellungstext prüfen

Wer Geschichte darstellt, muss aus einer Fülle von Informationen auswählen. Daraus entsteht ein bestimmtes Bild von vergangenen Ereignissen. Berücksichtigt man andere Informationen, so verändert sich auch das Bild vom Geschehen. Bei der folgenden Vorgehensweise soll es darum gehen, zu erkennen, welche Veränderungen der Darstellung möglich wären:

Schreibe in zwei Spalten heraus,
a) welche Informationen du durch die Quellen erhältst und
b) welche Informationen der Verfassertext enthält.

Vergleiche dann beide Seiten und entscheide, ob in den Quellen so wichtige Informationen enthalten sind, dass sie in den Verfassertext aufgenommen werden sollten.

---

2. Vergleiche das Bild M3 und den Bericht M4 über die Begegnung zwischen Cortéz und Moctezuma. Benenne die Unterschiede. Nenne Gründe für die Glaubwürdigkeit beider Quellen.

3. Prüft anhand von M5 und der Hinweise oben rechts den Darstellungstext auf Seite 117.
a) Lest den Abschnitt „Die Eroberung" (ab Zeile 79).
b) Bearbeitet dann die Quelle M5, die aus spanischer Sicht von der Eroberung berichtet.
c) Vergleicht die Vorstellung, die ihr von den Ereignissen gewonnen habt, mit der Darstellung im Text.
Tipp: Seite 169

d) Nehmt Stellung dazu, ob der Text auf Seite 117 besser andere Einzelheiten hätte betonen sollen. Schlagt entsprechende Veränderungen vor.

Von der Eroberung zur Kolonialisierung

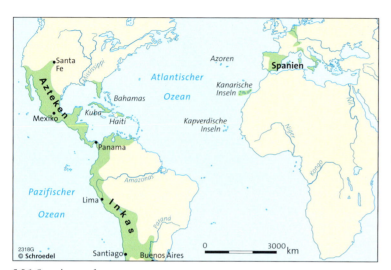

M 1 *Spanien und sein Kolonialreich in Mittelamerika*

* *Alle Kolonien eines Staates bezeichnete man zusammen als dessen „Kolonialreich".*

Ein Kolonialreich wird errichtet

Ähnlich wie Hernán Cortés das Aztekenreich eroberte, unterwarf Francisco Pizarro 1531 ein zweites großes „indianisches" Reich für Spanien: das Inkareich. Schon
5 in den Jahren zuvor waren immer mehr Spanier in die „Neue Welt" gekommen – Priester und Abenteurer, vor allem aber Wirtschaftsunternehmer und Händler. Im Auftrag des spanischen Königs errichte-
10 ten sie Handelsstützpunkte und begannen mit der Ausbeutung der eroberten Länder. Der Aufbau dieses spanischen **Kolonialreiches*** wurden von dem 1524 in Madrid gegründeten „Indienrat" organisiert. Spa-
15 nische Unternehmer ließen die Einheimischen in den Bergwerken nach Silber und Gold graben, das in ungeheuren Mengen nach Europa verschifft wurde. Auch mit Zuckerrohr, Kakao, Kaffee und Tabak wur-
20 den große Gewinne erzielt.

Der spanische König hatte die Einheimischen zu freien Bürgern erklärt, sie aber auch zur Arbeit für die Kolonialherren verpflichtet. Die spanischen Einwanderer soll-
25 ten sie zum christlichen Glauben bekehren und für ihren Schutz sorgen. Diese königlichen Vorschriften wurden jedoch missachtet: Die Siedler beuteten die Einheimischen als billige Arbeitskräfte aus. Unmenschli-
30 che Arbeitsbedingungen und von den Europäern eingeschleppte Krankheiten wie Pocken und Masern ließen Unzählige sterben. Nach heutigen Schätzungen war die Zahl der einheimischen Bevölkerung nach
35 50 Jahren Kolonialherrschaft um mehr als 90 Prozent zurückgegangen.

Kritik durch Missionare

Auch Spanier, vor allem Geistliche, wandten sich gegen diese Zustände. Der aus Spanien stammende Bischof von Chiapas
40 in Mittelamerika, Bartholomé de las Casas, verfasste Beschwerdebriefe, bis der Kaiser die Versklavung von Einheimischen verbot. Deswegen und weil ihre Zahl immer weiter zurückging, begannen Menschenhändler
45 Afrikaner nach Amerika zu verschleppen. Sie glaubten, dass diese für die harte Arbeit in den Kolonien besser geeignet seien. Afrikanische Sklaven waren Bestandteil des sogenannten Dreieckshandels, der zwischen
50 Europa, Afrika und Amerika als Folge des ▶ Kolonialismus aufgekommen war.

M 2 *Der „Dreieckshandel"*

M3 Abscheulichkeiten

Bartolomé de Las Casas schrieb über das Verhalten des Spaniers Francisco de Garay und einiger anderer hoher Beamter:

Von Panuco wurde er versetzt, damit er, neben anderen gewalttätigen Herrschern, die Stadt Mexiko und ganz Neuspanien regieren sollte. [...] In dieser Gemeinschaft beging Francisco de Garay Missetaten, Verbrechen, Grausamkeiten, Räubereien und andere Abscheulichkeiten, die allen Glauben übersteigen. Dadurch wurde das ganze Land [...] entvölkert, sodass sie nach zwei Jahren ganz Neuspanien vernichtet hätten, wenn es ihnen Gott nicht durch den Widerstand der Geistlichen verwehrt, und ein neuer Königlicher Rat ihnen nicht Einhalt geboten hätte. [...]

Einer, der zu der erwähnten Gesellschaft gehörte, kam einst auf den Einfall, einen ihm zugehörigen großen Garten mit einer Mauer einfassen zu lassen. Er zwang achttausend Indianer, diese Arbeit zu übernehmen, bezahlte sie aber nicht und gab ihnen nicht einmal das Mindeste zu essen. Schnell raffte der Hunger einen nach dem andern hin – es rührte ihn nicht.

B. de las Casas: Bericht von der Verwüstung der Westindischen Länder, 1981, S. 57f.

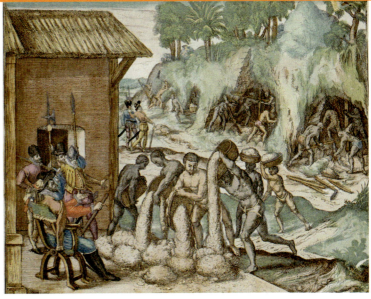

M4 Der Kupferstich von Theodor de Bry entstand 1595. De Bry zeigte damit, dass die Spanier auch afrikanische Sklaven für die Arbeit in den Kolonien einsetzten.

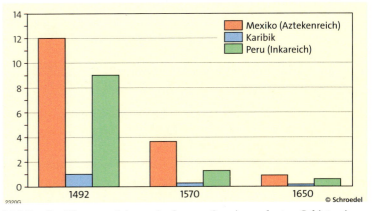

M5 Der Bevölkerungsrückgang in den von Spanien eroberten Gebieten in Mittel- und Südamerika

---

1. a) Beschreibe die Entwicklung, die in M5 deutlich wird.
   b) Erkläre das Ergebnis mithilfe des Textes und M3 und bewerte es.
   Tipp: Seite 169

2. Stellt mithilfe der Aussagen von M3 und M5 sowie des Textes in einem Standbild dar, wie das Verhältnis zwischen Spaniern und indigener Bevölkerung nach der Eroberung war.

Ein Standbild bauen

Ein Standbild soll Beziehungen oder Gefühle in einer historischen Situation ausdrücken. Besprecht zuerst, wie ihr die darzustellende Situation beurteilt. Dann stellt sich einer oder mehrere als „Standbild" zur Verfügung, dessen Haltung andere als „Bildhauer" formen dürfen – ohne dem „Standbild" wehzutun. Die Bildhauer bitten das Standbild zum Schluss um einen passenden Gesichtsausdruck; das Standbild verharrt dann reglos in seiner Haltung.

Die Zuschauer sprechen darüber, was sie erkennen und ob sie die Situation ebenso oder anders dargestellt hätten.

SELBSTÜBERPRÜFUNG

Wenn du die vorangegangenen Seiten bearbeitet hast, solltest du folgende Aufgaben lösen bzw. Fragen beantworten können. Schreibe die Lösungen in dein Heft. Ob du richtigliegst, erfährst du auf den Seiten 175/176.

1. Ordne Begriffe, die eine Verbindung haben, einander zu. Begründe deine Entscheidung jeweils in einem erklärenden Satz.

    Sklaven aus Afrika   Azteken
    Kolumbus
              Moctezuma
    Ballspiel / Opferungen
        Ausrottung der indigenen Bevölkerung
            Cortés   Amerika

2. Untersuche den Auszug aus dem Brief M1:
    a) Erkläre, in welcher Absicht Kolumbus die Seefahrt, von der hier die Rede ist, unternahm.
    b) Nenne vier Aspekte, die Toscanelli Kolumbus in den „entfernten Ländern" in Aussicht stellt.
    c) Erkläre, warum Toscanelli das Ziel so positiv darstellt.

3. a) Untersuche die Aussage der Tabelle M2: Welche Entwicklung lässt sich aus den Zahlen der Tabelle ablesen?
    b) Nutze deine Kenntnisse über die Kolonisation, um zu erklären, welche Folgen diese Entwicklung für die indigene Bevölkerung Mittelamerikas hatte.

 Mit Zuversicht

Paolo Toscanelli (Seite 110) schrieb in einem Brief an Christoph Kolumbus, nachdem er von dessen Vorhaben gehört hatte:

Ich lobe Eure Absicht, nach Westen zu fahren, und ich bin überzeugt, […] dass der Weg, den Ihr nehmen wollt, nicht so schwierig ist, wie man denkt. […] Ihr werdet keine Bedenken haben, wenn Ihr, wie ich, mit vielen Personen verkehrt hättet, die in jenen Ländern gewesen sind. Und seid gewiss, mächtige Könige anzutreffen, viele volkreiche wohlhabende Städte und Provinzen zu finden, die an jeder Art von Edelsteinen Überfluss haben. Und es wird die Könige und Fürsten, die in jenen entfernten Ländern herrschen, hoch erfreuen, wenn man ihnen einen Weg bahnt, um mit den Christen in Verbindung zu treten und sich von ihnen in der katholischen Religion und in allen Wissenschaften, die wir besitzen, unterrichten zu lassen.

Zitiert nach: G. Guggenbühl: Quellen zur allgemeinen Geschichte, Bd. 3, Zürich 1965, S. 5

Zeitraum	Gold (in kg)	Silber (in kg)
1503–1522	14 000	–
1521–1540	19 000	86 000
1541–1560	67 000	488 000

M2 Die Einfuhr von Edelmetall aus Amerika nach Spanien

ZUSAMMENFASSUNG

Die Zeit der Entdeckungen

Bereits seit dem 14. Jahrhundert drangen Fernhändler nach Asien vor – auf dem Landweg, der wegen drohender Überfällen gefährlich und wegen hoher Zölle teuer war. In Europa gab es nun vermehrt Forscher, die danach fragten, ob Asien nicht auch auf dem **Seeweg** zu erreichen sein könnte. Die Erfindung des Globus z.B. hatte anschaulich gemacht, dass es sogar möglich sein könnte, nach Indien zu gelangen, wenn man in Richtung Westen fahren würde. Technische **Erfindungen**, die die Fahrt auf hoher See begünstigten, kamen hinzu: z. B. der Kompass oder das Astrolabium.

1492 unternahm **Christoph Kolumbus** mit drei Schiffen eine Expedition, die ihn über den Seeweg nach Westen nach Indien bringen sollte. Er erreichte schließlich Inseln in der Karibik, die er für Indien hielt. Die Bewohner wurden deshalb von den Europäern „Indianer" oder „Indios" genannt. Von den Inseln aus starteten Spanier später Expeditionen auf das Festland. Dort stießen sie auf große indianische Staaten, wie den der **Azteken**. Die Kulturen, die die Europäer vorfanden, bezeichnen wir heute als altamerikanische **Hochkulturen**.

Die Europäer verfügten über **Waffen**, die denen der einheimischen Bevölkerung überlegen waren. Auch schafften sie es, Spannungen zwischen verschiedenen Volksgruppen der „entdeckten" Gebiete auszunutzen. So waren sie in der Lage, diese riesigen Staaten zu **erobern**. Sie unterwarfen sie der spanischen Herrschaft und errichteten ein **Kolonialreich**. Dabei beuteten sie Land und Menschen rücksichtslos aus. Die Hochkulturen der Inkas und der Azteken wurden dabei **zerstört**.

Viele Einheimische kamen im Zuge der Eroberung und wirtschaftlichen Ausbeutung um. Ihre Arbeitskraft wurde z.T. durch Menschen aus Afrika, die als **Sklaven** ins Land gebracht wurden, ersetzt. Es entstand dabei ein sogenannter **Dreieckshandel** zwischen Europa, Afrika und Amerika.

seit etwa 1420 „Heinrich der Seefahrer", Sohn des portugiesischen Königs, entwickelt zusammen mit Wissenschaftlern und Seeleuten technische Geräte zur Navigation auf dem offenen Meer sowie die Karavelle. Dieses schnelle Segelschiff ermöglicht längere Seereisen.

12. Oktober 1492 Christoph Kolumbus und seine Mannschaft entdecken im Auftrag des spanischen Königs die Insel Guanahani, die Kolumbus „San Salvador" (spanisch: „Heiliger Retter") nennt.

1494 / 1529 Vom Papst besiegelte Verträge zwischen Spanien und Portugal regeln die „Teilung der Welt".

1519–1522 Das Reich der Azteken (heute Mexiko) wird unter der Führung von Hernán Cortés erobert.

1531–1533 Francisco Pizarro unterwirft das Inkareich für Spanien.

1552 Der Geistliche Bartolomé de las Casas beklagt in einer Schrift den Umgang mit der mittelamerikanischen Bevölkerung.

Ein neues Menschenbild – ein

„Der Geldwechsler und seine Frau" heißt dieses Gemälde aus dem Jahr 1514. Dieser Beruf wurde um 1500 sehr wichtig. Weißt du schon, warum?

„Leonardo da Vinci, Schüler des Experiments" – so unterzeichnete der Gelehrte, der von 1452 bis 1519 lebte, seine Werke. Auch das im Modell links gezeigte Gerät entwickelte er. Wozu mag es dienen? Kommt es dir bekannt vor?

Das europäische Mittelalter

neuer Glaube

Dieses Bild vom Altar der Barfüßerkirche in Göttingen hat die Pest zum Thema. Diese Seuche verbreitete große Gefahr und Ängste.

Der predigende Marin Luther ist auf dem Altar der Stadtkirche in Wittenberg dargestellt. Der Künstler Lucas Cranach malte das Bild 1547.

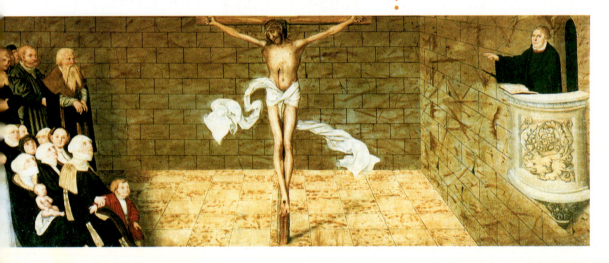

Die Neuzeit

1200   1300   1400   1500   1600

EINSTIEG

Michelangelo und die Sixtinische Kapelle

M 1 Michelangelo: Das Jüngste Gericht, 1536–41. Wandgemälde in der Sixtinischen Kapelle im Vatikan (Ausschnitt). Das Foto zeigt den heutigen Zustand des Werkes, der in etwa dem Originalzustand entspricht (auf der rechten Seite: die Figur des Jesus).

* Apollon: griechischer Gott, Sohn des Zeus

Endlich fertig! Sechs Jahre lang, von 1535 bis 1541, hatte Michelangelo an dem riesigen Fresko „Das Jüngste Gericht" gemalt, das nun die Stirnseite der Sixtinischen Kapelle ausfüllte. Er kannte die Kapelle bestens, denn schon Jahre vorher hatte er die Decke dieser Kirche ausgemalt, in 21 Metern Höhe.

An diesem Ort wurde der ▸ Papst gewählt. Hier im Vatikan, dem Zentrum der katholischen Kirche, trafen sich also die höchsten Kirchenvertreter: der Papst und die Kardinäle. Deshalb herrschte bei der Enthüllung große Spannung, was das wohl für ein Gemälde geworden sei … Alle waren überrascht! Manche nannten es genial, andere lehnten es sofort ab: Michelangelo hatte vor blauem Grund ins Zentrum seines Bildes einen Christus gestellt, wie man ihn noch nicht kannte. Es war kein strafender Gottessohn, der mit den Verstorbenen ins Gericht ging. Im Gegenteil: Er war ganz Mensch, schien fast in den Himmel zu tanzen. Michelangelos Christus war gut aussehend, kräftig, nur leicht bekleidet. Sein Gesicht war so deutlich, dass man es auf der Straße hätte wiedererkennen können. Die Anwesenden merkten, dass Michelangelo sich Menschendarstellungen aus der Antike zum Vorbild genommen hatte, nicht die Bilder Mittelalters. Manche sahen in diesem Christus deshalb auch eher einen Apollon*.

Die Madonna neben der Christusfigur erschien den Betrachtern nicht als Vermittlerin zwischen Gott und Menschen, wie im christlichen Glauben. Michelangelo hatte sie vielmehr als einfache Frau dargestellt, die sich dicht bei ihrem Sohn hält. Umgeben werden die beiden von vielen Menschen, die nun auf das Urteil im Jüngsten Gericht warten. Sie sind meist nackt dargestellt. Konnte so etwas den Hintergrund für die Papstwahl bilden? „Ja", sagten viele, „dieses Gemälde ist so großartig, dass es das richtige Bild an diesem Ort ist." Nicht alle waren dieser Ansicht.

Michelangelo war mit der Gestaltung dieses „Jüngsten Gerichtes" ein Risiko eingegangen. Er wusste, dass seine Auffassung vom Christentum nicht der offiziellen Auffassung der Kirche entsprach, wie sie vom Papst vertreten wurde. Michel-angelo war ein tief religiöser Mensch. Mit einer Gruppe Gleichgesinnter, den „Spirituali", vertrat er aber die Haltung, dass zuerst der Mensch komme und dann die Kirche: Wenn der Glaube stark genug sei, könne der Mensch mit Gott in eine direkte Beziehung treten – ohne die Vermittlung der Kirche. Diese Auffassung teilten auch manche hochrangige Kirchenvertreter. Dennoch ließ die Kirche

diejenigen verfolgen, die sich offen zu ihr bekannten.

Nach Michelangelos Tod wurden die nackten Gestalten zum Teil mit Kleidung übermalt. Heute ist das Gemälde restauriert und man sieht es wieder so, wie der Künstler es geschaffen hat.

1. Stell dir vor, nach der Enthüllung des Gemäldes führen ein Befürworter und ein Gegner der Darstellung Michelangelos ein Gespräch. Sammle mit deinem Nachbarn die jeweiligen Argumente und stellt den Dialog dann kurz in der Klasse vor.

Auf den folgenden Seiten erfährst du, ...
- dass Gelehrte und Künstler um 1500 begannen, den Menschen neu zu sehen.
- welche Auswirkungen die Entdeckung hatte, dass sich die Erde um die Sonne bewegt.
- dass Kaufleute über immer größere Entfernungen handelten und wie sie den Handel veränderten.
- wie die Niederlande zur größten europäischen See- und Handelsmacht aufstiegen.
- dass die Reformation zur Abspaltung der evangelischen von der katholischen Kirche führte.
- dass gleichzeitig große Unsicherheit und Angst in der Bevölkerung herrschten. Sie entluden sich in der Verfolgung und Tötung von Juden und „Hexen".

Außerdem übst du, ...
- durch den Vergleich von Bildern Unterschiede zwischen verschiedenen Epochen zu erkennen.
- Biografien von Kaufleuten zu vergleichen und daraus Erkenntnisse über den Handel zu gewinnen.

Der Mensch – neu gesehen

Wer Menschen in einer Weise darstellen wollte, dass sie ganz natürlich wirkten, der musste sie genau studieren, beispielsweise am lebenden Modell. Zur Zeit Michelangelos orientierten sich viele Künstler auch an Menschendarstellungen, die in Skulpturen aus der Antike erhalten waren. Vor allem in Rom hatte man solche Werke bei Ausgrabungen gefunden. Die Künstler fertigten Kopien davon an, um den menschlichen Körperbau besser zu verstehen, und ließen so die Darstellungsweisen der Antike wiederaufleben. Diese „Wiedergeburt" der Antike in der Kunst wird mit dem französischen Begriff ▸ Renaissance bezeichnet.

Forschen und Lernen

Künstlern wie Michelangelo reichte es bald nicht mehr, genau hinzusehen. Sie wollten auch wissen, wie z. B. im Körper die verschiedenen Muskelgruppen zusammenspielen, damit sich eine bestimmte Körperhaltung ergibt. Das war schwieriger, als wir es uns heute vorstellen. Durchleuchten konnte man Menschen damals noch nicht. Zudem war es verboten, Leichen zu öffnen. Das musste heimlich geschehen. So mancher Hingerichtete wurde deshalb nachts ausgegraben und beim trüben Licht von Fackeln geöffnet.

Um Kenntnisse zu erhalten, wurden also Grenzen der damaligen Moral überschritten. Das Ergebnis war ein genaueres Bild vom Menschen. Zugleich wuchs der Glaube daran, dass Menschen in der Lage sind, ihr Wissen enorm zu steigern und die Welt auf der Grundlage ihres Wissens zu gestalten. Der Mensch rückte dadurch auch im Denken der Gelehrten dieser Zeit ins Zentrum.

Der Mensch im Mittelpunkt

Im Mittelalter nahm man noch die Schöpfung als weitgehend gegeben hin. So wie sie war, entsprach es Gottes Wille und der Mensch empfand sich als Teil dieser Schöpfung. Nun kamen Gelehrte aber zu der Überzeugung, dass man die Welt nach menschlichem Maß gestalten könne. Diese Denkrichtung wird ▸ Humanismus genannt, also „vom Menschlichen ausgehend".

Wie die Darstellungsprinzipien in der Kunst der Renaissance, sah man auch humanistische Ideen schon in der Antike angelegt. Der Mensch sei das Maß aller Dinge, wurde dort philosophiert. Daran wollte man anknüpfen.

Bildung als Schlüssel

Um ihre Geisteshaltung zu verbreiten, setzten sich die Humanisten dafür ein, die Schulbildung auszubauen. Vor allem Latein und Griechisch sollten gelernt werden, damit antike Texte von jedem gelesen werden konnten. Bildung galt als Eintrittskarte in die weite Welt. Tatsächlich fanden humanistische Gelehrte Arbeit bei den Mächtigen ihrer Zeit. Doch nicht nur gelehrt wollten sie sein: Ein gebildeter Mensch sollte fechten und tanzen können und ein angenehmer Gesellschafter sein. Erst dann galt er als „uomo universale", als „ganzer Mensch".

M 1 Der „Dornauszieher" wurde im 15. Jahrhundert in Italien gefunden. Das Original entstand in der griechischen Antike.

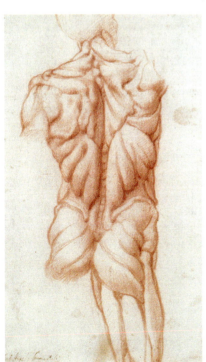

M 2 Eine Studie von Michelangelo

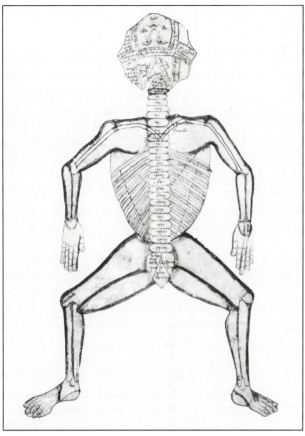

M 3 Ein menschliches Skelett, gezeichnet um 1280. Der Zeichner stützte sich vor allem auf Knochenfunde.

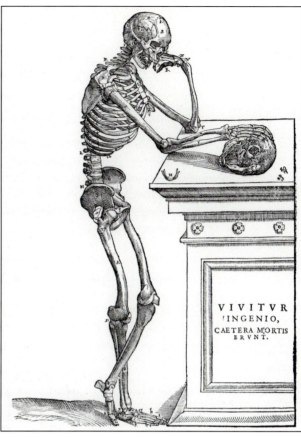

M 5 Das nachdenkliche Skelett wurde um 1540 von Jan van Calcar für ein Anatomiebuch gezeichnet.

M 4 Ein Humanist über Bildung

Der italienische Architekt Leon Battista Alberti (1404–1472) schrieb über Bildung:

Wer wüsste nicht, dass das Erste, was Not tut, die Geistesbildung ist; so sehr das Erste, dass selbst ein geborener Edelmann ohne Bildung nur für einen Tölpel gelten wird! Ich selbst wünschte die jungen Edlen öfter mit einem Buch in der Hand als mit dem Falken auf der Faust [bei der Falkenjagd] zu sehen. Keineswegs gefällt mir die Meinung mancher, die da sagen: Es reicht, wenn du deinen Namen schreiben und zusammenrechnen kannst, was man dir schuldig ist!

Leon Battista Alberti: Über das Hauswesen, 1. Buch, S. 85 (bearbeitet)

1. Erläutere mithilfe der Abbildungen, worin sich das genauere Menschenbild im Humanismus zeigt und warum antike Plastiken bei seiner Entwicklung eine große Rolle spielten.

2. a) In M 4 wird deutlich, dass Schreiben und Rechnen allein nicht zur Bildung reichen. Was zählte dem Text zufolge damals noch dazu?
   b) Was ist deines Erachtens heute wichtig, um jemanden als gebildet zu bezeichnen? Begründe.

3. Tausche dich mit deinem Partner oder deiner Partnerin darüber aus, welche Ziele des Humanismus ihr auch in unserer Zeit noch entdecken könnt.

Forschung verändert die Welt

*Im Osten geht die Sonne auf,
im Süden nimmt sie ihren Lauf,
im Westen will sie untergeh'n,
im Norden ist sie nie zu seh'n.*

Mit diesem Spruch lernen Kinder die Himmelsrichtungen. In ihm wird der Lauf der Sonne über den Himmel beschrieben. Das entspricht unserer Wahrnehmung: Die Sonne bewegt sich scheinbar von Ost nach West, die Erde scheint unbeweglich zu sein.

Diese Erfahrung wurde durch den Forscher Nikolaus Kopernikus im 16. Jahrhundert grundlegend widerlegt. Fast sein Leben lang hatte er sich mit Astronomie, der Lehre vom Weltall, beschäftigt. Lange Beobachtungen, Versuche und mathematische Berechnungen brachten ihn schließlich zu der Überzeugung: Die Erde bewegt sich um die Sonne, nicht umgekehrt. Der Kinderspruch ist also eigentlich falsch.

Der Gelehrte Nikolaus Kopernikus (1473–1543) mit einem Modell seiner Entdeckung. Zeitgenössischer Druck

Ein neues Bild der Welt

Mit dieser Entdeckung trat an die Stelle des geozentrischen Weltbildes, in dem die Erde (geo) im Zentrum steht, das heliozentrische Weltbild, in dem die Sonne (helios) im Zentrum steht. Das war eine Sicht, die zunächst nur wenige akzeptieren konnten. Wenn sich die Erde um die Sonne bewege, dann müsse man doch den „Fahrtwind" spüren, war z. B. ein Einwand. Oder es wurde mit der Bibel argumentiert: Der Prophet Josua habe der Sonne befohlen, einen Tag stillzustehen, und nicht der Erde. Kritiker waren sich einig: Das konnte doch nur dummes Zeug sein!

Auch Kopernikus zögerte. Er hatte sich zwar auf Forschungen von Gelehrten bezogen, stand also nicht allein mit seiner Auffassung da, aber die Berechnungen stimmten noch nicht ganz. Es konnten also auch in seinen Überlegungen noch Fehler stecken. Doch Freunde, denen er von seiner Entdeckung erzählt hatte, bestürmten ihn, sie zu veröffentlichen. Kopernikus entschloss sich erst im Alter von 69 Jahren dazu, es zu wagen. Er soll das gedruckte Buch noch in Händen gehabt haben, verstarb aber wenige Monate später.

Empörung und Bestätigung

Die Empörung der Kirche über seine Entdeckung und den folgenden Streit der Gelehrten erlebte Kopernikus nicht mehr. Immer mehr Forscher bestätigten aber seine Theorie, etwa Galileo Galilei oder Johannes Kepler, der schließlich den Berechnungsfehler entdeckte, den Kopernikus vergeblich gesucht hatte. Kepler konnte zeigen, dass die Planeten nicht in kreisrunden Bahnen um die Sonne zogen, sondern in ovalen, elliptischen. Nun stimmten die Berechnungen. Für die Kirche war es aber nur schwer zu akzeptieren, dass die „Krone der Schöpfung", der Mensch, nicht mehr im Zentrum des Weltalls stehen sollte, sondern dass er im Universum nur eine „Randstellung" einnahm.

Zusammen mit anderen bahnbrechenden Erfindungen wandelte sich nun das Weltbild so stark, dass sich Gelehrte aus dem Jahr 1600 kaum mit solchen aus dem Jahr 1400 hätten verständigen können:
- Der Globus war als angemessene Darstellung der Erde entwickelt worden.
- Mithilfe von Uhren war man in der Lage, die Zeit genau zu messen.
- Entdeckungsfahrten hatten bisher unbekannte Kontinente in den Blick gerückt.
- Der Buchdruck hatte dafür gesorgt, dass Kenntnisse schnell und weit verbreitet werden konnten.
- Die Erde wurde nicht mehr als Zentrum des Weltalls gesehen.

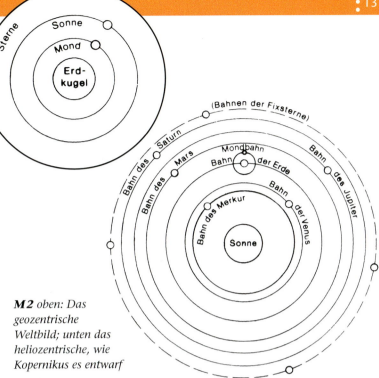

Unbelehrbar?

Galilei schrieb 1610 an den Philosophen und Naturwissenschaftler Johannes Kepler:

Was sagen Sie zu den Philosophen […], die (mit der Unbelehrbarkeit einer Natter) niemals die Planeten, den Mond oder das Fernrohr zu sehen wünschten, obwohl
5 ich es ihnen tausendmal angeboten habe, sie ihnen zu zeigen? Wahrhaftig, einige schließen vor dem Licht der Wahrheit die Augen, andere die Ohren. […] Diese Art von Zeitgenossen hält nämlich die Philo-
10 sophie für ein Buch wie die Odyssee* und glaubt, man müsse die Wahrheit in der Welt oder in der Natur nicht suchen, sondern es genüge […] ein Vergleich der Texte. Schade – ich möchte gerne mit Ihnen
15 noch ein bisschen länger lachen! Sie würden sich überkugeln, mein lieber Kepler, wenn Sie hören würden, was der Hauptphilosoph der Schule in Pisa dem Großherzog über mich erzählte, als er mit logi-
20 schen Gründen die [von mir] neu entdeckten Planeten vom Himmel herunterholen und wegdisputieren wollte!

C. Baumgardt: Kepler. Leben und Briefe, 1953, S. 73 (bearbeitet)

M2 oben: Das geozentrische Weltbild; unten das heliozentrische, wie Kopernikus es entwarf

* Odyssee: eine antike Heldengeschichte, die von dem grichischen Dichter Homer überliefert wurde

1. Beschreibe die Unterschiede zwischen dem geozentrischen und dem heliozentrischen Weltbild auf der Grundlage von M2.

2. Erkläre mithilfe von M1 und M3, wie Galilei seine Erkenntnisse gewann.

3. Entwickelt in Partnerarbeit einen Dialog zwischen Kopernikus und einem Kritiker über die Entdeckung der Heliozentrik. Geht dabei darauf ein,
   • woher ihr eure Kenntnisse habt,
   • wie sie zur Alltagserfahrung und
   • wie sie zur Überlieferung stehen.
   Führt euer Gespräch anschließend vor.

4. Stelle tabellarisch in zwei Spalten gegenüber, welche Kenntnisse und Annahmen über die Welt um 1400 vorhanden waren und welche um 1600.
   Tipp: Seite 169

M3 Die Forschungsinstrumente des Galileo Galilei, darunter ein von ihm selbst konstruiertes Fernrohr, das er bei seinen Beobachtungen der Himmelskörper verwendete

Drei Kaufleute – drei Arten des Handels

Die ▶ Renaissance war eine Zeit, in der sich vieles veränderte: die Auffassung vom Menschen, die Kunst und die Wissenschaft. Zudem ließen die Entdeckungen ferner Länder die Welt „größer werden". In diesem Zusammenhang veränderten sich auch die Wirtschaft und der Handel. Er wurde über immer größere Strecken organisiert. Dabei nahm die Bedeutung von Banken zu. Sie ermöglichen es, bargeldlos zu zahlen oder mit Krediten Waren zu kaufen. Sehr reiche Kaufleute begannen sogar, selbst Banken zu gründen. Wie sich in der Zeit von 1400 bis 1600 der Beruf des Kaufmannes entwickelte, erfahrt ihr an den drei Beispielen von Kaufmanns-Biografien* auf den folgenden Seiten.

* *Biografie: Lebensbeschreibung*

Gruppenarbeit

1. Bildet Vierergruppen und wählt je eine der Biografien zur Bearbeitung aus. Jede Gruppe erstellt ein Plakat mit einem Steckbrief der Person. Geht dabei auf folgende Aspekte ein: Lebensdaten – berufliche Laufbahn – Handelsgüter – Raum, in dem gehandelt wurde – Organisation – zusätzliche Gewinne

2. Vergleicht euer Plakat mit dem einer Gruppe, die denselben Kaufmann gewählt hat, und verbessert euer Plakat wenn nötig.

3. a) Hängt dann die Plakate aus und schaut euch die anderen Biografien an.
   b) Vergleicht die Biografien zum Schluss in eurer Gruppe. Was für eine Entwicklung könnt ihr erkennen?

Informationen vergleichen

Ihr habt Informationen gesammelt. Um sie zu vergleichen, müsst ihr euch eine Möglichkeit schaffen, sie auf einen Blick zu erfassen. Das kann z. B. mithilfe einer Tabelle geschehen.

Legt zunächst für jeden Kaufmann eine Spalte an. Eine vierte Spalte braucht ihr ganz links, am Anfang der Tabelle. Dort müsst ihr in Zeilen die Punkte auflisten, die ihr vergleichen wollt. Das ist in diesem Fall einfach, weil die Aspekte vorgegeben sind. Wenn dies in anderen Fällen nicht so ist, müsst ihr zuerst entscheiden, was überhaupt verglichen werden kann. Denn nur, wenn ihr dieselben Aspekte untersucht, könnt ihr am Ende einen Vergleich anstellen.

Ganz rechts legt ihr eine letzte Spalte an, um euren Vergleich auswerten zu können. Hier tragt ihr in Stichworten ein, welche Gemeinsamkeiten und Unterschiede ihr feststellt. In unserem Fall sieht die Tabelle so aus:

Vergleichsaspekte	Veckinchusen	Datini	Minuit	Auswertung
Lebensdaten				
berufliche Laufbahn				
Handelsgüter				
Handelsraum				
Organisation				
zusätzliche Gewinne				

Gruppenarbeit | Informationen vergleichen

Thema 1 Ein Hansekaufmann

Um das Jahr 1400 genoss der Fernhändler Hildebrandt Veckinchusen hohes Ansehen. Als Hansekaufmann war er zu großem Reichtum gekommen – später jedoch musste er einen tiefen Fall erleben. Die ➤Hanse war eine Vereinigung von Kaufleuten, später ein Städtebund in Nord- und Mitteleuropa. Ihren Hauptsitz hatte sie in Lübeck. Mit dieser Vereinigung versuchten die Kaufleute im Mittelalter, sich auf Reisen gemeinsam vor Gefahren zu schützen. Außerdem traten sie durch die Hanse gemeinsam für ihre Interessen ein.

Hildebrandt Veckinchusen hatte die Arbeit des Kaufmanns von Grund auf gelernt: In großen Handelshäusern in Livland, im Nordosten des Hansegebietes, und in Flandern, also im Westen, war er zum Kaufmann ausgebildet worden. Wegen seiner Fähigkeiten, aber auch wegen einer günstigen Heirat stieg er schnell in der Hanse auf und wurde Lübecker Bürger.

Seine Geschäfte betrieb er zusammen mit seinem Bruder, der die Geschäftsstelle in Livland besetzte, während er selbst seit 1400 in Brügge lebte. Beide Brüder waren daher hervorragend über den Markt im Osten und im Westen informiert. Sie wussten, wo man Waren billig einkaufen konnte und wo man sie mit großem Gewinn wieder verkaufen konnte. Handelsbeziehungen hatten sie bis nach Venedig und Prag sowie nach Riga und Nowgorod. Aus dem Süden wurden z. B. Gewürze, Seide und Südfrüchte wie etwa Feigen gekauft, um sie im Norden zu verkaufen. Im Norden gab es z. B. Pelze, Wachs und Silber, das in den Süden verkauft wurde.

1417 aber verspekulierte sich Hildebrandt Veckinchusen bei diesen Geschäften. Er kaufte große Mengen Stoff, die er nicht gewinnbringend verkaufen konnte. In dieser Zeit lieh sich zudem der Kaiser viel Geld von dem reichen Kaufmann, das dieser am Ende nicht zurückerhielt. In seiner Not wandte sich Veckinchusen an Geldverleiher aus Norditalien, die hohe Zinsen* nahmen. Eine weitere Fehlspekulation mit Salz trieb ihn dann endgültig in die Pleite. 1422 wurde er in Brügge in den Schuldturm gesperrt. Dort blieb er drei Jahre lang. Kurz nach seiner Entlassung 1426 starb er in Lübeck. Seine Familie lebte nun, nur wenig von seinem Bruder unterstützt, in großer Armut.

M1 *Mit den Kaufleuten im Hafen wurde im 15. Jahrhundert das Stadtrecht der Hansestadt Hamburg bebildert.*

* Zinsen: Gebühr, die dafür bezahlt wird, dass man Geld geliehen bekommt

M2 *Hansestädte in Nordeuropa, um 1400*

Thema 2 Ein Unternehmer aus Italien

*Wechsel: eine Urkunde, die eine Zahlungsanweisung festhielt. Dadurch, dass Wechsel ausgestellt wurden, mussten Händler nicht mit viel Bargeld reisen.

„Überlebensgroß erhebt sich die Statue eines Kaufmanns in der Tracht des 14. Jahrhunderts auf der Piazza del Commune von Prato, der kleinen Industriestadt bei Florenz. […]. Die Gestalt in den langen, weiten Gewändern, die runde Kappe auf dem Kopf, ein Bündel Wechsel* in der Hand, ist Francesco di Marco Datini (1335–1410). Ihm verdankt Prato als Tuchstadt seine spätere Blüte. Die Geschichte vom Aufschwung seiner Handelshäuser in Avignon, Prato, Florenz, Pisa und Genua, in Spanien und auf Mallorca ist nicht weniger faszinierend als jede moderne Erfolgsstory vom Tellerwäscher zum Millionär." So schreibt die Autorin Iris Origo über einen der größten Unternehmer des späten Mittelalters.

Als Kind einfacher Eltern war Francesco Datini früh zum Waisen geworden. Das Geschäft des Kaufmanns lernte er als junger Mann in Avignon und machte bald eigene Geschäfte, vor allem mit Waffen. Dann ging er zurück in seine Geburtsstadt Prato, wo er sein Unternehmen ausbaute und in die Tuchproduktion einstieg.

Ein Handelsimperium entsteht

1388 zog Francesco Datini nach Florenz, gründete mit anderen Kaufleuten eine Handelsgesellschaft und baute sein Unternehmen aus. Nun handelte er nicht mehr nur mit Waffen und Stoffen, sondern mit allem, was im westlichen Mittelmeer und Nordafrika Gewinn brachte, unter anderem mit Getreide, Kupfer und Sklaven. Nach wenigen Jahren leitete er ein riesiges Handelsimperium. Es bestand aus Handelsgesellschaften, Produktionsbetrieben und Banken, mit deren Hilfe Datini seine Geschäfte abwickelte.

Dadurch, dass Datini viel Geld aus den Handelsgesellschaften in Florenz und Prato in alle Teile seines Handelsimperiums steckte, hatte er überall entscheidenden Einfluss. Als er 1410 starb, war er einer der reichsten Menschen der Welt. Gleichwohl hatte er Angst um sein Seelenheil. Er stiftete viel Geld für die Armen und hoffte, dadurch im Jenseits Vergebung für sein Gewinnstreben zu erreichen.

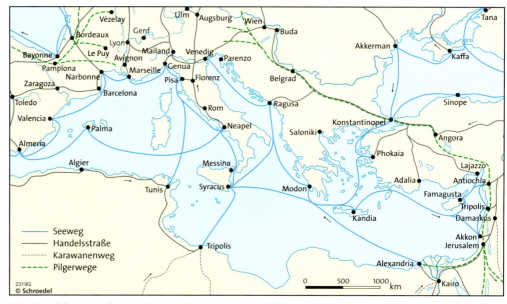

M 1 Handelsorte und -wege im Mittelmeerraum um 1400

Thema 3 Ein Händler und Politiker in „Übersee"

Peter Minuit wurde 1584 oder 1594 in der Nähe von Kleve am Niederrhein geboren. Er machte eine Lehre als Kaufmann und heiratete Gertrud Raets, eine Frau aus einer reichen Kaufmannsfamilie. 1615 war er als Diamantenschleifer in Utrecht in den Niederlanden tätig. Dort kam er in Kontakt mit einer niederländischen Handelsgesellschaft, der „Westindischen Companie" (WIC). Sie vertrat die Interessen niederländischer Kaufleute im heutigen Amerika.

Im Auftrag der WIC reiste Peter Minuit 1625 nach Neu Amsterdam, einer damals kleinen Kolonie, die eine der Keimzellen des heutigen New York ist. Er hatte den Auftrag, nach Bodenschätzen zu forschen und den dortigen Gouverneur* zu unterstützen. Im Jahr darauf löste er diesen ab und wurde selbst Gouverneur von Neu Amsterdam. Zugleich beteiligte er sich am Handel zwischen Amerika und Europa. Ein begehrtes Produkt aus Amerika waren Felle, die die Europäer den Ureinwohnern abkauften. In der Zeit, als Minuit Gouverneur war, wurde deren Ausfuhr um mehr als das Doppelte gesteigert. Auch Holz war ein wichtiges Handelsgut, daraus wurden in den Niederlanden neue Schiffe gebaut. Als Minuit Gouverneur von Neu Amsterdam war, wuchs die kleine Kolonie so stark an, dass später manche dachten, sie sei eigentlich eine Gründung Minuits, was aber nicht stimmt.

Bekannt wurde Minuit auch für sein Verhalten den Indianern gegenüber: Im Unterschied zu anderen Europäern regelte er Konflikte friedlich und mit Respekt vor den Verhandlungspartnern, und das, obwohl er ein Geschäftsmann war, der auf seinen Profit sah.

*Gouverneur: höchster politischer Vertreter der Kolonialmacht

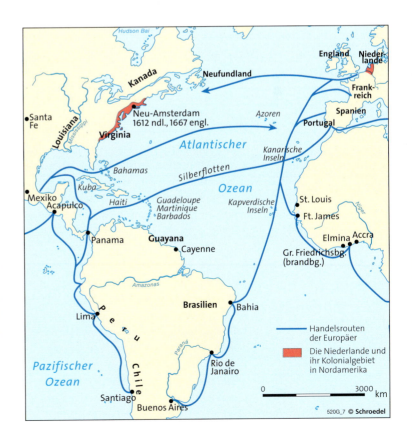

M2 Peter Minuit in einer Zeichnung, die um das Jahr 1800 entstand

1632 verlor Peter Minuit jedoch seinen Posten als Gouverneur. Er zog zunächst zu seiner Familie nach Kleve zurück, konnte aber schon wenige Jahre später die Schweden davon überzeugen, in Amerika eine Kolonie zu errichten. Auch hier wurde er Gouverneur – im Jahr 1637. Auf einer Geschäftsreise 1638 in die Karibik geriet er mit seinem Schiff in einen Hurrikan und ertrank.

M1 Handelswege über den Atlantik um 1600

Ängste und Aberglaube

M1 Die Abbildung zeigt einen Ausschnitt aus dem „Basler Totentanz". Das Motiv war ursprünglich auf eine Friedhofsmauer in der Stadt Basel gemalt worden.

Seit der Zeit der ▸ Renaissance wurden Natur und Mensch erforscht. Das Weltbild der Menschen begann sich grundlegend zu verändern. Damit wurden viele Fortschritte eingeleitet, die auch unsere Gegenwart noch berühren. Und doch war diese Zeit auch eine Zeit der Ängste.

Ewiges Leben oder Verdammnis?

Damals lebten die Menschen – wie in den vorhergehenden Epochen – nicht so lange wie die Menschen unserer Zeit. Der Tod war ihr ständiger Begleiter. Es gab sozusagen eine Angst vor dem nächsten Tag. Verglichen mit uns lebten die allermeisten zudem in sehr armen Verhältnissen. Die Lebensmittelversorgung war für sie unsicher, vor allem in Zeiten schlechter Ernten. Ein wenig Absicherung bot die gegenseitige Hilfe. Doch dieses System brach während der Kriege zusammen, die häufig vorkamen und fast zum Alltag der Menschen gehörten.

Ängste entstehen auch aus Unsicherheiten, etwa weil Gefahren vermutet werden. Das war beispielsweise bei Seuchen wie der Pest der Fall. Zwar glaubten die Menschen der damaligen Zeit fest daran, dass es ein Weiterleben nach dem Tod gibt, doch fürchteten sie, nach dem Tod das ewige Leben im Jenseits nicht zu erreichen und in die Hölle verbannt zu werden. Diese Angst trug dazu bei, dass die Kirche zu großer Macht gelangen konnte. Kirchenvertreter erfanden in dieser Zeit die Vorstellung vom Fegefeuer als Zwischenstufe zur Hölle. Man glaubte, dass Seelen, die dort gepeinigt wurden, durch Taten der Lebenden – z. B. Gebete oder Opfer – aus dem Fegefeuer gerettet werden konnten. So wäre es ihnen möglich, doch noch ins Paradies zu gelangen.

> ℹ️ Der **Totentanz** ist ein Bildmotiv, das seit dem 14. Jahrhundert verbreitet war. Es zeigt Reihen von Menschen aller Gesellschaftsstände – ob Papst, Kaiser oder Bauer, ob Mann oder Frau, ob Alt oder Jung – beim Tanz mit Skeletten. Man verbildlichte damit die Macht des Todes über das Leben der Menschen: Der Tod kann ganz plötzlich zu jedem kommen!

Viele Menschen dieser Zeit suchten nach Ursachen für Gefahren und Bedrohungen und landeten im Aberglauben oder in Er-
45 klärungen, die letztlich unvernünftig waren. Das wäre nicht so schlimm gewesen, doch entluden sich ihre Ängste oft in Verfolgungen bestimmter Gruppierungen ihrer Gesellschaft, etwa gegen ▸ Juden oder
50 gegen vermeintliche „Hexen" – und das war furchtbar für die Betroffenen.

Auf den folgenden Seiten geht es um vier Ursachen für Ängste und deren Folgen. Mithilfe der folgenden Aufgaben könnt ihr
55 die Themen in Gruppen bearbeiten.

Gruppenpuzzle und Präsentation

1. Bildet Gruppen und sprecht zunächst darüber, wovor und wann ihr selbst Angst habt. Einer aus der Gruppe sollte die Ergebnisse in Stichworten festhalten.

2. Bearbeitet dann euer Kapitel und haltet eure Ergebnisse schriftlich fest.

3. Tauscht anschließend die Ergebnisse untereinander in Form eines Gruppenpuzzles aus. Aus jeder Stammgruppe wird dazu ein Vertreter in eine Expertengruppe entsandt.
Beachtet dazu die Hinweise auf Seite 68.

4. Wertet die Gruppenergebnisse unter der Fragestellung aus, wo Gemeinsamkeiten bestehen und welche Unterschiede sich erkennen lassen.

5. Stellt dieses Ergebnis auf einem Plakat dar und stellt euch eure Poster auf einem Galeriegang vor.

6. Besprecht dann gemeinsam die verschiedenen Entwürfe.

7. Tauscht euch am Schluss in der Klasse über Gemeinsamkeiten und Unterschiede zwischen den Ängsten von Menschen in den betrachteten Zeiträumen und in der Gegenwart aus.

Thema 1: Die Angst vor dem „Schwarzen Tod"

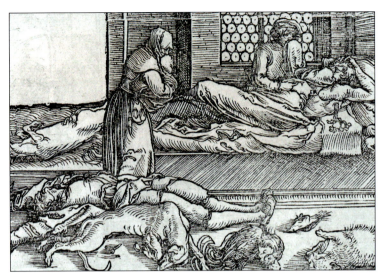

M1 *„Vom Sterben oder der Pestilenz, die sehr weit tobt und währet". So lautet der Titel dieses Holzschnittes aus dem 16. Jahrhundert*

Ein Gedankenexperiment

Stell dir vor, in deiner Straße geht der Tod um. Einzelne Todesfälle hast du zunächst kaum zur Kenntnis genommen. Dann werden es mehr. In deiner Nachbarschaft sterben plötzlich Menschen, die dir sympathisch waren. Du hörst, dass das Sterben nicht auf deine Straße beschränkt ist, sondern dass überall in der Stadt Menschen ganz plötzlich versterben. Nachrichten sagen, dass es auch an vielen anderen Orten so ist. Die Krankheit scheint unaufhaltsam. Es gibt offenbar kein wirksames Mittel gegen sie.

Wahrscheinlich wirst du zu irgendeinem Zeitpunkt Angst bekommen. Angst, dass dieses Schicksal auch dich und deine Familie treffen könnte. Was wirst du machen? Wie kannst du euer Überleben sichern? Weggehen? Die Türen verschließen? Mit einem Mundschutz auf die Straße gehen? Oder dich in das Schicksal ergeben: nicht mehr zur Schule gehen, nur noch machen, was dir Spaß macht, keine Verpflichtungen mehr spüren?

1348: Die Pest in Europa

So ähnlich muss es vielen Menschen in Europa, Asien und Afrika ergangen sein, als ab 1348 eine gewaltige Seuche etwa ein Viertel der Menschen dahinraffte. Sie wurde Pest oder Schwarzer Tod genannt. Viele sahen darin einen Vorboten des Jüngsten Gerichtes. Die Kirche bot keinen Schutz vor der Seuche. Deshalb schlossen sich viele Menschen neuen religiösen Gruppen an (M4, M5).

Damals kannten die Menschen den Erreger, der die Beulenpest auslöst, noch nicht. Deshalb konnten sie sich auch nicht angemessen schützen. Heute weiß man genau, wie die Übertragung erfolgt, nämlich über den Stich des Rattenflohs und später auch von Mensch zu Mensch durch Tröpfchen. Allerdings ist man sich nicht mehr ganz sicher, ob wirklich die Beulenpest in Europa umging oder nicht ein anderer Virus.

In den dicht bebauten Städten breitete sich die Seuche schneller aus als auf dem Land. Ganze Landstriche wurden entvölkert, andere blieben relativ verschont. Als die Pest nach drei Jahren abebbte, lagen viele Äcker brach und es fehlte in den Städten an Handwerkern.

M2 *Ein Rezept gegen die Pest**

Man nehme Goldwurzelkraut, Weihrauch, von jedem eine Hand voll, siedet das mit einem Viertel guten Weins zunächst halb bedeckt. Danach durch ein Tuch wringen, dann in ein Glas geben. In die Sonne zum Destillieren setzen.
Wenn einen dann die Krankheit befällt, soll man eine haselnussgroße Portion einnehmen und den Trank darauf trinken. Dieser Trank hält sich ein Jahr.

* Zitiert nach: K. P. Jankrift: Krankheit und Heilkunde im Mittelalter, Darmstadt 2003, S. 83

Die Pest in Florenz

Der Dichter Giovanni Boccaccio schrieb um 1350 ein Buch mit zehn Geschichten. Sie handeln zu jener Zeit, als sich die Pest in Florenz verbreitete. In der Einleitung schrieb er:

[Es] entstand ein allgemeiner Schrecken, und mancherlei Vorkehrungen wurden von denen getroffen, die noch am Leben waren. Fast alle strebten zu ein und demselben grausamen Ziele hin, die Kranken nämlich und was ihnen gehörte, zu vermeiden und zu fliehen, in der Hoffnung, sich auf solche Weise selbst zu retten. […] Als wäre sein Tod gewiss, so hatte jeder sich und alles, was ihm gehörte, aufgegeben. Dadurch waren die meisten Häuser herrenlos geworden, und Fremde bedienten sich ihrer, wie es der Eigentümer selbst getan hätte. […]
In solchem Jammer und in solcher Betrübnis war auch das Ansehen der […] Gesetze fast ganz gesunken und zerstört; denn ihre Diener und Vollstrecker waren gleich den übrigen Einwohnern alle krank oder tot oder hatten so wenig Gehilfen behalten, dass sie keine Amtshandlungen mehr vornehmen konnten. Darum konnte sich jeder erlauben, was er immer wollte.

G. Boccaccio: Das Dekameron, München 1964, S. 15 f. (bearbeitet)

Wie reagieren?

Der Geistliche Jakob Twinger berichtete um 1400 über eine Reaktion auf die Seuche:

Im Juli 1349 kamen an die 200 Geißler nach Straßburg. […] Zwei von ihnen sangen Lieder vor, die die anderen nachsangen. […] Wenn sie büßen wollten, wie sie ihr Geißeln nannten, was zweimal am Tag geschah, gingen sie ins Freie, entkleideten sich bis auf ihre Leinenhose und legten sich im Kreis auf den Boden. Ihr Anführer schritt über sie. Über wen er hinweggeschritten war, der erhob sich und geißelte sich. Dabei sangen sie viele Lieder. Und überall, wo sie in die Städte kamen, schlossen sich viele ihrer Bruderschaft an und wurden auch Geißler.

Zitiert nach: Die Chroniken der deutschen Städte, Bd. 2. Straßburg 1871, S. 759 ff. (bearbeitet)

M 5 Ein Geißlerzug. Darstellung aus einer Handschrift, die um 1400 entstand

---

1. Vergleicht die heutigen Kenntnisse über die Übertragung der Pest mit dem Rezept M 2, das im Mittelalter entwickelt wurde, und beurteilt seinen Nutzen.

2. Lest M 3 und M 4. Notiert, wie Menschen auf die Pest reagierten. Ordnet dann in Partnerarbeit zu: Handlungen, die aus der Angst entstehen, Handlungen, die aus den Verhältnissen entstehen. Begründet, warum die Zuordnung schwierig ist.
Tipp: Seite 169

3. Sprecht darüber, ob ihr eine vergleichbare Reaktion aus Angst auch heute noch für möglich haltet.
Tipp: Seite 169

Thema 2: Judenverfolgung

*Chronist: Verfasser einer Geschichtsdarstellung, jemand, der Geschehnisse aufzeichnet

In der Stadt Straßburg starben nach Schätzung von Chronisten* Mitte des 14. Jahrhunderts etwa 16 000 Menschen an der Pest. Einer der Autoren dieser Stadtchroniken war Jakob Twinger von Königshofen, er schildert sehr anschaulich, was anschließend geschah.

Ein Gerücht und seine Folgen

Ein Gerücht war nach Straßburg gedrungen. Es besagte, die ▸ Juden seien Schuld an der Krankheit. Sie hätten die Brunnen vergiftet, sodass jeder gleichermaßen zum Opfer der Pest werden konnte. Die Straße, in der die Juden lebten, wurde daraufhin abgesperrt. Vor allem die Mitglieder der Zünfte verlangten, dass man gegen Juden vorgehen sollte.

Die Bürgermeister widersetzten sich dieser Forderung und verwiesen darauf, dass die Juden unter besonderem Schutz stehen. Dieser sei vom Stadtherrn, dem Bischof, garantiert. Es kam zu Auseinandersetzungen in der Stadt. Die Bürgermeister und der Stadtrat wurden abgesetzt. Nachdem ein neuer Rat gewählt worden war, schworen ihm die Bürger Gehorsam.

Nun hatten die ▸ Zünfte freie Bahn. Schon einen Tag später nahm man die Straßburger Juden gefangen. Sie wurden zum jüdischen Friedhof gebracht und 2 000 Personen wurden dort auf einem Scheiterhaufen verbrannt. Wer sich taufen ließ, konnte dem Tod entgehen. Alle Schulden, die die Bürger bei Juden hatten, wurden als erledigt angesehen. Pfand- und Schuldbriefe wurden den Schuldnern zurückgegeben und das Bargeld der Juden vom Stadtrat eingezogen. Er verteilte es an die Zünfte.

Verfolgungen – warum?

Jakob Twinger macht deutlich, dass er in der Geldgier der Bürger den Hauptgrund dafür sieht, dass die Juden in Straßburg verfolgt wurden. Damit wird er sicher recht haben. Das Verhalten der christlichen Stadtbewohner war aber auch eine Folge von Vorurteilen und Ängsten. So lässt sich in der Geschichte häufiger beobachten, dass gerade Gruppierungen, die der Mehrheit fremd erscheinen, Opfer von Gewalt werden.

Bei den Juden in den Städten war das zur Zeit der Pest der Fall, weil sie ...
• aufgrund ihres Glaubens andere religiöse Rituale als die Christen pflegten, eigene Schulen und Gotteshäuser betrieben.
• nicht dieselben Rechte wie Christen hatten: Sie konnten nicht Bürger werden und durften bestimmte Berufe nicht ausüben.
(Mehr zur Situation der Juden in deutschen Städten erfährst du auf Seite 84.)

M 1 *Die Buchmalerei stammt aus dem 14. Jahrhundert. Gezeigt ist ein Angriff auf eine Gruppe von Juden.*

M 2 Blick auf den jüdischen Friedhof in Prag, der seit dem 15. Jahrhundert besteht. Das Foto entstand 2012.

 Die Pest und die Juden

Der Gelehrte Konrad von Megenberg berichtete 1350 über die Beschuldigung der Brunnenvergiftung, die den Juden gegenüber erhoben wurde:

Man fand in zahlreichen Brunnen mit Gift gefüllte Säckchen; deshalb wurde eine nicht festzustellende Zahl von Juden im Rheinland, in Franken und in allen
5 deutschen Ländern ermordet. Dabei weiß ich wahrhaftig nicht, ob dies einige Juden überhaupt getan haben. Wäre dies so gewesen, so hätte dies gewiss das Unheil verschlimmert. Andererseits weiß ich
10 aber sehr wohl, dass keine andere Stadt mehr Juden zählte als Wien; dort waren aber unter den Juden die Opfer, die der Seuche erlagen, so zahlreich, dass sie ihren Friedhof in großem Umfang erwei-
15 tern und zwei Grundstücke kaufen mussten. Sie wären also recht dumm gewesen, sich selbst zu vergiften. [...]

L. Poliakov: Geschichte des Antisemitismus, Bd. 2. 1978, S. 14 (bearbeitet)

Schon auf einen Blick erkennt man, dass jüdische Friedhöfe anders sind als christliche. Das hängt mit dem jüdischen Glauben zusammen. Gräber gelten als unantastbar. Hier sollen die Toten bis zur Erscheinung des Messias ruhen können. Reicht der Platz nicht mehr, wird eine Lage Erde aufgebracht und der Tote über einem darunterliegenden bestattet. So wachsen die Friedhöfe zu Hügeln heran. Als Zeichen für einen Besuch werden Steinchen auf die Grabplatte gelegt.

1. a) Beschreibt das Foto vom jüdischen Friedhof in Prag (M 2).
b) Erläutert einer Person jüdischen Glaubens, wie ein christlicher Friedhof aussieht, und versucht, die Unterschiede zu begründen.
Tipp: Seite 169

2. a) Arbeitet die Gründe für die Angst vor Juden heraus.
b) Arbeitet die Reaktionen gegenüber der jüdischen Bevölkerung heraus.
c) Vergleicht die Reaktionen mit denen, die heute aus Angst vor dem Fremden zu beobachten sind.
Tipp: Seite 169

Thema 3: Angst vor Hexen

Für Menschen, die in Armut leben, ist es eine Katastrophe, wenn sie plötzlichen Schicksalsschlägen ausgesetzt sind. Witterungseinflüsse zerstören die ohnehin geringe Ernte. Krankheiten verhindern, dass Arbeitskraft eingesetzt werden kann.

In früheren Jahrhunderten konnten bei Krankheiten manchmal „weise Frauen" helfen, die sich auf die Anwendung von Kräutern verstanden. Auch manche Männer besaßen diese Kenntnisse. Der Kranke und seine Angehörigen waren dankbar, wenn geholfen werden konnte. Zugleich aber erschien es ihnen übernatürlich, dass eine solche Hilfe möglich ist. Und dann der Verdacht: Wer helfen kann, der kann auch schaden. Es könnte dieses Bündnis mit den übernatürlichen Kräften sein, das den Hagel beschworen hat, das den Fluss über die Ufer treten ließ, das bewirkte, dass Kinder starben. Der Aberglaube an „Hexen" – Frauen und auch Männer mit übernatürlichen Fähigkeiten – blühte auf. In Märchen haben wir noch einen kleinen Widerhall dieser Angst.

Die Kirche schreitet ein

Nach und nach setzte sich die Auffassung durch, dass Hexen mit dem Teufel im Bund stehen müssen, um übernatürliche Kräfte zu haben. Nun griff die Kirche ein. Schriften wurden herausgegeben, die klar erkennen lassen sollten, wer eine Hexe ist. So wollte man spontane Gewalttaten gegen Mitmenschen verhindern. Ab jetzt wurden Hexenprozesse unter Aufsicht hoher Geistlicher durchgeführt. Die meisten fanden zwischen 1560 und 1660 statt. In Europa kosteten sie nach heutigen Schätzungen bis zu 60 000 Menschen das Leben.

Im Heiligen Römischen Reich* fand nach heutiger Kenntnis 1756 die letzte Hinrichtung einer „Hexe" statt. 1791 schließlich wurde das Verbrechen der Hexerei aus dem Strafrecht entfernt. Dazu beigetragen hatten Kritiker wie der Geistliche Friedrich von Spee. Er schrieb schon 1631, dass unter Folter jedes denkbare Geständnis abgelegt wird. Konsequent forderte er die Abschaffung dieser Prozesse und der Folter.

* *Heiliges Römisches Reich: Name des Herrschaftsbereichs der römisch-deutschen Kaiser seit Otto I. (Seite 15)*

Wetterzauber

Liebschaft mit dem Teufel

Zaubertrankherstellung

Teufelsanbetung

Hexenflug

M1 *Das Titelbild des Buches „Von Bekenntnis der Zauberer und Hexen" zeigte 1591, wie sich die Zeitgenossen das Treiben von Hexen vorstellten.*

Hexen in Stuttgart

a) *In der Nacht zum 1. August 1562 hörten einige Einwohner Stuttgarts merkwürdige Laute über ihrer Stadt. Darüber berichtet das Protokoll eines kirchlichen Schreibers:*

„Hihi-hi, hu-huhu, hakiki, husch, schu-schu, hoho masch, hahaloh, mach – schi-schischu – wo, oh, rast!" Augenzeugen berichteten, hoch oben in der Luft habe man „ein gewaltiges Heer von Weibervolk" gesehen, das auf Pfählen und Besen über den Himmel ritt. Das waren typische Zeichen für ein Hexentreffen. Man forschte nun nach, welche Frauen an diesem Abend nicht zu Hause gewesen waren. Da diese nicht gleich gestanden, folterte man sie, bis neun von ihnen zugaben, mit dem Teufel im Bunde zu sein. Einige Tage später, zur Zeit des Kirchgangs, verdunkelte sich die Sonne, Sturm und Hagel brachen los, Blitz, Donner und Regen gingen auf Wiesen und Weinberge nieder und verdarben die Ernte, sieben Menschen starben. Für die Zeitgenossen war dies der Beweis: Hexenwerk.

b) *Daraufhin machte man ihnen einen „Hexenprozess". Das Urteil in dem Prozess erklärte Herzog Christoph so:*

Dieweil die Weiber so lästerlich von der Dreieinigkeit (dem christlichen Glauben) abgefallen und dem Teufel angehangen, auch so viel Unheil über meine getreue Stadt Stuttgart gebracht, so sollen sie auch im Feuerpfühl verenden. Auch zum abschreckenden Exempel für andere.

c) *Nur einer der Verwandten der Verurteilten wagte es, für einen letzten Besuch in das Gefängnis zu gehen. Er berichtet:*

Es war ein herzzerreißender Anblick für mich, die irren, scheuen, verzweiflungsvollen Blicke der von Gott Gewichenen zu sehen. Eine unsägliche Seelenqual hatte bei ihnen Platz gewonnen. Keine vermochte die Arme zum Gebet zu erheben infolge der erduldeten Folter, und alle sahen ihrem Tode entgegen, als harrten sie eines bösen Traumes. Ich glaube kaum, dass ihr Zustand von dem verpönten Hexenverband, sondern von den ihnen angetanen Qualen herrührte; weshalb ich auch keine Reue gefunden bei irgendeiner der Frauen.

Die Frauen widerriefen ihre Geständnisse, die sie unter der Folter abgelegt hatten, aber es nützte ihnen nichts mehr. Das Urteil wurde vollstreckt. Zweifel kamen allerdings auf, als ein Drechsler gestand, dass er seine Frau nur angezeigt habe, weil er sie loswerden wollte.

B. Burk: Schwäbische Hexen, 1994, S. 14 (bearbeitet)

---

1. Bearbeitet die Quelle M 2.
a) Beschreibt den Ablauf eines Hexenprozesses und erklärt, welche Rolle das Verhalten der Bevölkerung und die Einstellung der Herrschenden zu den angeblichen Hexen spielte.
b) Untersucht die Quelle darauf, welche Folgen die Folterung der Frauen hatte.
c) „Die Folter macht die Hexe." Erläutert diesen Satz und bezieht euch dabei auf eure Arbeitsergebnisse.
d) Untersucht das Bild M 1 und stellt fest, welche der am Rand genannten Handlungen den Hexen unterstellt werden.

2. Vergleicht das Bild der Hexen, das heute z. B. im Märchen oder in Figuren wie Bibi Blocksberg vermittelt wird, mit der Situation der Frauen, die im 16. und 17. Jahrhundert als Hexen beschuldigt wurden.

Thema 4: Türkenfurcht

M1 Die Ausdehnung des Osmanischen Reiches bis 1683

*Heiliges Römisches Reich: Name des Herrschaftsbereichs der römisch-deutschen Kaiser seit Otto I. (Seite 15)

Menschen haben Angst vor dem Krieg. Er bedroht ihr Leben und das ihrer Familienangehörigen und Freunde. Er zieht wirtschaftliche Probleme nach sich, bringt Hunger, Not und Zerstörungen. In früheren Jahrhunderten waren Friedenszeiten jedoch selten. Krieg gehörte zur Lebenserfahrung der Menschen.

Die Ausweitung des Osmanischen Reiches

Im Mittelmeerraum und im Südosten Europas ging eine Bedrohung vom Osmanischen Reich aus. Dieses ist der Vorgänger der heutigen Türkei und war ein islamischer Staat. Der erste große Schock für das Heilige Römische Reich* erfolgte, als die Osmanen 1453 Konstantinopel eroberten, Ostrom, ein Zentrum der Christenheit. Die Stadt wurde in „Istanbul" umbenannt und zur Hauptstadt des Osmanischen Reiches. Damit hatte kaum jemand in Europa gerechnet. Der Handelsweg in den Osten wurde dadurch enorm erschwert. Es wurde notwendig, neue Wege nach Asien zu suchen (Seite 109).

Die Osmanen hingegen eroberten mit ihrer starken Flotte Inseln im Mittelmeer und bedrohten Handelsstädte wie Venedig und Genua. Auf dem Festland wurde der gesamte Balkan erobert. Mitte des 16. Jahrhunderts standen die „Türken" an der Grenze des Heiligen Römischen Reiches. 1683 wurde die Stadt Wien von einem türkischen Heer belagert, das allerdings von einem Heer aus mehreren europäischen Staaten geschlagen werden konnte. Damit endete die Ausdehnung des Osmanischen Reiches.

Hetzerei gegen die Türken

Wissenschaftler sind sich heute recht einig: Im Unterschied zur Angst vor Hexen oder der Pest, kam die Angst vor den Türken nicht aus der Bevölkerung. Die Kirche hatte ein starkes Interesse daran, Europa als christliches Abendland gegen den ›Islam zu verteidigen. Deshalb schürte sie die Angst vor den Türken und machte sie zu Teufeln und Dämonen, die Unheil über die Welt bringen. In Zeichnungen und Texten wurde dieses Bild verbreitet, was schließlich auch eine Wirkung in der Bevölkerung zeigte. Ähnlich gingen einige Landesherren vor, deren Herrschaftsgebiete von der Ausdehnung des Osmanischen Reiches direkt bedroht waren.

Es wurde das Bild einer osmanischen Herrschaft verbreitet, die von Gewalt und Unterdrückung geprägt ist. Dabei wurde die Angst vor einer drohenden Sklaverei erzeugt. Dennoch zogen manche christliche Bauern zu jener Zeit freiwillig in osmanisches Gebiet, weil sie dort bessere Lebensbedingungen vorfanden. Das änderte sich allerdings mit dem Niedergang des Osmanischen Reiches. Dann nahm auch hier die Ausbeutung zu und die Lebensverhältnisse für die „kleinen Leute" wurden schlechter.

M2 „Wie die Türken mit den gefangenen Christen handeln" lautet die Überschrift dieses um 1532 entstandenen Holzschnittes.

 Erasmus von Rotterdam

Der Gelehrte (um 1466–1536) schrieb über die Bedrohung des christlichen Abendlandes durch die Türken:

Wie viele Massaker haben die Türken nicht schon unterm Christenvolk angerichtet? Wie viele Städte, wie viele Inseln, wie viele Provinzen haben sie nicht schon
5 dem christlichen Machtbereich entrissen? […] Und schon scheint die Lage sich so verändert zu haben, dass es, falls Gott uns nicht schützt, zur raschen Besetzung der restlichen christlichen Welt kommt.
10 […]
Wir müssen diese Unglücksfälle aufgrund unserer gemeinsamen Religion als uns alle betreffend ansehen. Außerdem ist zu fürchten, dass sie tatsächlich unser aller
15 Schicksal werden. Wenn das Nachbarhaus brennt, sind eure Güter ebenfalls in Gefahr, aber mehr noch ist die ganze Stadt in Gefahr, wenn irgendein Haus in ihr in Flammen steht. Man muss also die Hilfe
20 beschleunigen.
Zitiert nach: J. Delumeau: Angst im Abendland, 1989, S. 408 (bearbeitet)

 Martin Luther

Der Geistliche (1483–1546) sagte:

Und wenn ihr nun gegen die Türken zieht, so seid sicher und zweifelt nicht daran, dass ihr nicht gegen Menschen kämpft, sondern gegen ein großes Heer von Teu-
5 feln. […] Darum verlasst euch nicht auf Spieß, Schwert, Büchsen, Macht und Anzahl; denn danach fragen die Teufel nicht. […] Gegen sie müssen wir Engel bei uns haben, was passieren wird, wenn wir de-
10 mütig sind, beten und Gottes Wort vertrauen.
Zitiert nach: J. Delumeau: Angst im Abendland, 1989, S. 410 (bearbeitet)

1. Erarbeitet, welches Bild von „den Türken" verbreitet wurde.

2. a) Stellt mithilfe von M1 fest, ab wann die osmanische Ausdehnung für das Heilige Römische Reich bedrohlich wurde.
b) Ordnet die Äußerungen von Erasmus (M3) und Martin Luther (M4) entsprechend ein.
Tipp: Seite 169

3. Sprecht jeweils zu zweit darüber, ob es eine vergleichbare Hetze gegen andere Staaten, Völker oder Gruppierungen auch heute noch gibt. Tauscht euch dann in der Gruppe aus.

Der „richtige" Glaube und das Seelenheil

Was muss ein Mensch im Leben tun, damit seine Seele nach dem Tod von Gott erlöst wird? In ihrer Sorge, möglichst sündenfrei zu sterben und ins Paradies zu kommen, nahmen die Menschen nicht nur beschwerliche Pilgerreisen auf sich. Viele waren auch bereit, Geld zu zahlen. Sogenannte Ablassbriefe, mit denen man sich nach der Beichte die Vergebung von Sünden kaufen konnte, ersetzten bald die ehrliche Reue und die Buße, z. B. durch wohltätiges Verhalten.

Dies Praxis, Ablassbriefe zu kaufen, kam ➤ Papst Leo X. (1513–1521) sehr gelegen. Für den Bau eines prachtvollen Domes in Rom benötigte die Kirche viel Geld. Dies sollte auch mit dem Handel mit Ablassbriefen erwirtschaftet werden: Seit 1514 zogen im Auftrag des Papstes vermehrt Mönche und Priester durch Europa und predigten von drohenden göttlichen Strafen. Den verängstigten Gläubigen boten sie anschließend Ablassbriefe an. Ein junger Mönch aus Thüringen fand dies empörend: Martin Luther.

Ein kritischer Mönch

Luther, der 1483 geboren worden war, hatte als junger Mann auf Wunsch seines Vaters ein Studium der Rechte begonnen. Dann aber entschied er sich, Mönch zu werden, und trat ins Kloster ein. Beim Bibelstudium machte er eine Entdeckung, die ihn stark beeindruckte: Ihm fiel eine Textstelle auf, aus der er ableitete, dass der Gläubige allein durch seinen Glauben an die Barmherzigkeit Gottes erlöst wird – Geldzahlungen oder das Einhalten kirchlicher Vorschriften halfen nicht. Für Luther stand nun fest, dass für einen Christen nur wichtig ist, was in der Bibel steht, und nicht das, was die Kirche und der Papst vorschreiben.

Vor allem den ➤ Ablasshandel sah Luther als Missbrauch des Glaubens und des Vertrauens der Gläubigen. 1517 veröffentlichte er deshalb 95 Thesen (Behauptungen) über den Ablass, in denen er die Verwendung der Ablassbriefe scharf kritisierte.

Als er seine Thesen wenig später auf Flugblätter drucken ließ, verbreiteten sie sich weit über Thüringen hinaus. Nun sahen sich auch hohe Geistliche gezwungen, das „Mönchsgezänk" ernst zu nehmen. Luther blieb bei seiner Kritik und behauptete zudem, dass auch der Papst in Glaubensfragen irren könne.

M 1 *Der Ablasshandel im Holzschnitt:*
- *Ein Mönch verliest das päpstliche Ablassschreiben.*
- *Vor der Kanzel steht die Kiste, in der das Geld gesammelt wird.*
- *An dem Tisch im Vordergrund werden die Ablassbriefe verkauft.*
- *Im Hintergrund sind auf zwei Fahnen päpstliche Wappen zu sehen.*

Papst und Kaiser greifen ein

Die Antwort Papst Leos X. blieb nicht aus: Er drohte Luther damit, ihn aus der Kirche zu verbannen, falls er nicht innerhalb von 60 Tagen seine Kritik widerrufen würde. Doch Luther ließ die Frist verstreichen. Den Drohbrief des Papstes verbrannte er öffentlich. Daraufhin wurde er aus der Kirche ausgestoßen.

Inzwischen ging man auch von anderer Seite gegen ihn vor. 1520 war der spanische König Karl zum Kaiser des Heiligen Römischen Reiches gekrönt worden. Als Karl V. herrschte er über ein Reich, zu dem neben vielen Ländern in Europa auch die spanischen Kolonialgebiete im neu entdeckten Amerika gehörten. Der christliche Glaube, meinte der Kaiser, vereine die Völker, über die er herrschte. Er fürchtete, dass die Kritik Luthers an der Kirche die Christen spalten könne. Daher war er entschlossen, diese „Irrlehre", zu bekämpfen. Da er dafür die Zustimmung der Reichsfürsten benötigte, berief er für 1521 einen Reichstag* nach Worms ein.

Auch Luther war zur Stellungnahme vorgeladen; dazu hatte ihm der Kaiser freies Geleit zugesichert. Auf dem Reichstag stand Luther zu seinen Ansichten und war auch hier nicht bereit zu widerrufen. Daraufhin verhängte Karl V. wenige Wochen später die Reichsacht* über den störrischen Mönch: Ab jetzt konnte Luther von jedermann straflos getötet werden!

Die Bibel in neuer Sprache

In dem sächsischen Fürsten Friedrich dem Weisen hatte Luther allerdings einen mächtigen Beschützer. Auf dem Rückweg von Worms entführten dessen Leute den Mönch zum Schein. Sie brachten ihn auf die Wartburg in Thüringen. Unter dem Decknamen „Junker Jörg" lebte er dort ein Jahr lang und übersetzte während dieser Zeit das Neue Testament aus dem Lateinischen ins Deutsche. Dabei arbeitete er mit einem Team hervorragender Gelehrter seiner Zeit zusammen, z. B. mit dem Griechisch-Spezialisten Melanchthon oder dem Hebräisch-Experten Aurogallus. Sie entwickelten gemeinsam eine Übersetzung der Bibel, die trotz verschiedener Dialekte im deutschsprachigen Raum verstanden werden konnte. So, meinten sie, könne auch jeder einfache Christ die Bibel selbst lesen, verstehen und deuten. Diese Sprache wurde zur Grundlage unseres heutigen Hochdeutschs.

Als die Übersetzung des Neuen Testaments 1522 veröffentlicht wurde, war die Erstauflage von fünftausend Exemplaren sofort ausverkauft. Bis zu Luthers Tod 1546 wurde seine Bibelübersetzung mehr als vierhundert Mal aufgelegt und damit zum ersten Bestseller der Buchgeschichte.

M2 Martin Luther als Mönch, über ihm die Taube als Symbol des heiligen Geistes. Zeitgenössischer Holzschnitt

* *Reichstag:* Die Versammlung von Vertretern der einzelnen Herrschaftsgebiete im Heiligen Römischen Reich. Sie dient dazu, den Kaiser zu beraten.

* *Reichsacht* (von mittelhochdeutsch „ahta": Ächtung): Eine vom Kaiser oder König angeordnete Ächtung. Der Geächtete hatte im gesamten Reichsgebiet keine Rechte und keinen Schutz mehr. Wer ihn tötete, kam straffrei davon.

M3 Das Gemälde zeigt Luther vor hohen Kirchenvertretern, Fürsten und Kaiser Karl V. auf dem Reichstag in Worms, 1521. Es entstand etwa 350 Jahre nach dem dargestellten Ereignis.

> In der Bibel steht: „Die Errettung durch Gott kommt durch den Glauben an Jesus Christus." (Römer 3,22). Wenn wir also aus dem Glauben leben sollen, so wird die Rettung nicht unser Verdienst sein, sondern die Barmherzigkeit Gottes. Kein frommes Werk, sondern allein Christus kann den Sünder retten.

> Niemand wage es, auf seine eigene Einsicht gestützt, die Heilige Schrift zu deuten in Widerspruch mit dem Sinne, den die Heilige Mutter Kirche festgehalten hat und festhält. Bei ihr steht das Urteil über den wahren Sinn und die Erklärung der Heiligen Schrift.

> Unsere Vorfahren waren schon der römischen Kirche gehorsam, die nun Doktor Martinus bekämpft. Wir können nicht vom Vorbild unserer Vorfahren abfallen, den alten Glauben zu schützen und dem Papst zu helfen.

> Mein Gewissen ist bestimmt durch die Worte Gottes in der Bibel. Ich kann und will nichts widerrufen.

> Ich kann nur durch die Bibel oder einen klaren Grund widerlegt werden. Denn allein dem Papst oder hohen Kirchenvertreten glaube ich nicht. Es steht fest, dass sie häufiger geirrt und sich auch selbst widersprochen haben.

M4 Aussagen, die in der Auseinandersetzung um den richtigen Glauben getroffen wurden

M5 Aus Luthers Thesen gegen den Ablasshandel

- Menschenlehre predigen die, die sagen: Wenn die Münze im Kasten klingelt, fliegt die Seele aus dem Fegefeuer.
- In Ewigkeit werden diejenigen mit ihren Lehrmeistern verdammt werden, die glauben, dass ihnen aufgrund der Ablassbriefe ihre Seligkeit sicher ist.
- Jeder Christ, der wahre Reue empfindet, hat vollkommenen Nachlass von Strafe und Schuld, auch ohne Ablassbriefe.
- Man muss die Christen lehren: Dem Armen zu geben oder dem Bedürftigen zu leihen, ist besser, als Ablass zu kaufen.
- Der wahre Schatz der Kirche ist das hochheilige Evangelium* von der Herrlichkeit und Gnade Gottes.

K. Bornkamp/F. Ebeling (Hg.): Martin Luther, Ausgewählte Schriften 1, 1982, S. 28–33 (bearbeitet)

M6 Die Abbildung zeigt eine Karikatur. Sie wurde 1521 im Heiligen Römischen Reich verbreitet.

---

1. Lies M5 und erläutere den Gedankengang von Luthers Kritik am Ablasshandel. Was hält er für richtig? Beziehe den Text auf Seite 146 in deine Überlegungen ein.

2. a) Beschreibe die Karikatur M6. Wen stellen die Figuren dar?
   b) Erkläre mithilfe der Zusatzinformationen, gegen wen sich die Karikatur wendet.
   Tipp: Seite 169

3. Vergleiche die Karikatur M6 mit dem Holzschnitt M2 (Seite 147).

4. a) Sammelt mithilfe der Materialien auf diesen Seiten Argumente, mit denen
   - Martin Luther und seine Befürworter,
   - der Kaiser, Kirchenvertreter und ihre Befürworter auf dem Reichstag in Worms ihre Haltungen zum Ausdruck gebracht haben könnten.
   b) Spielt nun das Bild M3 nach.

---

*Ein Kopf als Dudelsack? Ein Mensch mit Eselsohren oder Hufen statt Füßen? In Zeichnungen ist dies möglich. Als zur Zeit Luthers um den „wahren Glauben" gestritten wurde, versuchten die Gegner, einander durch solche Darstellungen zu kritisieren oder lächerlich zu machen. Man nennt diese Zeichnungen **Karikaturen**. Das Wort kommt vom Italienischen „caricare": „verzerren", denn oft zeigen Karikaturen bekannte Persönlichkeiten in verzerrter Weise.*

Die meisten Menschen, die um 1520 lebten, konnten nicht lesen. Wer eine Karikatur sah, erkannte aber meist sofort, gegen wen sie sich richtete. Deshalb wurden Karikaturen auf Flugblätter gedruckt und in Gasthäusern und auf öffentlichen Plätzen herumgereicht und angeschaut. Von 1521 bis 1525 sollen die Befürworter und die Gegner Luthers so viele Flugblätter in Umlauf gebracht haben, dass Historiker von einem „Flugschriftenkrieg" sprechen!

---

* Evangelium kommt aus dem Griechischen und bedeutet wörtlich übersetzt „frohe Botschaft". Martin Luther meinte hier das Neue Testament der Bibel. Seine Lehre wird auch als „evangelisch" bezeichnet.

Wie überlebt die Reformation?

Martin Luther wollte mit seiner Kritik die Kirche dazu auffordern, sich zu ▸ reformieren, das heißt Missstände wie den ▸ Ablasshandel zu beseitigen und sich eine neue Ordnung zu geben. Doch die Streitfragen entwickelten sich immer mehr zu einer Auseinandersetzung um den richtigen Glauben.

Dies führte zu einer Glaubensspaltung, aus der zwei ▸ Konfessionen – Glaubensrichtungen – hervorgingen: Der Weg dorthin ist hier dargestellt: Die blaue Linie zeigt, was die Unterstützer der Reformatoren taten. Sie nannten sich ▸ Protestanten. Rot sind die Handlungen der hohen Kirchenvertreter und des Kaisers dargestellt.

Auf dem Reichstag in Worms weigert sich Luther, vor dem Kaiser, den Fürsten und hohen Geistlichen, seine Kritik an der Kirche zu widerrufen.
1521

Viele Fürsten unterstützten die Haltung Luthers. Sie übernahmen die Leitung der neuen evangelischen Landeskirchen. Dabei eigneten sie sich große Teile des Kircheneigentums an. So gewannen sie an Macht und an Steuereinnahmen. Fürst Philipp von Hessen z.B. gründete auf dem gewonnenen Gebiet die erste evangelische Universität der Welt.
1527

Auf einem Reichstag in Augsburg versucht der Kaiser, die Glaubenseinheit zu erhalten. Die Anhänger der Reformation aber protestieren. Sie legen ein eigenes, „evangelisches" Glaubensbekenntnis vor. Wieder gibt es keine Einigung.
1530

Die protestantischen Fürsten versprechen einander militärische Unterstützung, falls der Kaiser sie durch seine Truppen angreifen lässt.
1531

Osmanische Armeen stehen kurz vor Wien. Kaiser Karl V. will die Einheit des Glaubens zwar erhalten und die Ausweitung des neuen Glaubens verhindern. Aber sein Reich ist bedroht. Außerdem kämpft er mit dem französischen König um Einfluss in Italien. Bevor er sich um die Unterstützer Luthers kümmern kann, muss er zuerst die Osmanen besiegen.
1529

Ein neuer Papst wird gewählt. Er ist bereit, die Missstände in der Kirche zu beseitigen. Gleichzeitig will er in ganz Europa stärker gegen die Protestanten vorgehen. Unterstützt wird er von den Jesuiten. Das sind Mönche, die versuchen, vorbildlich zu leben und vielen Menschen zu predigen. Zudem gründen sie Schulen im ganzen Reich.
1534

Auch in anderen europäischen Ländern kam es schließlich zu Glaubensspaltungen. In Frankreich, den Niederlanden, England und Schottland verbreitete sich die Lehre des Reformators Johannes Calvin, der von den Gläubigen ein Leben in Frömmigkeit, Fleiß und ohne Sünde forderte.

1. a) Beschreibe die Stationen der Auseinandersetzung zwischen beiden Seiten in deinen Worten.
b) Erkläre, warum die Reformation überlebte, obwohl der Kaiser sie ablehnte.

+ Gibt es Sieger und Verlierer in diesem Konflikt? Nimm Stellung dazu.

Der französische König Henri II. unterstützt das Bündnis gegen Kaiser Karl V. Der Kaiser kann nichts mehr gegen die Fürsten unternehmen. Er beginnt, mit ihnen zu verhandeln.

1552

1547

seit 1535

1555: Der Augsburger Religionsfrieden

*In Augsburg verhandeln die Fürsten mit dem Kaiser und erzielen eine Einigung, den **Augsburger Religionsfrieden**. Er wird durch eine Urkunde besiegelt. Die Glaubensrichtung der protestantischen Fürsten wird darin anerkannt. Der Bürgerkrieg ist zu Ende.*

*Eine Lösung für die religiösen Fragen wird aber nicht gefunden. Mit dem Augsburger Religionsfrieden entstehen zwei Konfessionen: die **evangelische** der Protestanten und die **katholische**, an deren Spitze der Papst steht. Die Menschen müssen die Konfession ihres Fürsten übernehmen oder auswandern.*

Hohe Geistliche treffen sich mehrmals in der Stadt Trient, um über die Lehre der Kirche zu beraten und sich vom protestantischen Glauben abzugrenzen. Dies wird „Gegenreformation" genannt. Die Grundlagen der katholischen Lehre werden auf dieser Versammlung, dem „Konzil von Trient", festgelegt. Eine Kirchenspaltung wird immer wahrscheinlicher.

Nachdem sich die Osmanen zurückgezogen haben, geht der Kaiser gegen die protestantischen Fürsten militärisch vor. 1547 besiegt er sie in Mühlberg. Trotzdem kann er dem Protestantismus kein Ende machen.

M 1 Fürst Johann Friedrich I. von Sachsen mit den bedeutendsten Reformatoren seiner Zeit. Links ist Martin Luther zu sehen. Ausschnitt aus einem Gemälde von Lucas Cranach dem Älteren, um 1535

Wie setzen die Fürsten die Reformation durch?

Im Jahr 1526 ließ der Kurfürst von Sachsen Pfarreibesuche, sogenannte Visitationen, in Orten seines Herrschaftsbereichs durchführen und Berichte anfertigen. Hier sind einige Auszüge daraus wiedergegeben:

Wahlwinkel: Die Männer des Ortes geben ein gutes Zeugnis über Lehre und Lebenswandel des Pfarrers. Sie sind zufrieden. Er hat geheiratet.

Hörselgau: Pfarrer Kiliax Zahn ist gelehrt, wendet Fleiß für das Evangelium auf, hat viele der neuen Bücher und hält alle Dinge nach dem Evangelium. Er hat keine Köchin und auch kein eheliches Weib. Die Leute haben gar keine Beschwerden vorgebracht, außer dass er zuzeiten zu sehr trinkt.

Aspach: Erzpriester Herr Lorenz Propel ist ein alter Pfaffe. Er lehrt, so gut er es von alters her gelernt hat. Er ist immer gegen die neue Lehre gewesen. Er gibt Taufe und Sakrament nach der alten päpstlichen Weise. [...] Er lehrt nichts von Christus, Glauben oder was es sei. Die gefragten Männer wussten nichts von Sünde, Gesetz, Evangelium, Christus usw.

Summa: Er gefällt ihnen gar nicht, sie seien übel versorgt, und es begehrt – wie sie es sagen – die ganze Gemeinde, dass sie einen besseren hätten, wenn ihnen Gott durch die Obrigkeit so gnädig wäre und ihnen einen anderen geben wollte.

Laucha: Sie sagten [...], der Pfarrer halte lateinische Messe, halte alle Dinge wie zuvor, nur neulich habe er angefangen, deutsch zu taufen, doch macht er es manchmal noch lateinisch, wie sie es haben wollten. Er hängt den Mantel nach dem Wind. [...] Der Pfaffe ist päpstlich und evangelisch.

H. Junghans (Hg.): Die Reformation in Augenzeugenberichten, 1973, S. 368 f. (bearbeitet)

Reformation und Bildung

Johannes Brenz, der Reformer von Schwäbisch Hall, verfasste im Jahr 1526 eine Ordnung für die Stadt:

Die Stadt soll einen gelehrten und geschickten Schulmeister und einen Gesangslehrer einstellen und auch bezahlen, damit die Eltern nicht mit Schulgeld belastet werden. Findet man keinen, muss der Pfarrer diese Aufgabe übernehmen.

Die Bürger sollen vom Pfarrer ermahnt werden, ihre Kinder in die Schule zu schicken. Die Jungen sollen vormittags eine und nachmittags eine Stunde in die Schule gehen, damit sie ihren Vätern weiterhin beim Handwerk helfen können. Zwei Stunden Schule am Tag reichen aus, denn man soll sie nicht mit Wissen überschüt-

M 4 Seit dem späten Mittelalter lasen die wohlhabenderen Bürger Bücher. So konnten sich die Ideen der Reformation im Bürgertum schnell verbreiten. Gemälde von Agnolo Bronzino, 1545

M 5 Wichtige Punkte des Augsburger Religionsfriedens

- Die Anhänger beider Konfessionen geloben, sich gegenseitig nicht mehr wegen Glaubensfragen zu verklagen oder anzugreifen. Die Reformierten sind davon ausgeschlossen.
- Die evangelischen Landesherren dürfen Kirchengüter, die vor 1552 eingezogen wurden, behalten.
- Hohe Geistliche dürfen zum evangelischen Glauben übertreten, müssen ihr Amt aber aufgeben.
- Die Untertanen müssen die Konfession ihres Landesherrn annehmen. Wer dies nicht tun will, hat das Recht, auszuwandern.
- In den Reichsstädten, die konfessionell gemischt sind, dürfen Angehörige beider Konfessionen weiterhin nebeneinander leben.

---

ten, so wie ein Trichter, den man in ein Fläschchen steckt, überläuft, wenn man zu viel hineingießt.

Wenn der junge Knabe die Buchstaben kennt und des Lesens ein wenig kundig ist, soll der Schulmeister, Pfarrer oder Prediger Acht geben, ob er zum Lateinischen taugt oder nicht. Wenn es den Eltern gefällt, soll er dann Latein lernen, denn man braucht in der Stadt und auf dem Land Pfarrer, Prediger, Schulmeister, Schreiber und andere.

Es wäre auch gut, wenn man für die Töchter eine Frau bestellt, welche zwei Stunden am Tag die Mädchen im Lesen und Schreiben unterrichtet. Denn Schrift gehört nicht allein den Männern, sie gehört auch den Frauen, die genauso wie die Männer den Himmel und das ewige Leben erwarten.

A. L. Richter (Hrsg.), Die evangelischen Kirchenordnungen des 16. Jahrhunderts, 1, 1846, S. 40 ff.

2. Erläutere an M 2, welche Absichten hinter den Visitationen standen.
Tipp: Seite 169

3. Schreibe aus M 3 die wichtigsten Bestimmungen heraus. Erkläre jeweils in einem Satz, worauf sie abzielen.

4. a) Gib den Inhalt von M 5 in eigenen Worten wieder.
b) Diskutiert: Gab es nach dem Augsburger Religionsfrieden Religionsfreiheit?
Bedenkt dabei: Religionsfreiheit ist bei uns ein Grundrecht. Sie besteht in der Freiheit eines Menschen, seinen Glauben frei zu bilden und seine Religion ungestört auszuüben.

Die Gegenreformation

*Superintendent: Abgesandter einer protestantischen Landeskirche, der Pfarrer und Gemeinden überprüft

„Es sind friedhässige Meuchelmörder, Wölfe, Seelendiebe!" Der protestantische Superintendent* der Stadt Hildesheim mochte sich gar nicht beruhigen. Wer machte ihn nur so wütend? Katholische Mönche! 1592 hatten sie sich in der protestantischen Stadt angesiedelt. Sie gehörten zum Orden der Jesuiten, der im Jahre 1534 von dem spanischen ▸ Adligen Ignatius von Loyola gegründet worden war. Er wollte den katholischen Glauben wieder festigen und verbreiten.

Reformen in der katholischen Kirche

Die Jesuiten gehörten zu der Gruppe in der katholischen Kirche, die durch Reformen die Ausbreitung des protestantischen Glaubens verhindern wollte.

Auch ▸ Papst Paul III. hatte das Ziel, die an die Reformation verlorenen Gebiete und Gläubigen zurückzugewinnen. 1545 lud er deshalb hohe kirchliche Würdenträger zu einer Versammlung nach Trient ein, um über Maßnahmen zu beraten. 18 Jahre dauerten die Verhandlungen. Dann wurden die neuen Grundsätze der katholischen Lehre veröffentlicht, mit denen die sogenannte Gegenreformation begründet werden sollte. Das Verbot des Ablasshandels und der Priesterehe gehörten dazu. Die Ausbildung von Geistlichen sollte durch die Einrichtung von Priesterseminaren verbessert werden. Von den Gläubigen wurde aber auch erwartet, dass sie die katholische Lehre als „unfehlbar" anerkennen.

Die Jesuiten: Speerspitze der Gegenreformation

Auf eine gute Ausbildung setzten auch die enthaltsam lebenden Jesuiten. Fleißig gründeten sie überall in Europa Schulen und sogenannte Jesuitenkollegien. Diese waren auch für evangelische Familien offen. Durch ihren Eifer wurden die Jesuiten bald zu einer der wichtigsten Stützen der katholischen Kirche und katholischer Fürsten. An ihren Höfen ließen sie sich bevorzugt nieder. So auch im Bistum Hildesheim, wo sich ein Großteil der Bevölkerung zum Protestantismus bekannte, während der Fürstbischof am katholischen Glauben festhielt. 1595 gründeten die Jesuiten in der Domschule ein Gymnasium, das Josephinum, das durch guten und kostenfreien Unterricht viele Schüler anzog, auch protestantische Bürgersöhne.

Anders als die mittelalterlichen Mönche suchten die Jesuiten den Kontakt zu den Menschen. Es gelang ihnen, ganze Gegenden im Bistum zu rekatholisieren*. Dadurch riefen sie den Zorn der protestantischen Bevölkerung hervor, der sich gerade in den Städten häufig in Gewalttaten äußerte.

M1 *Ignatius von Loyola übergibt Papst Paul III. die Ordensregeln der Jesuiten. Gemälde in der Kirche Il Gesù in Rom*

Gute Erziehung

Aus einem Brief des Ignatius von Loyola, 1552:

Es ist mein Plan, in der Heiligen Stadt Rom ein deutsches Jesuitenkolleg zu gründen. Nur ausgewählte junge Männer deutscher Sprache von guter Anlage sol-
5 len hier aufgenommen werden, damit sie hier eine gute Erziehung und eine umfassende wissenschaftliche Bildung erhalten. Alle, denen das Heil Deutschlands am Herzen liegt, sehen darin das einzige Mit-
10 tel, um die wankende Religion dort zu erneuern. [...]
Durch Predigt und Erklärung des Wortes Gottes sollen sie ihre Landsleute für das Licht des katholischen und wahren Glau-
15 bens empfänglich machen.

Zitiert nach: H. Rahner (Hg.): Trost und Weisung. Geistliche Briefe, 1989, S. 129 (vereinfacht)

 Bekanntmachung

Beschluss des Hildesheimischen Stadtrates vom 8. März 1615:

Wir, Bürgermeister, Rat und 24 Mann der Stadt Hildesheim, geben allen unsern Bürgern, Bürgerinnen, Bürgers Kindern und Schülern, Knechten und Dienstboten
5 und fremden Handwerksgesellen bekannt: Uns wurde vorgebracht, dass katholische Personen, vor allem die Jesuiten, wenn sie über die Gassen gehen, als Schelme und Diebe und Bösewichte jäm-
10 merlich gescholten, gelästert, ja auch geschlagen und beworfen werden.
Weil nun diese Unart gegen unsere Verordnungen und auch sonst strafbar ist, wollen wir solches hinfüro keineswegs
15 dulden. Wir gebieten daher [...], dass sich ein jeder, wer er auch sei, solchen Scheltens, Lästerns, Fluchens, Schlagens und Werfens, auch alles anderen Trotzes und Mutwillens gänzlich enthalte. Ein jeder
20 soll sich bürgerlicher Zucht und Ehrbarkeit befleißigen [...]. Danach sich ein jeder zu richten hat.

Zitiert nach: W. Hartmann: Hildesheimer Quellen, Heft 5, 1928, S. 14 (bearbeitet)

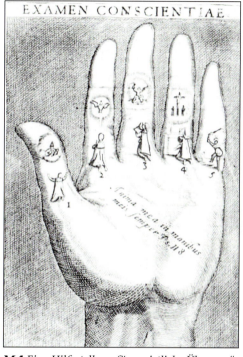

M 4 Eine Hilfestellung für „geistliche Übungen"

① „Sage Gott Dank"
② „Bitte um Erleuchtung"
③ „Prüfe dich selbst"
④ „Bereue"
⑤ „Fasse einen Vorsatz"

• •

1. Erläutere mithilfe des Textes und M 2, wie Ignatius den Einfluss der katholischen Kirche wieder vergrößern will.

2. Arbeite aus M 3 heraus, wie die protestantische Bevölkerung auf das Vorgehen der Jesuiten reagierte.

+ Verfasse für einen Jesuitenpater aus Hildesheim einen Bericht nach Rom. Stelle darin die Absichten der Jesuiten dar und berichte über die Ereignisse in Hildesheim.

Ein Fallbeispiel: die Niederlande

Amsterdam jubelte, als im Sommer 1599 die kleine Flotte unter Kapitän Jacob van Neck zurückkehrte. Seine Handelsfahrt nach Bantam auf Java* war erfolgreich abgeschlossen worden. Die drei Schiffe brachten eine riesige Menge Gewürze aus der Südsee mit: Pfeffer, Gewürznelken, Zimt und Muskat. Ein ungeheurer Wert. Niemals zuvor seien Schiffe eingelaufen, die solch reiche Fracht bargen, hieß es. Die Besatzung marschierte, von Trompeten begleitet, durch die Stadt. Alle Glocken läuteten, es wurde gefeiert.

*Java: eine Insel im Indischen Ozean, die heute zu Indonesien gehört

Die VOC

Um Fahrten dieser Art in größerem Umfang zu ermöglichen, schlossen sich die niederländischen Provinzen 1602 zusammen und gründeten die Vereenigde Oostindische Compagnie (VOC). Sie sollte die Fahrten nach Südostasien organisieren. Dafür erhielt sie Geld und ihr wurden große Freiheiten zugestanden. So durfte die VOC im Ausland befestigte Handelsstützpunkte bauen, Verträge mit ausländischen Herrschern abschließen und Soldaten anwerben. Das war auch nötig, damit sie sich gegen ihre größten Konkurrenten, die Engländer, zur Wehr setzen konnte.

In den Niederlanden wurden nun Hunderte von Schiffen gebaut. Die „Fleute", wie der Schiffstyp hieß, erwies sich bald als den Schiffen der anderen Nationen überlegen. Sie konnte mehr Ladung aufnehmen, und das bei geringerem Tiefgang. Das war in der Inselwelt der Südsee ein großer Vorteil. Zudem kam die Fleute mit einer kleineren Mannschaft aus als andere Schiffe.

Die enormen Gewinne lockten aber nicht nur diejenigen, die die Fahrt organisierten, sondern auch andere, die die Expeditionen mit ihrem Geld unterstützten. Denn es wurde vertraglich festgelegt, dass jeder Niederländer Anteile an den Handelsfahrten erwerben konnte. Die eingezahlten Geldbeträge wurden beurkundet. Entsprechend dieser Einlage erhielten Einzelne bei der Rückkehr der Schiffe Anteile am Gewinn. Sank ein Schiff oder wurde es gekapert, so war der Einsatz verloren. Das sind Vorformen der Aktien, wie wir sie heute kennen. Für etwa hundert Jahre wurden die Niederlande auf diese Weise zur führenden Handelsmacht in Europa.

Unabhängigkeitskrieg!

Das alles geschah, während sich die Niederlande im Krieg befanden – einem Krieg, der das Land spaltete: Zur Zeit der ➤ Reformation hatte sich die neue, protestantische Glaubensrichtung vor allem in den nördlichen Provinzen stark verbreitet. Die Menschen verlangten zunehmend religiöse Freiheit. Damit gerieten sie um 1570 in Konflikt mit ihrem katholischen König Philipp II., der die Gegenreformation anführte. Philipp II. war Spanier. Wie schon seine Vorfahren herrschte er auch über die Niederlande.

Um den ➤ Protestantismus einzudämmen, versuchte die spanische Regierung nun, die

M 1 Ein nachgebautes niederländisches Handelsschiff. Im Schifffahrtsmuseum Amsterdam kann es besichtigt werden.

Wirtschaft der Niederlande zu schwächen und religiösen Zwang auszuüben. Das hatte dazu geführt, dass sich die nördlichen Provinzen 1581 als „Vereinigte Niederlande" für unabhängig erklärten und Philipp II. als König nicht mehr anerkannten.

Es kam zum Krieg: Unter der Führung Wilhelms von Oranien leisteten die Niederländer den eigentlich überlegenen Spaniern Widerstand. Diesen gelang es aber, die südlichen Niederlande – in etwa das heutige Belgien – mit den Städten Antwerpen und Brügge für sich zu behaupten. 1609 kam es zu einem Waffenstillstand mit dem Norden, in dem Philipp II. die Selbstständigkeit der „Vereinigten Niederlande" anerkannte.

Das „goldene Zeitalter"

Nun begann dort eine Zeit des wirtschaftlichen Aufschwungs. In Übersee – in Südostasien wie auch in Nordamerika – bauten die Niederländer ein Kolonialreich auf. Davon profitierten vor allem die Kaufleute in den Städten. Die Stadt Amsterdam wuchs zu einer großen Metropole heran, ihr Hafen war der größte der damaligen Welt. Wohlhabende Bürger zeigten ihren Reichtum dadurch, dass sie Kostbarkeiten sammelten und Gemälde in Auftrag gaben. Dadurch verhalfen sie auch der Malerei zu einem „goldenen Zeitalter". Zudem hatte die Bildung – auch für Mädchen – einen hohen Stellenwert in der Gesellschaft. Niederländische Frauen galten als die belesensten in Europa.

Ausdruck dieser Entwicklung ist ein gewaltiger Bau im Zentrum Amsterdams, das Rathaus. Es wurde zwischen 1648 und 1665 errichtet. Heute dient es als Schloss. Wer es betritt, kommt über eine Treppe in einen großen Saal, den Bürgersaal. Groß und lichtdurchflutet überwältigt er den Besucher. Der Blick wird über die ganze Länge des Saales auf die Rückseite gezogen. Dort ist eine Figur zu erkennen, die die Gerechtigkeit verkörpert: Justitia. Darüber eine Atlas-Figur*, die den Sternenhimmel trägt. Richtet man den Blick auf den Boden, so sieht man, dass in den Marmor Weltkarten eingelassen sind. Offenheit, Gerechtigkeit und der Anspruch, die Weltmeere zu beherrschen, werden hier ins Bild gesetzt. Dieses Rathaus war über viele Jahre das Zentrum einer Weltmacht.

M2 *Blick in den Bürgersaal des ehemaligen Amsterdamer Rathauses*

* Atlas: in der griechischen Sagenwelt ein Riese, der den Himmel stützt

ⓘ ***Ein Spanier als niederländischer König?*** *Die Urgroßmutter von Philipp II., Maria von Burgund, hatte den Herrschaftsanspruch an den Niederlanden an ihren Ehemann Maximilian aus der kaiserlichen Familie der Habsburger übertragen. Sie hatten einen Sohn, der ebenfalls Philipp hieß und „der Schöne" genannt wurde. Dieser wiederum heiratete eine spanische Prinzessin und wurde König von Spanien. Damit war er der erste, der zugleich über die Niederlande und über Spanien herrschte.*

VERTIEFUNG

M3 Der niederländische Raum um 1600

 Der Fürst und das Volk

Aus der Unabhängigkeitserklärung der niederländischen Generalstände*, Juli 1581:

Ein Volk ist nicht wegen des Fürsten, sondern ein Fürst um des Volkes willen geschaffen, denn ohne das Volk wäre ja kein Fürst. Er ist dazu vorhanden, dass er seine
5 Untertanen nach Recht und Billigkeit regiere und sie liebe, wie ein Vater seine Kinder, dass er treu walte, wie ein Hirt über seine Herde. Behandelt er sie aber nicht so, sondern bloß wie Sklaven, dann
10 hört er auf, ein Fürst zu sein, und ist ein Tyrann [ein Unterdrücker]. [...]

* Generalstände / Ständeversammlung: Versammlung von Vertretern aus Adel, Geistlichkeit und Bürgertum. Sie erhob den Anspruch, das niederländische Volk zu vertreten.

Unter dem Vorwand der Religion hat der König von Spanien hier eine Tyrannei einzurichten versucht [...]. Und so erklärt
15 denn die Ständeversammlung* jetzt den König von Spanien verlustig jeden Anspruchs auf die Herrschaft in den Niederlanden, sie erkennen ihn von nun an nicht mehr als Landesherrn an, sie ent-
20 binden hiermit alle Amtleute, Obrigkeiten, Herren, Vasallen und Einwohner von ihrem Eid des Gehorsams und der Treue, den sie Philipp II. von Spanien geleistet haben.

Zitiert nach: Georg Webers Allgemeine Weltgeschichte, Bd. XI, 1886, S. 630 (bearbeitet)

 Niederländische Eigenarten

Der Bericht des Engländers Feltham aus dem Jahr 1662 ist eine von vielen Darstellungen, die Ausländer von den Niederlanden gaben:

Die Leute sind allgemein bäurisch, aber es ist niemand darunter, aus dem sich nicht ein Staatsmann machen ließe [...].
Ihr Land ist der Gott, den sie verehren.
5 Krieg ist ihr Himmel. Frieden ist ihre Hölle und der Spanier der Teufel, den sie hassen. [...]
Sie geben gute Richter ab, denn sie respektieren weder Person noch Erschei-
10 nung. Ein Bauer in seinem beschmierten Kittel wird so gut bedient werden wie ein Höfling in seinem Putz, nein besser noch, denn der, der nur vornehm ist, ist bei ihnen wie ein Falke im Winter unter Krä-
15 hen. Darüber staunen sie und sind neidisch, aber sie verehren so einen Anblick nicht.
Doch fürwahr, mit einem silbernen Haken kann man diese Fische sofort fangen,
20 da ihnen die Liebe zum Gewinn so natürlich ist wie das Wasser für die Gans oder das Aas für den Geier. Sie werden selten betrogen, denn sie trauen niemandem.

O. Feltham: A Brief Character of the Low Countries, London 1662. S. 48 f. (bearbeitet)

M 6 *Ein Amsterdamer Bürgerhaus des 17. Jahrhunderts als Puppenstube. Rijksmuseum Amsterdam*

1. Arbeite aus der Quelle die Begründung für die Unabhängigkeit der nördlichen Niederlande heraus. Nimm dazu Stellung, ob du sie berechtigt findest.

2. Die Häuser der Niederländer wirkten nach außen bescheiden. Ihr Wohlstand zeigt sich erst im Innern. Untersucht die Abbildung M 6 in Partnerarbeit, indem ihr klärt, welche Funktion die Zimmer haben. Beurteilt dann, ob sich darin Wohlstand zeigt. Berücksichtigt auch die Rolle des Gesindes.
Tipp: Seite 169

3. Nehmt an, dass ihr über eine größere, aber nicht enorme Summe Geldes verfügt. Entwickelt ein kurzes Rollenspiel, in dem ihr ein Gespräch darüber führt, ob es sinnvoll ist, dieses Geld in der VOC anzulegen.
Tipp: Seite 169

4. Die niederländischen Bürger werden durch einen Engländer charakterisiert. Untersucht die Quelle M 5 in Partnerarbeit auf negative und positive Aspekte. Beurteilt anschließend, ob der Autor eher bewundernd oder ablehnend zu den Niederländern steht.

+ Untersuche den Verfassertext auf Inhalte, die bereits in anderen Kapiteln auch angesprochen werden.

Spätes Mittelalter oder frühe Neuzeit?

1. Wann endete das Mittelalter? Prüfe die folgenden Hinweise zu historischen Entwicklungen, die den Übergang vom Mittelalter zum nächsten Zeitabschnitt der Geschichte, der Neuzeit, kennzeichnen könnten.
a) Entscheide dich für eine dieser Entwicklungen.
b) Diskutiere mit deinem Partner oder deiner Partnerin, das Ergebnis, zu dem du gekommen bist.

Entdeckungen

Die „Entdeckung" Amerikas 1492 veränderte das Weltbild der Menschen grundlegend. Allerdings hatten die Wikinger den Kontinent schon im Jahr 1001 unter Leif Eriksson als erste Europäer „entdeckt" und dort eine Siedlung gegründet. Diese haben sie allerdings später wieder aufgegeben. Und der Kaufmann Marco Polo war im 13. Jahrhundert nach eigenen Angaben bis nach China gereist.

Buchdruck

Der aus Mainz stammende Johannes Gutenberg erfand Mitte des 15. Jahrhunderts den Buchdruck mit beweglichen Lettern. Bis dahin wurden in Europa Bücher vor allem mit der Hand abgeschrieben. Durch das neue Verfahren verbilligte und beschleunigte sich der Buchdruck. Viel mehr Menschen als vorher konnten sich jetzt Bücher leisten und sie lesen. Die Möglichkeit, dass mehr Menschen Bildung erhielten, stieg. Diese Form des Buchdrucks war in ähnlicher Form auch in China und Korea bekannt.

Reformation

Der Anspruch der katholischen Kirche, allein zu bestimmen, welcher Glaube der richtige sei, wurde immer wieder bestritten. Im 13. Jahrhundert gründete der italienische Adlige Franziskus von Assisi mit seiner Schwester einen Bettelorden, die Franziskaner. Damit protestierten sie gegen weltlichen Luxus, auch in der Kirche. Der Orden wurde 1223 von der Kirche anerkannt. Der tschechische Reformator Jan Hus dagegen wurde 1415 hingerichtet. Martin Luther gelang schließlich eine Reformation, die 1555 im Augsburger Religionsfrieden anerkannt wurde.

Handel und Banken

Eigentlich waren Besitz und Reichtum im Mittelalter an Landbesitz gebunden. Allerdings schafften es um 1300 Kaufleute in Italien und in Nordeuropa, zu Reichtum zu gelangen, indem sie Handel trieben. Die Möglichkeit, Geschäfte ohne Bargeld abzuwickeln, beschleunigte die Entwicklung. Die Kaufleute legten ihr Geld in Großbetrieben oder im Verlagswesen an, in denen Produkte hergestellt wurden, die sie dann verkauften.

Hörigkeit

Etwa zwischen 800 und 1000 n. Chr. setzte sich überall in Europa die Grundherrschaft durch: Bauern arbeiteten als Hörige auf dem Land der Grundherren. Die Grundherrschaft wurde 1789 – nach der Französischen Revolution – in vielen Ländern aufgehoben. In manchen Ländern, wie in Russland, hielt sie sich aber noch bis Anfang des 20. Jahrhunderts.

Zeit deuten

Wie ihr merkt, ist es sehr schwierig zu sagen, wann ein Zeitabschnitt – eine Epoche – endet und ein neuer beginnt. Es ist eine Frage der Deutung: Man muss entscheiden, welche Entwicklungen man hier für besonders wichtig hält.

Genauso schwer, wie das Ende des Mittelalters zu bestimmen, ist es, seinen Beginn festzulegen. Kaiser Karl der Große empfand sein Reich als Nachfolger des antiken Roms. Das Beispiel zeigt, wie schwer es für Zeitgenossen ist, sich historisch einzuordnen. Auch wenn man das Gefühl hat, an einem Epochenwandel beteiligt zu sein, muss das nicht mit dem übereinstimmen, was spätere Generationen festlegen.

Zeit messen

Leichter ist es da schon, die Zeit zu messen. Das erfolgt, wie wir wissen, mittels Uhr und Kalender. Doch auch hier wirkt die Sache einfacher, als sie ist. Unser Kalender besteht erst seit relativ kurzer Zeit und andere Kulturen haben ganz andere Zeitrechnungen als wir entwickelt.

Das Bedürfnis, die Zeit zu messen und sich in ihr zu orientieren, entstand aus der Beobachtung der Natur. Schon in der Steinzeit bemerkten Menschen, dass sich die Jahreszeiten in bestimmten Abständen wiederholen. Bald erkannte man, dass es zum Überleben wichtig ist zu wissen, an welchem Punkt dieser Abläufe man sich gerade befindet. Dadurch konnte man z. B. den richtigen Zeitpunkt für die Aussaat bestimmen.

Als die Menschen vor vielen tausend Jahren erste Kalender entwickelten, orientierten sie sich dabei entweder am Stand der Sonne oder am Stand des Mondes. Deshalb spricht man von Solar- und Lunarkalendern – von lateinisch „sol" für Sonne und „luna" für Mond.

In islamischen Ländern gibt es einen Lunarkalender, der sich also an den Mondphasen orientiert. Das Jahr hat dort etwas mehr als 354 Tage. Unser Kalender dagegen ist ein Solarkalender. Es hat genau 365 Tage, 5 Stunden und 49 Minuten. Nach unserem Kalender ist deshalb jedes vierte Jahr ein Schaltjahr, in dem der Februar 29 statt 28 Tage hat. Das Schaltjahr geht auf eine Anordnung von Julius Caesar zurück. Im 16. Jahrhundert wurde sie von Papst Gregor XIII. noch einmal korrigiert. Bei unserem Kalender sprechen wir deshalb vom „gregorianischen Kalender".

Wo beginnt die Zeitzählung?

Für den Historiker sind Kalender wichtig, um genau festzulegen, in welcher Reihenfolge bestimmte Ereignisse abgelaufen sind. Wie die Jahre gezählt werden, hängt aber davon ab, wo man den Anfang setzt. Das ist recht willkürlich und funktioniert nur, wenn sich alle an die Abmachung halten.

Wir zählen ab „Christi Geburt". Diese Zählung wurde aber erst 525 nach Christus eingeführt, vorher zählte man die Jahre nach der Gründung der Stadt Rom. Im Islam zählt man die Jahre seit der Auswanderung des Religionsstifters Mohammed aus Mekka nach Medina. Nach dem gregorianischen Kalender war das am 16. Juli 622. Und als nach gregorianischem Kalender das Jahr 2000 begann, zählte der islamische Kalender das Jahr 1420!

M1 Auch in der „Himmelsscheibe von Nebra", die um 1200 v. Chr. entstanden ist, vermuten Wissenschaftler einen Kalender. (Mehr dazu erfährst du z. B. auf www.kinderzeitmaschine.de)

SELBSTÜBERPRÜFUNG

Wenn du die vorangegangenen Seiten bearbeitet hast, solltest du folgende Aufgaben lösen bzw. Fragen beantworten können. Schreibe die Lösungen in dein Heft. Ob du richtigliegst, erfährst du auf Seite 176.

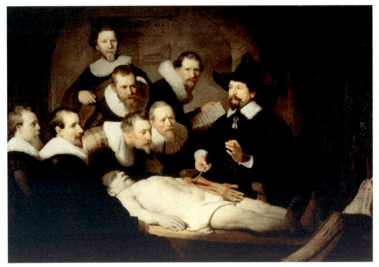

M1 Rembrandt van Rijn: Die Anatomievorlesung des Dr. Tulp, 1632. Ölfarben auf Leinwand, 169 x 216 cm. Mauritshuis, Den Haag

M3 Ausschnitt aus einem Holzschnitt, der um 1500 verbreitet wurde

 Bildung

Der Geistliche Aeneas Silvius schrieb 1450:

Was ist der Mensch ohne Bildung, und mag er noch so reich und mächtig sein! Welchen Unterschied gibt es zwischen einem bildungslosen Menschen und einem Standbild aus Stein? Kein Herzog, kein König, kein Kaiser hat ohne wissenschaftliche Bildung Wert und Bedeutung.

Zitiert nach: W. Kleinknecht u. a.: Materialien für den Geschichtsunterricht 4, 1963, S. 9

 **Ein Irrtum?**

Kaiser Karl V. sagte 1521 auf dem Reichstag in Worms:

Es ist sicher, dass ein einzelner Mönch in seiner Meinung irrt, wenn diese gegen die der ganzen Christenheit steht, wie sie seit mehr als tausend Jahren gelehrt wird, denn sonst hätte ja die ganze Christenheit heute und immer geirrt.

Zitiert nach: H. Soly (Hg.): Karl V., 2003, S. 300 (bearbeitet)

---

1. a) Beschreibe die Abbildung M1.
   b) Erkläre: Was hat das Bild mit der neuen Denkweise zu tun, die um 1500 entwickelt wurde?

2. a) Formuliere in eigenen Worten, worin der Verfasser von M2 die Folgen der Bildung sieht.
   b) Erkläre, welcher Denkrichtung Aeneas Silvius zuzuordnen ist.
   c) Nimm Stellung zu dem Urteil, das Silvius im letzten Satz formuliert.

3. Erkläre, was auf dem Holzschnitt M3 dargestellt ist. Was bedeutete das Motiv für die Menschen um 1500?

4. a) Auf wessen Lehre bezieht sich Kaiser Karl V. in der Aussage M4?
   b) Nenne wenigstens zwei Merkmale der Lehre, um die es hier geht.
   c) Nimm zum Argument Karls V. kurz Stellung.

ZUSAMMENFASSUNG

Ein neues Menschenbild – ein neuer Glaube

Im 15. Jahrhundert ging das ▸ **Mittelalter** allmählich in die ▸ **Neuzeit** über. Veränderungen in vielen Lebensbereichen kennzeichnen diese Zeit. Gelehrte kamen zu der Überzeugung, dass man die Welt nach menschlichem Maß gestalten könne (▸ **Humanismus**). Das Bild der Europäer von der Welt änderte sich allmählich. Dabei orientierte man sich an den Ideen der Antike und ließ diese wieder aufleben (▸ **Renaissance**). Um ihre Geisteshaltung zu verbreiten, setzten sich die Humanisten dafür ein, die **Schulbildung** auszubauen.

Von großer Bedeutung wurde die **Erforschung der Natur**. Viele neue Erkenntnisse wurden gewonnen. So entdeckte **Nikolaus Kopernikus**, dass die Erde sich um die Sonne bewegt, nicht umgekehrt. Sein **heliozentrisches Weltbild** wurde aber lange abgelehnt, weil es dem geozentrischen Weltbild widersprach, das die Kirche für gültig hielt.

Auch die Wirtschaft, insbesondere der **Handel**, erfuhr einen lebhaften Aufschwung. Kaufleute entwickelten neue Geschäftsmethoden, die heute noch Teil unseres Alltags sind. Sie erfanden zum Beispiel den bargeldlosen Geldverkehr.

Zugleich aber war die Zeit um 1500 eine Zeit der **Ängste**: Die meisten Menschen lebten unter ärmlichen Verhältnissen. Ihre Lebenserwartung war nicht hoch. Vor allem fürchteten sie sich davor, nach dem Tod nicht das ewige Leben zu erhalten. Die Angst führte in vielen Fällen zu Gewalt gegen Gruppierungen, die von der Gesellschaft ausgesondert wurden, wie ▸ **Juden** oder sogenannte Hexen.

Die **Kirche** verlangte von den Gläubigen fromme Taten. Dazu zählte sie auch den Kauf von sogenannten **Ablassbriefen**. Es wurde behauptet, dass der Kauf eines solchen Briefes die Vergebung von Sünden bewirkt. Der Mönch **Martin Luther** stellte das infrage. In 95 Thesen kritisierte er 1517 den kirchlichen Ablasshandel. Damit wollte er die Kirche zu Reformen veranlassen. Doch Luther löste eine Bewegung aus, die zur Spaltung der Gläubigen in **Katholiken** und **Protestanten** führte (**Reformation**). Die Protestanten wurden vom Kaiser und den katholischen Fürsten bekämpft, sie konnten sich am Ende aber behaupten. Der **Augsburger Religionsfrieden** von 1555 bestätigte die Glaubensspaltung.

Die katholische Kirche begegnete dem Erfolg der Reformation mit eigenen Reformen, man spricht von der **Gegenreformation**. Dabei wurde Luthers Kritik zum Teil aufgegriffen.

- **14.–16. Jahrhundert** Die Antike wird zum Vorbild für eine neue Sicht der Welt: Es ist die Zeit von Renaissance und Humanismus.

- **1348** Etwa ein Viertel aller Europäer stirbt am „Schwarzen Tod". Es kam zu Judenverfolgungen durch Christen.

- **um 1400** Kaufleute gründen Handelsgesellschaften und Banken.

- **1445** Johannes Gutenberg entwickelt den Buchdruck mit beweglichen Lettern (Buchstaben).

- **1453** Osmanische Heere erobern Konstantinopel (Byzanz).

- **1492** Christoph Kolumbus „entdeckt" den amerikanischen Kontinent.

- **1517** Martin Luther veröffentlicht 95 Thesen gegen den Ablasshandel des Papstes und beharrt danach auf seiner Kritik an der Kirche.

- **1519–1556** Regierungszeit Kaiser Karls V.

- **1543** Nikolaus Kopernikus veröffentlicht seine Theorie über das heliozentrische Weltbild.

- **1555** Katholiken und Protestanten schließen den Augsburger Religionsfrieden.

- **1560–1660** Angebliche Hexen werden in ganz Europa verfolgt.

- **1563** Die katholischen Kirche beschließt Reformen.

BLICK IN DIE WELT

Songhai – ein Reich wie aus 1001 Nacht

Es war für die Zeitgenossen, als sei ein Märchen aus 1001 Nacht wahr geworden: Askia Mohammed, der Herrscher über Songhai, reiste 1496 fast durch halb Afrika nach Mekka. Als frommer Muslim hatte er sich auf diese Pilgerreise begeben müssen. Askia wurde von 500 Reitern und 1000 Fußsoldaten begleitet und führte einen Schatz von 300 000 Goldstücken mit sich. Ein Drittel davon verteilte er als Almosen. Zudem kaufte er in Mekka Grundstücke für Pilger. Sein Reichtum schien unerschöpflich. Was hatte ihn so reich gemacht?

Das Reich Songhai, über das Askia herrschte, war ein riesiger Staat im Westen Afrikas. Heute gehört das Gebiet zu den Staaten Mali, Senegal, Gambia und Guinea. Songhai verband Wüste und tropischen Regenwald, im Westen gab es riesige Goldvorkommen, über die der Herrscher verfügte. In der Hauptstadt Gao hielt er prunkvoll und nach festgelegten Ritualen Hof.

Jeder, der sich Askia Mohammed näherte, musste sich niederwerfen und mit Staub bestreuen, so auch Leo Africanus, ein nordafrikanischer Diplomat, der am Hof Askias zu tun hatte. Als Leo Africanus später nach Europa kam, berichtete er dort von seinen Kenntnissen über Songhai: Ähnlich wie Herrscher in Europa zu dieser Zeit hätte Askia ein Berufsheer geschaffen, das den Schutz des riesigen Reiches übernehmen musste und für Eroberungen zur Verfügung stand. Hohe Beamte lenkten in Songhai verschiedene Regionen und Arbeitsbereiche, z. B. als Steuereintreiber oder Verwalter der Wälder.

Die Stadt Timbuktu schilderte der Gelehrte Leo Africanus als Zentrum für Wissenschaften. Er schrieb: „Es gibt in Timbuktu zahlreiche Richter, Doktoren und Priester, die alle vom König sehr gut besoldet werden. Er hält die Literatur sehr in Ehren. Man verkauft auch viele handgeschriebene Bücher, die aus dem Land der Berber kommen. Man zieht mehr Gewinn aus diesem Verkauf als aus dem anderer Waren." An Universitäten wurde das Wissen weitergegeben.

M1 Nach Timbuktu führten wichtige Karawanenstraßen. Dieses Hinweisschild wurde in Marokko fotografiert.

In einer Geschichtsdarstellung aus der zweiten Hälfte des 16. Jahrhunderts wird Timbuktu geradezu wie ein Ideal, ein musterhaftes Vorbild, beschrieben: „Zu jener Zeit hatte Timbuktu unter den Städten der Schwarzen nicht ihresgleichen im Hinblick auf die Beständigkeit ihrer Einrichtungen, die politischen Freiheiten, die Reinheit der Sitten, die Sicherheit von Menschen und Gütern, die Milde und das Mitleid gegen Arme und Fremde, die Liebenswürdigkeit zu Studenten und Wissenschaftlern und den Beistand, der diesen gewährt wird."*

Es war also naheliegend, dass sich fremde Herrscher bemühten, mit diesem Reich in Kontakt zu kommen. So schickte König Johann II. von Portugal, der bis 1495 herrschte, eine Gesandtschaft nach Songhai. In Askia Mohammed vermutete er einen Christen, der den Kampf gegen die Muslime unterstützen sollte. Hier täuschten sich die Portugiesen allerdings.

Unter den Nachfolgern von Askia kam es zu Streitigkeiten. Als im 16. Jahrhundert Stämme aus dem Norden in das Reich eindrangen, konnte ihnen deshalb nur schwacher Widerstand entgegengesetzt werden. Das Songhai-Reich zerfiel.

* Leo Africanus zitiert nach: J. Ki-Zerbo: Die Geschichte Schwarzafrikas, 1981, S. 152 u. 153

> Die **Djinger-ber-Moschee** in Timbuktu wurde 1327 in Lehmbauweise errichtet. Heute gilt sie – neben anderen Moscheen in Mali – als „Weltkulturerbe". Das bedeutet, dass sie als einzigartiges und bedeutendes Bauwerk der Menscheheit verstanden wird und erhalten werden soll. Das Gebäude wurde mit getrockneten Lehmziegeln errichtet. Die Holzbalken, die aus den Turmwänden ragen, dienen nicht nur der Stabilisierung, sondern ermöglichen auch Ausbesserungsarbeiten der Außenwände.

Zum Nachdenken

- Hättest du ein solches Großreich in Afrika erwartet? Begründe, wie du zu deiner Annahme gekommen bist.

M2 Die Djinger-ber-Moschee in Timbuktu. Foto, 2006

Tippkarten

Herrschaft im Mittelalter

Seite 13, Aufgabe 3
Beachte: Die Größe der dargestellten Figuren zeigt auch ihre Bedeutung.

Seite 15, Aufgabe 3
Lies den Abschnitt „Die Kirche stützt das Königtum" noch einmal genau durch. Hier findest du Argumente.

Seite 17, Aufgabe 5
Lies den ersten Absatz der Quelle. Es gab zwei Möglichkeiten, König zu werden. Nenne beide.

Seite 21, Aufgabe 6
Bischöfe, Erzbischöfe und Äbte sind kirchliche Herren. Vergleiche die Anzahl der von ihnen verlangten Panzerreiter mit denen der genannten weltlichen Herren.

Seite 25, Aufgabe 3
Klärt zuerst, wen die Personengruppen links, im Zentrum und rechts darstellen. Lest nach, was im Text (ab Zeile 53) über Hörige steht.

Seite 27, Aufgabe 6
Benenne zuerst das Problem des Bauern. Schreibe dann auf, was er wünscht und was er dafür zu geben bereit ist. Überlege, was der Bauer in der letzten Zeile mit „Macht und Schutz" meint.

Seite 27, Aufgabe 7
Berücksichtigt eure Ergebnisse zu den Aufgaben 5 und 6. Überlegt auch, worum sich die beiden beneiden könnten.

Lebensorte im Mittelalter

Seite 39, Aufgabe 2
Gehe in Abschnitten vor: Was steht im ersten, was im zweiten Absatz usw.? Versuche jeweils die wichtige Idee zu benennen.

Seite 41, Aufgabe 2
Schau dir dazu auch die Tabelle auf Seite 40 an. Was bedeutet „Wintergetreide" und „Sommergetreide"? Lies dir nun noch einmal den Text durch. In welcher Reihenfolge wird ein Feld bepflanzt?

Seite 43, Aufgabe 2
Zeige ein Foto von der Burg, z. B. mit einem USB-Stick oder als Ausdruck. Erkläre die Anlage der Burg. Entspricht sie der im Text vorgestellten? Versuche zu klären, ob durch Restaurierungen viel verändert wurde.

Seite 45, Aufgabe 3
Ein Vorschlag für eine Tabelle:

	Dorfleben	Burgleben
Unterkunft		
Lebensweise		
Ernährung		
Werkzeuge		

Seite 49, Aufgabe 5
Einigt euch als Erstes darüber, welche Meinung die beiden Männer vertreten. Lest dafür M5 und M6 gründlich durch. Jetzt stellt die beiden Meinungen einander gegenüber. Wodurch unterscheiden sie sich? Meint ihr, dass einer von den beiden Recht hat?

Seite 53, Aufgabe 3. b)
Überlege, welche Bereiche du für dein Leben für notwendig hältst. Lies nun noch einmal den Text auf Seite 51. Bedenke, was besonders am Leben eines Mönches ist.

Seite 55, Aufgabe 2
Lest die Quellen gründlich und klärt unbekannte Begriffe. Arbeitet dann gemeinsam heraus, welche Auffassungen die beiden Frauen vertreten. Wodurch unterscheiden sich diese Auffassungen? Sucht Argumente für beide Seiten.

Seite 57, Aufgabe 2
Ordne deine Stichworte aus Aufgabe 1 in Form einer Tabelle und ergänze in der Spalte zum Dorf dein Vorwissen (Seiten 36–39).

	Stadt	Dorf
Befestigung		
öffentliche Gebäude		
Wohngebäude		
...		

Seite 61, Aufgabe 2
Listet zunächst alle Aktivitäten der Zünfte auf. Fasst sie dann zu Lebensbereichen zusammen. Bedenkt bei der Übertragung auf die heutigen Verhältnisse, dass für manche dieser Lebensbereiche in unserem Alltag mehrere Personen oder Einrichtungen zuständig sein können. Manche Aktivitäten spielen heute vielleicht gar keine Rolle mehr.

Seite 65, Aufgabe 2
Sieh dir noch einmal deine Arbeitsergebnisse der Aufgaben von Seite 39 an.

Seite 65, Aufgabe 3
Deine Tabelle könnte so aussehen:

	Oberschicht	Mittelschicht	Unterschicht
Zugehörige			
Wohnung			
Rechte			
...			

Seite 67, Aufgabe 6. a)
Bedenke die Folgen für arme Menschen, die sich für Kleidung verschuldeten. Welche Möglichkeiten hätten sie gehabt, ihre Schulden loszuwerden?

Seite 67, Aufgabe 6. b)
Zur Oberschicht gehören z. B. Unternehmer, aber auch Mitglieder von Königshäusern und Musik-, Schauspiel- und Fußballstars.

Seite 68, 1. Runde
Bereitet euren Kurzvortrag vor, indem ihr gemeinsam Themenkarten zu den wichtigsten Punkten formuliert.

Seite 69, Aufgabe 2
Die Maßnahmen können das Handeln der Menschen wie auch Baumaßnahmen betreffen.

Seite 70, Aufgabe 3
Bedenkt, dass die Menschen früher weniger Erkenntnisse über die Notwendigkeit von Hygiene hatten. Es gibt aber auch Benimmregeln, die einfach dem Zeitgeschmack entsprechen.

Seite 75, Aufgabe 1
Es sind unterschiedliche Paarungen möglich. Wichtig ist, dass ihr eure Zuordnung begründen könnt.

Menschen reisen – Menschen begegnen sich

Seite 83, Aufgabe 1
Gehe in folgender Reihenfolge vor:
- Bestimme den Maßstab für die Zeitleiste. Errechne dafür, wie der Zeitraum von 2000 v. Chr. bis 400 n. Chr. abgebildet werden kann.
- Trage die genannten Jahreszahlen ab.
- Ordne ihnen in Stichworten die wichtigsten Informationen zu.

2000 v. Chr.　1200 v. Chr.　600 v. Chr.　0　70　400

Seite 85, Aufgabe 2
Beim Lesen des Textes auf Seite 84 denke darüber nach, welche der geschilderten Beziehungen eher für ein friedliches Zusammenleben und welche eher für Probleme zwischen Juden und Christen sprechen. Erstelle eine Tabelle:

friedliche Beziehungen	problematische Beziehungen
gemeinsame Verteidigung der Stadt	kein Bürgerrecht
...	...

Seite 89 Aufgabe 4. b)
- Was kannst du dem Kalifen über Sorgen von „Dhimmis" berichten?
- Hast du einen anderen Vorschlag, wie die muslimische Bevölkerung mit Juden und Christen zur Bewahrung des Friedens im Herrschaftsgebiet des Kalifen umgehen sollte?

Seite 91, Aufgabe 2
Du kannst deine Checkliste nach Ort und Zeit anlegen:
- Vor der Abreise
- Auf der Reise
- Am Ziel

Berücksichtige dabei auch die Informationen, die dir der Text auf Seite 90 bietet.

Seite 93, Aufgabe 1. c)
Verwendet für die Rolle des Richer auch die Ergebnisse aus Aufgabe 1. a). Überlegt, woran der Mönch interessiert sein könnte (z. B. den Grund der Reise). Denkt euch einen passenden Einstieg in das Gespräch und einen Schluss aus.

Seite 95, Aufgabe 1
Um deine Ergebnisse im Heft übersichtlicher zu gestalten, kannst du sie in voneinander abgetrennten Feldern („Ereigniskarten") notieren. Schreibe über jedes die passende „W-Frage" (z. B.: Wann? Wo? Wer war beteiligt?).

Seite 97, Aufgabe 2. b)
Konzentriere dich beim Lesen des Textes auf Seite 94 darauf, warum der oströmische Kaiser den Papst um Hilfe bittet und warum der Papst sich entschließt, ihn zu unterstützen. Schreibe dazu Stichworte auf. Vergleiche diese Ergebnisse dann mit den Ergebnissen aus Aufgabe 2. a).

Seite 99, Aufgabe 1. a)
Finde Begriffe, die verschiedene Tätigkeiten des menschlichen Lebens meinen und die sich unter jüdischem oder muslimischem Einfluss besonders entwickelten.

Die Zeit der Entdeckungen

Seite 107, Aufgabe 2
Bedenke dabei, in welcher Richtung Afrika umfahren wird.

Seite 115, Aufgabe 2. b)
Kennzeichen einer Hochkultur sind z. B.: Arbeitsteilung durch verschiedene Berufsgruppen, Städte, Steuersystem, Schrift, Großbauten, Kunst.

Seite 115, Aufgabe 2. c)
Informiere dich dazu über die geografischen Gegebenheiten wie Berge, Wüsten etc.

Seite 119, Aufgabe 3. c)
Fertige eine Tabelle an, die aus zwei Spalten und drei Zeilen besteht. Schreibe zunächst die Einzelheiten aus dem Darstellungstext auf, dann daneben die Informationen aus der Quelle. In einer Zeile darunter formuliere, wie dein Eindruck ist, den du durch die Texte erhältst.

Darstellung	Quelle
Informationen:	Informationen:
Eindruck:	Eindruck:

Seite 121, Aufgabe 1
Beim Beschreiben kannst du die Länge der Säulen und die zugeordneten Zahlenwerte für eine Region vergleichen. Du kannst aber auch eine Tendenz für die Gesamtentwicklung feststellen.

Ein neues Menschenbild – ein neuer Glaube

Seite 131, Aufgabe 4
Beziehe dich dabei auf den Darstellungstext und auf das Kapitel „Der Mensch – neu gesehen".

Seite 139, Aufgabe 2
Die Ergebnisse können in verschiedenen Farben (Handlungen aus Angst – Handlungen, die aus den Verhältnissen entstehen) in eine Tabelle eingetragen werden. Du kannst sie aber auch als Mindmap darstellen.

Seite 139, Aufgabe 3
Zu denken wäre z.B. an Seuchen wie AIDS oder Ebola. Informationen darüber findest du z.B. unter der Internetadresse kinder.ksta.de.

Seite 141, Aufgabe 1
Auf christlichen Friedhöfen werden die Gräber z.B. meist nach einiger Zeit eingeebnet. Menschen bringen häufig Blumen mit zum Grab.

Seite 141, Aufgabe 2. c)
Zu denken wäre hier z.B. an Brandanschläge auf Wohnungen für Asylsuchende.

Seite 145, Aufgabe 2
Von besonderer Bedeutung sind die osmanischen Eroberungen in der Nähe Österreichs und Ungarns. Vergleiche die Jahreszahlen.

Seite 149, Aufgabe 2
Um zu bestimmen, was der Dudelsack-Kopf bedeuten könnte, kannst du die Abbildung vergleichen mit M2 auf Seite 147.

Seite 153, Aufgabe 2
Beachte, was den Visitatoren wichtig erschien. Überlege auch, worauf sie z.B. nicht achteten.

Seite 159, Aufgabe 2
Erklärt, wofür die Zimmer dienten und wie sie eingerichtet waren. Überlegt, ob auch die Kleidung berücksichtigt werden sollte oder nicht.

Seite 159, Aufgabe 3
Lest dazu im Textabschnitt „Die VOC" auf Seite 156 nach.

Methoden zum Umgang mit Materialien

Textquellen verstehen und erschließen

Um Textquellen (wie Berichte, Briefe, Urkunden, Verträge, Inschriften) zu verstehen, solltest du sie nach folgenden Schritten untersuchen:

- **Schritt 1: Erfasse den Inhalt des Textes.**
  a) Wovon berichtet der Text? Benenne das Thema des Textes. Achte dazu auf die Überschrift und die Einführung. Oft werden darin Personen, Orte, Daten und Handlungen genannt.
  b) Lies den Text Satz für Satz und mach dir den Inhalt klar. Dabei ist wichtig, unbekannte Begriffe zu kären.
  c) Achte nun auf Sinnabschnitte. Versuche, Überschriften dafür zu formulieren. Welches Thema steht jeweils im Mittelpunkt dieser Abschnitte?
  d) Gib dann den Inhalt der Quelle in eigenen Worten wieder.

- **Schritt 2: Beachte den Autor. Ermittle seine mögliche Absicht und seine Glaubwürdigkeit.**
  a) Informiere dich über den Verfasser der Quelle. (Wo und wann lebte er? Welchen Beruf und welche gesellschaftliche Stellung hatte er?)
  b) Wenn möglich, beachte: Woher hat der Verfasser seine Kenntnisse? (Z. B. aus eigener Anschauung, durch mündliche Überlieferungen, von anderen Autoren?)
  c) Gibt der Autor sein Thema sachlich wieder? Findest du literarische Ausschmückungen oder Übertreibungen im Text? Achte auf die Wortwahl.
  d) Um die Aussagen des Quellentextes beurteilen zu können, solltest du zusätzlich etwas darüber wissen, an wen der Autor sich wendete (Adressat). Nun kannst du einschätzen, welche Absicht der Autor mit seinem Text verfolgte.

Bilder untersuchen und deuten

Bilder (z. B. Gemälde, Zeichnungen, Holzschnitte, Vasenbilder) können zum einen darüber Auskunft geben, was Menschen zu früheren Zeiten wichtig und „bildwürdig" war. Sie können zum anderen aber auch Auskunft über das Alltagsleben (z. B. über Haushalt und Kleidung) geben. Folgende Schritte helfen, Bildern Informationen zu entnehmen:

- **Schritt 1: Achte auf den ersten Eindruck, den das Bild auf dich macht.**
  Wie wirkt es auf dich? Welche Einzelheiten fallen dir auf?

- **Schritt 2: Beschreibe das Bild genau.**
  Benenne die Figuren und ihre Handlungen. Gehe auf den Ort ein. Versuche, genau zu sein, damit du nichts übersiehst, was später für die Deutung wichtig ist.

- **Schritt 3: Untersuche, wie das Motiv dargestellt wurde.**
  Beachte z. B.: Was ist im Vorder-, Mittel- und Hintergrund platziert? Wird ein Bildbereich besonders hervorgehoben, z. B. durch Licht und Schatten oder durch den Blickwinkel, aus dem er gezeigt wurde? Wie wirkt die Darstellung auf dich (ruhig – unruhig, chaotisch, ...)

Bei manchen Bildern eignet sich ein Fünf-Sinne-Check (Seite 37) anstelle der Schritte 2 und 3!

- **Schritt 4: Stelle die Bedeutung heraus.**
  Achte darauf, ob Zeichen (Symbole) eingesetzt wurden. Gegenstände können z. B. auf Vereinbarungen oder Regeln hinweisen (wie im Sachsenspiegel). Aber auch unterschiedliche Größen von Figuren, ihre Körperhaltung und Kleidung können symbolisch gemeint sein. So werden in ägyptischen oder mittelalterlichen Bildern wichtige Figuren meistens größer dargestellt als weniger bedeutende Figuren.
  Um besondere Bedeutungen zu verstehen, brauchst du Zusatzinformationen. Bei manchen Bildern findest du sie in der Bildunterschrift.

Eine Geschichtskarte untersuchen

Entwicklungen, die sich in bestimmten Gebieten – wir sprechen von „Räumen" – abgespielt haben, können in Geschichtskarten dargestellt werden. Um eine Karte zu verstehen, helfen folgende Schritte:

- **Schritt 1: Benenne die Bestandteile der Karte.**
  Die Über- oder Unterschrift nennt das Thema der Karte. Um die Ausdehnung des Gebietes zu bestimmen, sieh dir den Maßstab der Karte an. mach dir klar, wofür die in der Legende aufgeführten Symbole und Flächenfarben verwendet werden.

- **Schritt 2: Bestimme die Art der Karte.**
  a) Handelt es sich z. B. um eine politische Karte oder eine Wirtschaftskarte?
  b) Wird ein Ist-Zustand oder eine Entwicklung dargestellt? Im zweiten Fall spricht man von einer dynamischen Karte.

- **Schritt 3: Kläre, worüber die Karte Auskunft gibt.**
  Für Fortgeschrittene: Bedenke, dass eine Karte immer auf der Grundlage ausgewählter Informationen entsteht. Nicht alle bekannten Erkenntnisse, die zu einem Sachverhalt zusammengetragen wurden, können in eine Karte einfließen. Du kannst also auch danach fragen, worüber die Karte *keine* Auskunft gibt.

Eine Sachquelle untersuchen

Gegenstände, die früher gebraucht wurden und die wir heute gefunden haben, nennen wir **Sachquellen**. Das können z. B. Spielzeuge, Werkzeuge, Kleidung oder Münzen sein. Weil Fundstücke aber meist nicht in den Zusammenhängen auftauchen, in denen sie früher gebraucht wurden, ist oft schwer zu erkennen, was sie uns „erzählen" könnten.

- **Schritt 1: Betrachte den Gegenstand genau.**
  Um die Besonderheit eines Fundstücks zu erkennen, kann es auch helfen, den Gegenstand zu messen, zu wiegen oder sogar zu zeichnen, da man beim Zeichnen ganz genau hinsehen muss.

- **Schritt 2: Überlege,** wofür der Gegenstand wohl gebraucht wurde.
  Wie funktionierte er? In welchen Lebenszusammenhängen wurde er eingesetzt, z. B. bei der Jagd, im Haushalt, bei der Feldarbeit, bei Begräbnissen oder zum Spielen.

- **Schritt 3: Frage zum Schluss, was der Gegenstand über die Vergangenheit verrät.**

Ein Schaubild auswerten

In einem Schaubild werden komplizierte Zusammenhänge, z. B. Machtverhältnisse, mithilfe von Zeichen und Stichworten dargestellt. Um ein Schaubild auszuwerten, ist es notwendig, die Zeichen zu verstehen und ihre Anordnung zu deuten:

- **Schritt 1: Benenne die Elemente des Schaubildes und ihre inhaltliche Bedeutung.**

- **Schritt 2: Beschreibe, wie die Elemente zueinander angeordnet sind und erkläre, welche Beziehungen dadurch deutlich werden.**

- **Schritt 3: Formuliere zusammenfassend die Kernaussage des Schaubildes.**

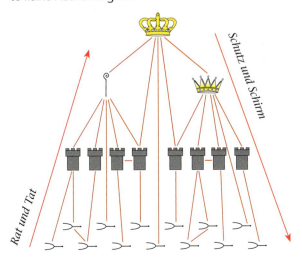

Arbeitsweisen für den Unterricht

Ein Cluster erstellen

Das Wort Cluster (englisch, sprich: „Klaster") bedeutet Anhäufung oder Bündel. Ein Cluster ist geeignet, um eine Begriffssammlung zu erstellen, und kann helfen, Ordnung in Gedanken zu bringen. Um ein Cluster anzulegen, gehst du folgendermaßen vor:

- Du nimmst ein leeres Blatt, am besten im Querformat, und schreibst einen Begriff oder einen Satz in die Mitte des Blattes. Dann ziehst du einen Kreis um den Begriff oder den Satz.
- Du schreibst weitere Begriffe, die zu dem Begriff oder Satz passen, drum herum. Auch ihnen kannst du nun weiter passende Begriffe zuordnen.

Wenn du zusätzlich Verbindungslinien zwischen Begriffen ziehst, die sich aufeinander beziehen, erhältst du eine sogenannte Mindmap (englisch, sprich: „Meindmäp"). Die Abbildung unten zeigt Begriffssammlungen als Cluster (links) und als Minmap (rechts).

Ein Lernplakat gestalten

Lernplakate sind eine Möglichkeit, Gruppenarbeitsergebnisse in übersichtlicher Weise vorzustellen. Dafür benötigt ihr einen Bogen stärkeres Papier im Format A 2, Filzstifte, Schere und Klebstoff. Überlegt zunächst, was die wichtigsten Ergebnisse eurer Arbeit sind. Erstellt dann einen Entwurf für das Plakat auf einem DIN A4-Blatt.

Beachtet bei der Plakatgestaltung folgende Regeln:
- Beschränkt euch auf wichtige Informationen.
- Arbeitet mit Schlüsselbegriffen, Stichworten oder kurzen Sätzen.
- Die Schriftgröße sollte ca. 3 cm betragen.
- Benutzt zeichnerische Elemente, um z. B. Bezüge zu veranschaulichen (Pfeile, Blitz für Konflikt, Krone für Herrschaft o. Ä.). Zusätzlich könnt ihr Bilder oder Zeichnungen verwenden.
- Gestaltet das Plakat sauber und fehlerfrei.
- Setzt am Schluss eure Namen darunter.

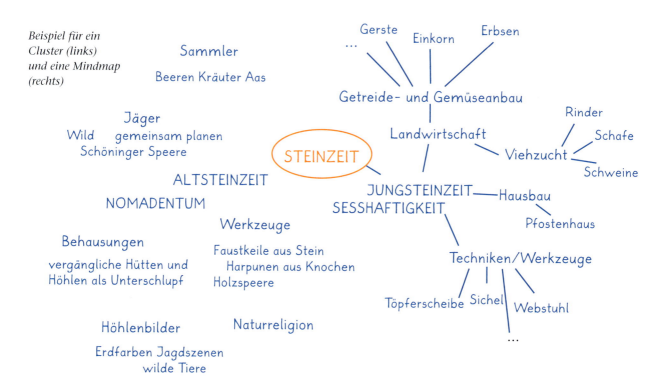

Beispiel für ein Cluster (links) und eine Mindmap (rechts)

Beispiel für eine Plakatgestaltung

Einen Galeriegang machen

Bei einem Galeriegang werden Gruppenarbeitsergebnisse, z. B. Plakate, gemeinsam betrachtet. Die fertigen Plakate werden im Klassenzimmer gut verteilt an der Wand angebracht oder auf Tischen ausgelegt (Tischgalerie).

Nun beginnt der Galeriegang: Mit jeweils einer Person aus jeder Gruppe werden dafür zuerst neue Gruppen gebildet, die dann von Plakat zu Plakat gehen. In jeder Gruppe gibt es daher für jedes Plakat einen Experten, der an der Erstellung beteiligt war und das Plakat erklären kann. So könnt ihr wie bei einer Museumsführung alle Plakate und damit alle Themen kennenlernen und anschließend in der Klasse darüber sprechen.

Arbeitsergebnisse präsentieren

Um Arbeitsergebnisse zu präsentieren, ist etwas Vorbereitung nötig. Mach dir zunächst Stichworte zu den wesentlichen Informationen, die du vortragen willst. Beim Sprechen vor Zuhörenden beachte:
- Nenne zuerst dein Thema.
- Sprich frei und deutlich. Lerne keine vorformulierten Sätze auswendig. Übe, mit einem Stichwortzettel frei zu sprechen.
- Schau deine Zuhörer an.
- Stehe mit beiden Füßen fest auf dem Boden. Wenn du zappelst, sind deine Zuhörer abgelenkt.

Rückmeldungen geben

Mit deiner Rückmeldung (auch: Feedback) teilst du anderen mit, wie gut du ihre Präsentation fandest. Damit die Präsentierenden sie als Hilfe verstehen können, muss sie freundlich formuliert werden. Außerdem muss klar sein, was bewertet wird. Legt daher vorher gemeinsam fest, was wichtig für eine Präsentation ist:

- Zum Inhalt: Ist das Thema klar benannt? Sind die Informationen richtig und ausreichend? Werden Fotos oder Schaubilder in sinnvoller Weise einbezogen und erklärt?
- Zu den Präsentierenden: Sind sie gut vorbereitet? Sprechen sie frei und klar verständlich? Drücken sie sich angemessen aus? Haben sie Blickkontakt zum Publikum?

Mache dir gegebenenfalls schon während der Präsentation oder direkt im Anschluss Notizen auf vorbereiteten Rückmeldungsbogen. Beginne dann mit einer positiven Rückmeldung: „Besonders gelungen ist dir …", „Ich fand gut, dass …". Formuliere Kritik vorsichtig, z. B.: „Ich habe nicht verstanden, warum du (dieses Bild) gewählt hast", oder als konkrete Verbesserungsvorschläge: „Vielleicht könntest du beim nächsten Mal …"

Mögliche Lösungen der Selbstüberprüfungen

Herrschaft im Mittelalter (Seite 28)

1. Das Bild stammt aus dem Sachsenspiegel.
   a) Man sieht links einen Hörigen, rechts einen Grundherrn. Der Hörige übergibt dem Grundherrn etwas – möglicherweise ist es Geld.
   b) Dem Grundherrn gehört das Land, das der Bauer bewirtschaftet. Dafür muss der Bauer Abgaben und Dienste leisten.
   c) Der Grundherr arbeitet nicht selbst auf seinem Land, sondern die Bauern versorgen ihn mit Lebensmitteln und allem, was er braucht. Dafür leistet der Grundherr den Kriegsdienst, von dem der hörige Bauer befreit ist. Der Grundherr hat die Pflicht, die Bauern im Notfall zu schützen.
   d) Die meisten Menschen im Mittelalter lebten als abhängige Bauern. Nur wenige Menschen auf dem Land gehörten der Oberschicht des Adels an. Aber für beide Gruppen war die Grundherrschaft die Grundlage des täglichen Lebens. (Seiten 24–27)

2. (Seite 19)

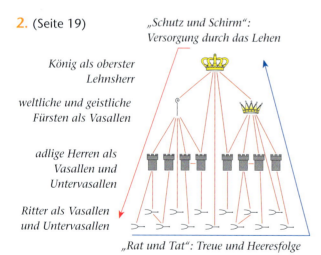

Lebensorte im Mittelalter (Seite 76)

1. a) Es handelt sich um eine Schwertleite. Der zukünftige Ritter ist in der Mitte zu sehen, links von ihm der König, rechts ein Knappe. Der junge Mann wird gegürtet, er erhält vom König das Schwert, vom Knappen die Sporen.
   b) Die feierliche Zeremonie bedeutet die Erhebung des jungen Adligen zum Ritter.
   c) Ein Ritter sollte gut kämpfen können; er sollte hilfsbereit gegenüber Armen und Schwachen sein, gottesfürchtig und höflich, seinem Herrn gegenüber treu und gehorsam. (Seiten 47–49)

2. Deine Antworten sollten sinngemäß aussagen:
   Die meisten Bauern hatten einen Grundherrn, der adlig war. Ihm gehörte das Land.
   Die Hörigen lebten auf dem Land des Grundherrn, das sie bebauten und nicht verlassen durften.
   Die Bauern mussten Abgaben und Dienste leisten. Dazu gehörten der Spann- und der Frondienst.
   Jedes Feld im Dorf wurde in Streifen unterteilt, damit alle Bauer die gleichen Anteile an gutem und schlechtem Boden hatten.
   Im Dorf gab es einen Meier, der die Feldarbeit organisierte und dafür sorgte, dass jeder sich an die Abmachungen hielt.
   Bauern bearbeiteten ihre Felder mit einfachen Werkzeugen (Hakenpflug, Sichel) und der Zugkraft von Ochsen. Erst später setzte sich der Räderpflug durch. (Seiten 36–41)

3. Das Leben im Kloster sollte ein Leben in Enthaltsamkeit sein. Es beruhte auf den Regeln des Benedikt von Nursia: Gehorsam gegenüber dem Abt, Armut, Zölibat waren wichtig. Müßiggang war nicht erlaubt, stattdessen sollten die Mönche und Nonnen regelmäßig beten und arbeiten (in Bibliotheken, Schreibstuben, Werkstätten und auf dem Feld). Der Tagesablauf war genau festgelegt. (Seiten 50–53)

4. a) Ein Leibeigener erlangt die Freiheit, wenn er ein volles Jahr in der Stadt lebt, ohne von seinem Herrn zurückgerufen zu werden.
   b) Alle Einwohner leben und arbeiten in der Stadt. Sie stehen unter dem Schutz der Stadtregierung. Für sie gilt das Stadtrecht und sie müssen Steuern zahlen. Aber nicht alle haben

politische Rechte. Diese erhalten nur Bürger. Das sind Einwohner, die sich in das Bürgerrecht einkaufen und im Bürgereid der Stadtregierung die Treue schwören. Sie dürfen den Stadtrat und die Bürgermeister wählen. (Seiten 64–67)

+ Bei dieser Aufgabe gibt es keine „richtige" Lösung. Bevor du zu einer Einschätzung kommst, solltest du die Vor- und Nachteile der Lebensorte mithilfe einer Tabelle abwägen.

• •

Menschen reisen ... (Seite 102)

1. a) <u>Judentum</u>: Monotheismus, Ägypten, Moses, Verfolgung; <u>Islam</u>: Mohammed, Mekka, Medina, Kaaba, Monotheismus
b) <u>Monotheismus</u>: der Glaube an einen Gott
<u>Ägypten</u>: Hier waren der Bibel zufolge die Israeliten in Gefangenschaft.
<u>Moses</u>: Prophet, der den Israeliten die Zehn Gebote übermittelte
<u>Verfolgung</u>: Juden erlitten sie z. B. in deutschen Städten durch die Kreuzfahrer
<u>Mohammed</u>: Prophet, der den islamischen Glauben begründete
<u>Mekka</u>: Geburtsstadt Mohammeds
<u>Medina</u>: Oase, in der Mohammed und seine Anhänger ihren Glauben entwickelten
<u>Kaaba</u>: zentrales Heiligtum der Muslime in Mekka (Seiten 82–89)

2. a) Im Vordergrund sind zwei Reiter zu sehen, die sich begegnen und umarmen. In der Bildunterschrift steht, dass es sich um einen Christen und einen Muslim handelt. Der Muslim (rechts) trägt einen Turban. Er hält eine Fahne und hat ein Schwert. Der links dargestellte Reiter muss der Christ sein. Er hält eine Lanze. Auf dem Weg, auf dem sie sich treffen, sind blühende Blumen zu sehen. Die Begegnung spielt sich vor einer Stadt ab, die durch Mauer, Türme und ein geschlossenes Stadttor geschützt ist.
b) Das Bild stammt aus einem Buch des spanischen Herrschers Alfons X., der 1223 in Toledo geboren wurde. Er lebte also zu einer Zeit, als noch Kreuzzüge stattfanden. Die Stadt Toledo in Spanien ist aber ein Beispiel für friedliches Zusammenleben von Christen und Muslimen. Das Bild könnte daher eine Szene zeigen, die sich dort abspielt.
c) Viele mittelalterliche Bilder, die Muslime und Christen zusammen auf einem Bild zeigen, stellen kriegerische Gewalt dar. Wahrscheinlich hat der Maler die Absicht gehabt, diesen Bildern ein anderes entgegenzusetzen. Die fröhliche Umarmung und die vielen blühenden Blumen auf dem Bild sollen zeigen, dass auch andere Umgangsweisen zwischen Christen und Muslimen möglich sind.

3. a) „Die Gewalt gegen Andersgläubige ist Sünde; alle Menschen sollen friedlich zusammenleben."
b) während der Kreuzzüge in Jerusalem: Mord an Muslimen / während der Kreuzzüge in deutschen Städten: Mord an Juden
c) auf einer Pilgerreise nach Jerusalem, wenn ein Pilger nur friedlich die christlichen Heiligtümer besuchte und die anderen in Frieden ließ / in Toledo oder Konstantinopel, wo Christen und Muslime friedlich miteinander handelten / in deutschen Städten, wenn Juden und Christen miteinander lebten

• •

Die Zeit der Entdeckungen (Seite 122)

1. <u>Ausrottung der einheimischen Bevölkerung – Sklaven aus Afrika</u> (Sehr viele Einheimische starben, als die Spanier die eroberten Gebiete rücksichtslos ausbeuteten. Sklaven aus Afrika sollten ihre Arbeitskraft ersetzen.)
<u>Cortés – Moctezuma</u> (Moctezuma war der Herrscher des Aztekenreichs, das Cortès und seine Truppen für Spanien eroberten.)
<u>Kolumbus – Amerika</u> (Kolumbus gilt als der Entdecker Amerikas, obwohl er selbst dachte, den Seeweg nach Indien gefunden zu haben.)
<u>Ballspiel – Azteken</u> (Das Ballspiel Tlachtli war für die Azteken Teil der Religion.) (Seiten 112–115)

2. a) Es ist von der Absicht die Rede, den Seeweg nach Indien (im Osten) übers Meer zu finden, wenn man nach Westen fährt.
b) Toscanelli stellt in Aussicht:
• wohlhabende Städte,
• Edelsteine,
• Könige, die am Christentum interessiert sind,
• Könige mit Interesse an Wissenschaften.
c) Toscanelli will seine Theorie von Kolumbus praktisch überprüfen lassen.

3. a) Die Ausfuhr von Edelmetallen nimmt zu.
• Die Ausfuhr von Gold steigt schon im zweiten Abschnitt (1522–1540) deutlich an. Im dritten Abschnitt (1541–1560) ist sie fast fünfmal so hoch wie im ersten Abschnitt.
• Silber wird erst ab 1522 ausgeführt. Im zweiten Abschnitt (1541–1560) wird sogar mehr als 5-mal so viel wie vor 1540 ausgeführt.
b) Viele Menschen aus der einheimischen Bevölkerung sterben, weil sie sehr hart für die Spanier arbeiten müssen. Ihre Arbeitskraft wurde dann durch die von Sklaven aus Afrika „ersetzt".

Ein neues Menschenbild – ein neuer Glaube (Seite 162)

1. a) Das Bild heißt „Die Anatomievorlesung des Dr. Tulp". Dr. Tulp steht links im Bild und hat den Arm einer Leiche geöffnet und erklärt wohl, wie die Muskeln verlaufen. Interessierte Männer beugen sich vor und schauen genau hin.
b) Die Menschen in der Frühen Neuzeit wollten wissen, wie alles funktioniert, auch der Mensch und die Natur. Sie interessierten sich für den Aufbau des Körpers und begannen deshalb, Leichen zu untersuchen (sezieren). Dr. Tulp hält darüber eine Vorlesung. Das bedeutet, er erklärt anderen seine Erkenntnisse und trägt zu ihrer Bildung bei. (Seite 128)

2. a) Erst Bildung macht den Menschen zum Menschen, sie gilt mehr als die höchsten Titel.

b) Aeneas Silvius ist der Denkrichtung des Humanismus zuzuordnen. Die Humanisten sahen erst gebildete Menschen als „ganze" Menschen. Sie waren der Meinung, dass gebildete Menschen mit Ihren Ideen und Gedanken Einfluss auf die Welt nehmen können. (Seiten 128–129)
c) Bei deiner Stellungnahme kannst du zu verschiedenen Urteilen kommen. Deine Auffassung musst du aber begründen, z. B.:
Es erscheint mir übertrieben zu sagen, dass selbst Kaiser ohne Bildung keinen Wert und keine Bedeutung haben. Andererseits bedeutet die Aussage ja auch, dass Bildung für jeden Menschen der Weg ist, auf dem er Bedeutung erlangen könnte.

3. M 3 zeigt einen Moment, der im Zusammenhang mit dem Jüngsten Gericht steht. Die Toten verlassen ihre Gräber und im Hintergrund ist ein Feuer zu sehen, vielleicht das Höllenfeuer. Vor diesem Moment hatten viele Menschen Angst, weil sie fürchteten, in die Hölle zu kommen. (Seiten 136–137, 146)

4. a.) Karl V. bezieht sich auf die Lehre von Martin Luther. (Seiten 146–149)
b) Folgende Merkmale können genannt werden:
• Erlösung erfolgt durch die Gnade Gottes, nicht, weil man es sich durch Taten verdient.
• Der Ablasshandel wird abgelehnt.
• Es wird behauptet, auch der Papst könne sich irren.
c) Das Argument klingt erst einmal logisch. Es bedeutet auch, dass das, was in der Vergangenheit geglaubt wurde, weiterhin gilt und Wert hat. Andererseits kann sich das Weltbild ändern, obwohl vorher alle Menschen etwas Bestimmtes glaubten und als richtig annahmen.

Weitere Lösungen

Bei Aufgabe 4 auf Seite 26 ist die folgende Abfolge richtig: E – D – A – B – C

Lexikon

Ablasshandel: Die katholische Lehre schreibt vor, dass ein Christ seine Sünden bereuen und durch fromme Taten tilgen muss, um nach seinem Tod ins Paradies zu kommen. Erst dann werden ihm seine Sünden „abgelassen". Im 15./16. Jahrhundert machte die Kirche ein Geschäft mit dem Ablass: Gegen Geldzahlungen versprach sie den Ablass der Sünden und stellte „Ablassbriefe" aus. Der Ablasshandel war für Martin Luther ein Grund, eine Kirchenreform zu fordern.

Adel / Adelige: vornehme Familien, die besondere Rechte in einer Gesellschaft hatten. Viele Adlige waren reich und besaßen große Ländereien. Manche hatten ihre führende Stellung aufgrund besonderer Leistungen im Krieg erhalten. Als ► Grundherren lebten sie von den Abgaben „ihrer" Bauern. Auf der anderen Seite standen Adelige durch das ► Lehnswesen in Abhängigkeit zum König. Vor allem waren sie verpflichtet, für ihren Lehnsherrn in den Krieg zu ziehen (Heeresfolge).

Bürger / Bürgertum: im Mittelalter alle männlichen, Grund und Boden besitzenden Bewohner einer Stadt. Sie hatten das Recht, sich an der Regierung der Stadt zu beteiligen. Frauen hatten am Bürgerrecht ihrer Ehemänner teil, konnten sich aber nicht politisch betätigen. Die Vorstellung des freien Bürgers dehnte sich in der Neuzeit auf immer größere Bevölkerungsgruppen aus.

Grundherrschaft: die Herrschaft eines ► Adligen oder Geistlichen, des Grundherrn, über Land und die darauf lebenden unfreien Menschen. Das waren sogenannte Leibeigene und ► Hörige. Sie mussten dem Grundherrn Abgaben und Dienste leisten. Im Gegenzug übernahm der Grundherr für sie die Pflicht zum Kriegsdienst und musste sie im Kriegsfall schützen. Zur Kontrolle der hörigen Bauern setzten Grundherren oft Verwalter, sogenannte Meier, ein.

Hanse (althochdeutsch: Schar): Nord- und Ostseekaufleute bildeten seit dem 12. Jahrhundert Fahrtgemeinschaften. Diese sollten zum einen gegenseitigen Schutz bieten. Zum anderen sollten die Gemeinschaften gemeinsame Interessen der Kaufleute im Ausland vertreten. In bedeutenden europäischen Fernhandelsstädten wurden feste Stützpunkte der Hanse, Kontore, gegründet. Noch heute erinnern einzelne Städte an ihre frühere Mitgliedschaft in der Hanse: So nennen sich beispielsweise Bremen, Hamburg, Lübeck, Rostock, Stralsund oder Greifswald „Hansestadt".

Höriger: Bauer im Mittelalter, der nicht frei, sondern von einem Grundherrn abhängig war und diesem „gehorchen" musste. Ein Höriger galt als „Zubehör" des Landes, auf dem er lebte und das er bearbeitete. Er war „an die Scholle gebunden". Das bedeutet, dass er das Land, auf dem er lebte, nicht verlassen durfte und mit dem Land an einen anderen Grundherrn weitergegeben werden konnte. Seinem Herrn war er zu Abgaben und Diensten verpflichtet, dafür wurde er im Kriegsfall geschützt. Hörigkeit war erblich, d.h. auch Kinder von Hörigen waren selbstverständlich hörig.

Humanismus (von lateinisch „humanus": menschlich, dem Menschen angemessen): Der Humanismus war eine Bewegung des 14. bis 16. Jahrhunderts. In ihrem Mittelpunkt stand das Nachdenken über und das Bemühen um ein dem Menschen angemessenes Leben. Getragen wurde der Humanismus durch Gelehrte, die sich mit der griechischen und römischen Antike beschäftigten. Die Humanisten strebten eine umfassende Bildung an. Darin sahen sie die Möglichkeit für die freie Entfaltung des Menschen.

Investitur (lateinisch: Einkleidung, Einsetzung): Mit dem Vorgang der Investitur werden Bischöfe und Äbte in ihr Amt eingesetzt. In einer Zeremonie werden sie mit ihren Amtskleidern und z.B. Bischofsstab und -ring, den Zeichen ihrer Würde, ausgestattet.

Islam: Das Wort bedeutet „Ergebung in den Willen Gottes". Neben dem Judentum und dem Christentum ist der Islam die dritte große Buch- bzw. Schriftreligion, da die Gläubigen einer heiligen Schrift, dem Koran, folgen. Die wichtigsten Aussagen des Islam wurden über den Propheten Mohammed überliefert und sind im Koran niedergeschrieben.

Juden / Judentum: die erste Religion der Menschheit, die von der Existenz eines einzigen Gottes ausgeht. Das nennt man Monotheismus (der Gegensatz dazu ist Polytheismus).
Unter der Herrschaft der Römer setzte im 1. Jahrhundert n. Chr. eine Vertreibung der Juden aus ihrer Heimat ein. Viele Juden zogen nach Süd- und Mitteleuropa. Im Mittelalter lebten Juden in vielen europäischen Städten als religiöse Minderheit. Ihre Lebensgewohnheiten erschienen den Christen oftmals fremd. In der Regel verlief das Zusammenleben zwar ohne Spannungen, doch in Krisenzeiten kam es immer wieder zu Verfolgungen.

Kalender: die Festlegung von Zeitabschnitten in Jahre, Monate, Wochen, Tage. Ursprünglich orientierte man sich bei der Zeiteinteilung nach den Jahreszeiten sowie nach Sonnen- oder Mondphasen, um z. B. die günstigsten Zeitpunkte für die Aussaat zu bestimmen. Es entwickelten sich unterschiedliche Arten von Kalendern, die in verschiedenen Kulturen bis heute nebeneinander Gültigkeit haben.

Kloster (von lateinisch „claustrum": das Abgeschlossene): eine von der Außenwelt abgeschlossene Lebens- und Glaubensgemeinschaft von Nonnen oder Mönchen. Meist wurden Klöster in abgelegenen Gegenden errichtet und durch eine Mauer von der Außenwelt getrennt. Im 6. Jahrhundert stellte Benedikt von Nursia Regeln für das Klosterleben auf, die bei vielen späteren Klostergründungen übernommen wurden. Klostergemeinschaften sollten z. B.
- ein Leben in Armut führen,
- sich dem Abt gegenüber demütig verhalten,
- sich mit Gottesdiensten und handwerklichen Arbeiten beschäftigen,
- Kontakte außerhalb des Klosters vermeiden.

Kolonialismus: die wirtschaftliche und politische Beherrschung anderer Völker. Im 15. Jahrhundert wurden Einwohner des amerikanischen Kontinents unterworfen. Eroberer strebten an, ihre Länder wirtschaftlich auszubeuten und zugleich das Christentum zu verbreiten.

Konfession (von lateinisch „confessio": Bekenntnis): Innerhalb einer Religion gibt es oft unterschiedliche Ansichten über den wahren Glauben. Diese werden dann in unterschiedlichen Glaubensbekenntnissen ausgedrückt. Der Begriff „Konfession" bezieht sich aber nicht nur auf das Glaubensbekenntnis, sondern auch auf die Gruppe der Gläubigen, die in diesem Bekenntnis verbunden ist. Innerhalb des Christentums gibt es mehrere Konfessionen, beispielsweise die orthodoxe, die römisch-katholische, die evangelisch-lutherische oder die reformierte.
Am Ende des 16. Jahrhunderts und im 17. Jahrhundert setzten sich die Konfessionen in den verschiedenen deutschen und europäischen Ländern stark voneinander ab, indem sie das Kirchen- und Schulwesen nach eigenen Vorstellungen gestalteten und Andersgläubige ausgrenzten. Diesen Vorgang bezeichnet man als „Konfessionalisierung".

Kreuzzug: spätere Bezeichnung für Kriege, die im Auftrag des Papstes seit 1096 gegen „Ungläubige" geführt wurden. So bezeichneten Kirchenvertreter Menschen, die keine Christen waren oder die offizielle Lehre der Kirche ablehnten. Weil diese Kriege angeblich der Verteidigung des Christentums dienten, wurden sie von der Kirche als „gerechte Kriege" (im Sinne von „gerechtfertigt") verstanden. Viele Teilnehmer der Kreuzzüge verstanden sich vor allem als bewaffnete Pilger. Sie beteiligten sich in der Erwartung, dass sie sich den ▸ Ablass ihrer Sünden verdienen würden. Die Kreuzzüge hatten aber nicht nur religiöse, sondern auch politische und wirtschaftliche Gründe.

Kultur: Wenn die Bevölkerung einer Gegend eine besondere Lebensform entwickelt, spricht man von ihrer Kultur. Erkennbar ist eine Kultur daran, was die Menschen schaffen (z. B. an Geräten, Waffen, Kleidung, Kunstwerken, Bauten) und an den Formen ihres Zusammenlebens. Dazu gehört auch ihre Religion.

Lehen, Lehnswesen: Mithilfe von Lehen wurde ein mittelalterlicher Herrschaftsbereich durch persönliche Bindungen zwischen Personen zusammengehalten. Der König band vertraute ➤ Adelige an sich: Als Eigentümer des gesamtes Landes seines Herrschaftsbereichs vergab er Teile dieses Landes als Lehen mit den darauf lebenden und arbeitenden Menschen.
Der Lehnsherr und der Lehnsnehmer (Vasall) gingen eine gegenseitige Treueverpflichtung ein: Der Lehnsherr versprach dem Vasallen Land und Schutz, der Vasall dem Lehnsherrn dafür Treue und Dienste. So war der Vasall dem Lehnsherrn im Kriegsfall zur Heeresfolge verpflichtet. Vasallen konnten Teile ihres Lehens an sogenannte Untervasallen weitergeben.

Markt: Der Mittelpunkt der mittelalterlichen Stadt war ihr Markt, der Platz, an dem Erzeuger und Verbraucher sich trafen, um zu handeln. Für den sicheren und friedlichen Ablauf der Geschäfte sorgten Marktfriede und Marktordnung. Damit die Ordnung eingehalten wurde, überwachten Aufseher den Markt. Das Recht, einen Markt abzuhalten, erwarben sich die Kaufleute und Händler von den Stadtherren gegen einen Teil der Einnahmen. Der Markt entwickelte sich in der Regel auch zum politischen Zentrum der Stadt, an ihm wurde das Rathaus errichtet.

Mittelalter: in der Geschichte Europas der Zeitabschnitt, der auf die Antike folgt. Er dauerte von etwa 500 bis 1500 n. Chr. Im Mittelalter verbreitete sich eine christlich geprägte Kultur, die Einflüsse verschiedener vorhergehender Kulturen, z. B. der griechisch-römischen Antike, aber auch germanischer Volksstämme aufnahm, vermischte und abwandelte. Die Menschen des Mittelalters verstanden die Zeit, in der sie lebten, als „christliches Zeitalter".

Neuzeit: die auf das Mittelalter folgende Epoche. Schon seit etwa 1450 hatte es eine ganze Reihe wichtiger Erfindungen und wissenschaftlicher Erkenntnisse gegeben: Der Buchdruck mit beweglichen Buchstaben und Navigationsgeräte waren erfunden, der amerikanische Kontinent war „entdeckt" worden. Dies schuf Voraussetzungen für gesellschaftliche Veränderungen.

In der Neuzeit:
- nahm die Verbreitung von Schriften zu;
- erhielten breitere Bevölkerungsschichten Zugang zu Bildung;
- wurde der Mensch als ein Wesen gesehen, das seinen Verstand gebrauchen soll, um sich in der Welt zurechtzufinden;
- entstanden verschiedene ➤ Konfessionen.

Papst (lateinisch: „papa"): Der Bischof von Rom galt als Nachfolger des Apostels Petrus. Im Gebiet des ehemaligen Weströmischen Reiches hatte er unter allen Bischöfen den höchsten Rang in der Kirche und wurde „Papst" genannt.

Patrizier (von lateinisch „pater": Vater): Bezeichnung für die Oberschicht in vielen mittelalterlichen Städten. Sie wurde von den wohlhabendsten Bürgern einer Stadt – meist Fernhändlern und zugezogenen Landadligen – gebildet. Nur die Patrizier galten als reich genug für die Arbeit im Rat der Stadt.

Privileg (lateinisch: Vorrecht): Besondere Rechte, die einzelnen Personen oder Personengruppen gewährt wurden, werden als „Privilegien" bezeichnet. Fürsten und Könige konnten diese Privilegien zuteilen. So war beispielsweise das Recht, einen Markt abzuhalten, ein Privileg.

Protestantismus: alle von der ➤ Reformation geprägten Glaubensgemeinschaften. Die Bezeichnung wurde im Jahr 1529 auf einem Reichstag geprägt, als einige Fürsten und Städte-Vertreter gegen die Ablehnung ihres Glaubensbekenntnisses protestierten.

Quellen: Alle Überlieferungen aus der Vergangenheit bezeichnen wir als Quellen. Dabei werden schriftliche Quellen (z. B. Briefe, Urkunden, Verträge) von nichtschriftlichen Quellen (z. B. Bilder, Gegenstände, Bauwerke) unterschieden.
Hinzu kommen mündliche Überlieferungen von Zeitzeugen (z. B. Großeltern berichten über frühere gesellschaftliche Verhältnisse).
Um aus Quellen Informationen zu gewinnen, müssen Historiker bei ihrer Auswertung die Zusammenhänge, aus denen sie ursprünglich stammen, mitberücksichtigen.

Reformation (von lateinisch „reformatio": Umgestaltung, Erneuerung): religiöse Bewegung des 16. Jahrhunderts, die von Kritik am Papsttum und an der römisch-katholischen Kirche ausging. Sie führte zur Glaubensspaltung und Einrichtung der protestantischen Kirchen. In Deutschland wurde die Reformation von Martin Luther ausgelöst. In anderen Ländern, z. B. in der Schweiz und in den Niederlanden, wurde sie von den Vorstellungen des Schweizers Johannes Calvin beeinflusst. Die Reformation führte auch zu einer Erneuerungsbewegung innerhalb der katholischen Kirche (Gegenreformation).

Reichstag: eine Versammlung von weltlichen und geistlichen Vertretern der einzelnen Herrschaftsgebiete und Vertretern der freien Städte des Heiligen Römischen Reichs. Reichstage wurden regelmäßig abgehalten und dienten dem Zweck, den König oder Kaiser in politischen Fragen zu beraten. Der Reichstag hatte sich aus den Hoftagen entwickelt, die die mittelalterlichen Könige in unregelmäßigen Abständen abgehalten hatten.

Renaissance (französisch: Wiedergeburt): Die Epoche des Übergangs zwischen Mittelalter und Neuzeit wird als Renaissance bezeichnet, da die Wiederentdeckung („Wiedergeburt") der Antike eine wichtige Rolle spielte. Gelehrte und Künstlern setzten sich mit Überresten der Antike – wie Texten, Kunstwerken und Bauwerken – auseinander. Es kam zu Weiterentwicklungen auf künstlerischen und wissenschaftlichen Gebieten. Ein Merkmal der Renaissance ist, dass der einzelne Mensch in den Mittelpunkt der wissenschaftlichen und künstlerischen Arbeit rückt.

Stadtrecht: das von einem Stadtherrn (König, Fürsten oder Bischof) verliehene Recht, eine Stadt mit Markt zu gründen und sie mit Mauern zu schützen. In ihr galten besondere Rechte für die Bürger. Als es den Bürgern gelang, die Herrschaft der Stadtherren abzuschütteln und die Regierung selbst zu übernehmen, verfeinerten sie die Regeln immer weiter, um das Zusammenleben der Städter zu ordnen. Das Stadtrecht betraf z. B. die Stadtverteidigung und die Marktordnung.

Stand / Ständegesellschaft: Nach mittelalterlicher Vorstellung war die von Gott gewollte Gesellschaft nach Ständen in Adelige, Geistliche und Bauern gegliedert:
- Der erste Stand, die Geistlichen, hatte die Aufgabe, zu beten und für die Verbindung der Menschen zu Gott zu sorgen.
- Der zweite Stand, der weltliche Adel, hatte die Menschen zu schützen, auch im Kampf.
- Den größten, zugleich aber auch niedrigsten Stand bildeten die Bauern. Aufgabe dieses dritten Standes war es, durch ihre Arbeit die Menschen zu ernähren.

Die Menschen wurden im Mittelalter in einen Stand hineingeboren und konnten diesen in der Regel nicht verlassen. Im späteren Mittelalter bildete sich in den Städten ein weiterer Stand aus: das ▸ Bürgertum.

Verwaltung: die Organisation des Zusammenlebens vieler Menschen. Sie wird ausgeführt von Beamten. Diese erheben Steuergelder, mit denen dann Gebäude und Verkehrswege, Veranstaltungen (z. B. große Feste an Feiertagen) und Unterstützungen für die Allgemeinheit (z. B. für Arme und Kranke) bezahlt werden.

Zunft (und Gilde): Vereinigung von Handwerkern bzw. Kaufleuten. Nur als Mitglied einer Zunft (oder Gilde) durfte ein Handwerksmeister ein eigenes Geschäft eröffnen oder ein Kaufmann tätig werden. Die Zünfte legten Maßstäbe für die Qualität von Produkten fest. Sie bestimmten Preise und Löhne. Außerdem legten sie fest, wie Lehrlinge ausgebildet werden sollten. Die Regeln der Zünfte und Gilden sollten Produzenten und Verbraucher schützen.
Wenn ein Mitglied starb, organisierte die Zunft die Versorgung von Hinterbliebenen. Auch Gemeinschaftsaufgaben wurden übernommen, z. B. bei der Verteidigung und Pflege von Abschnitten der Stadtmauer und beim Löschen von Bränden.

Register

Das Register hilft dir, Begriffe und Themen im Buch zu finden. Hinter manchen Seitenangaben steht die Abkürzung „f.". Sie bedeutet „folgende Seite". Damit ist gemeint, dass das Stichwort oder Thema nicht nur auf der angegebenen, sondern auch auf der folgenden Seite vorkommt.

Aberglaube 136–146
Abgaben 24f., 26f.
Ablass/Ablassbriefe/Ablasshandel 46f., 149, 163, 177
Abt/Äbtissin 50f., 55
Alltagsleben (Stadt) 68–73
Ängste 136–146, 163
Antike 128
Araber/Arabien 88, 109
Augsburger Religionsfrieden 151, 153
Ausbeutung 120f., 123
Azteken/Aztekenreich 112–115, 116f., 118f., 120f., 123

Bauern 24f., 26f., 36f., 38f., 40f., 77
Berufe 60f., 62f.
Bildung (Unterricht) 50f., 53, 72, 152f., 163
Biografie 132
Bischof 14f., 16
Buchdruck 130, 160
Burg 42f., 44f.
Bürger 64f., 77, 177
Bürgereid 66
Bürgerrecht 64
Byzanz 12

Christen/Christentum 80, 84, 85, 89, 90f., 98f., 103
Christoph Kolumbus (1451–1506, italienischer Seefahrer, „Entdecker" Amerikas) 108f., 123

Dorf 36f., 38f.
Dreieckshandel 120, 123
Dreifelderwirtschaft 40

Entdecker/Entdeckungen 108f., 100f., 160
Epoche 161
Erfindungen 41, 107, 108f.,
Eroberung 116f., 118f.
Erzbischof 16
Erziehung 47, 48, 112f.
Evangelium/evangelisch 149, 150f.

Fegefeuer 136
Fehde 46, 94
Feldarbeit 36f., 38f.
Fernhändler 100f., 108f., 132 bis 135
Flurzwang 38
Frankenreich 14
Frondienst 24f., 26f.

Gegenreformation 154f., 163
Gilde 60f., 84
Glaubenskrieg 156f.
Grundherr/Grundherrschaft 24f., 29, 38, 77, 177

Handel 58f., 100f., 132–135, 160, 163
Handgang 20
Handwerk/Handwerker 60f., 62f., 77, 99
Hanse 133, 177
Heeresfolge 19, 25
Heiden 109
Heiliges Römisches Reich 15, 16f. 142, 144, 147
Heinrich der Seefahrer 106f.
heliozentrisches Weltbild 130f., 163
Hernán Cortés (1485–1547, spanischer Eroberer des Aztekenreichs) 116–120

Hexen/Hexenprozesse 142f.
Hochkultur 115, 123
Hoftag 12f., 22, 46
Hörige/Hörigkeit 24f., 26f., 38, 160, 177
Hufen/Hufenbauern 24
Humanismus 128f., 163, 177
Hygiene 70f.

Inkas 120
Investitur 15, 177
Islam 86–89, 90, 103, 178

Jerusalem 82f., 90f., 94f., 96
Jesuiten 154f.
Juden/Judentum 80, 82–85, 89, 90f., 94, 98f., 103, 178
Judenverfolgung 140f.
Jüngstes Gericht 126f.

Kalender 161, 178
Karikatur 149
Karl der Große (um 747–814, Herrscher des Frankenreichs, wurde in Rom zum Kaiser gekrönt) 14
Karl V. (1500–1558, Kaiser des Heiligen Römischen Reiches) 118, 147, 148, 151, 162
Katholiken 151, 154f., 163
Kaufleute/Kaufmann 60, 77, 132–135
Kleiderordnung 54, 67
Kloster 50f., 52f., 77, 93, 178
Klosterregeln 51
Kolonialismus 120f., 178
Kolonialreich 120f.
Konfession 150f., 178
Königsheil 14
Konstantinopel 12, 100
Krankheiten 73
Kreuzfahrer 94f., 96f.
Kreuzfahrerstaaten 95
Kreuzzüge 94f., 96f., 99, 103, 178
Kultur/Kulturaustausch/Kulturkonflikt 98f., 103, 178

Lehen/Lehnswesen 18–21, 24, 29, 179
Leibeigene 24, 38
Lüneburg 56–59

Marco Polo (um 1254–1324, italienischer Fernhändler und Reisender) 100 f.
Markt 56 f., 58 f., 60 f., 77, 179
Martin Luther (1483–1546, Mönch und Reformator) 145, 146–149,
Mauren 98
Meier 38 f.
Mexiko 114
Michelangelo Buonarroti (1475 bis 1564, italienischer Künstler der Renaissance) 126–128
Moctezuma (1465–1520, Herrscher über das Aztekenreich) 116–119
Monotheismus (Eingottglaube) 82
Mohammed (um 570–632, Prophet, Begründer des Islam) 86–69
Muslime 80, 88 f., 90 f., 94 f., 98 f.

Neue Welt 116, 120 f.
Neuzeit 160 f., 163
Niederlande 156–159
Nikolaus Kopernikus (1473–1543, Naturforscher/ Astronom) 130 f.

Osmanen 109, 144 f.
Osterinsel 30 f.
Ostfränkisches Reich 12, 14 f., 16, 29
Ostrom 12 f.
Otto I. (912–973, ostfränkischer König und erster Kaiser des Heiligen Römischen Reiches) 12 f., 14 f., 29
Ottonen 12 f., 14 f., 29

Palästina 94 f.
Papst 15, 94, 96, 126 f., 146 f., 154 f., 179
Patrizier 65, 179
Pest 138 f., 140 f.
Pfalz 18, 22 f.
Pilger/Pilgerreise 90 f., 94
Privileg 58, 179
Prostestanten/Protestantismus 150 f., 156 f., 163, 179

Reformation 150 f., 152 f., 160, 180
Reichskirche 15
Reichstag 151, 180
Reisekönigtum 18, 29
Reisen (im Mittelalter) 80, 92 f., 100 f., 103
Renaissance 128, 132, 163, 180
Ritter/Rittertum 42 f., 46 f., 77, 94
Rom 8 f., 14
Rückeroberung 98 f.

Sachsenspiegel 20, 26, 39, 59
Sarazenen 96 f.
Schwarzer Tod 138
Schwertleite 47, 48
Seidenstraße 100
Seuche 136, 138 f., 140
Sklaven 120, 123
Songhai (afrikanisches Großreich) 164 f.
Stadtgesellschaft 64 f.
Stadtherr 58 f., 65, 77
Stadtrecht 58 f., 64 f., 180
Stände/Ständegesellschaft 54 f., 77, 180

Tenochtitlan 114 f., 116 f.
Theophanu 12 f., 14
Timbuktu 164 f.
Toledo 98 f.
Totentanz 136 f.
Türken 114 f.
Turnier (Ritterturnier) 46

Vasall 19, 20 f., 29
Verwaltung 15, 180

Wald 34 f.
Westfränkisches Reich 14, 29
Wissenschaft 98
Wohnstallhaus 36, 38

Zeitzählung 161
Zunft 60 f., 62 f., 180

Quellenverzeichnisse

Bildquellen

akg-images, Berlin: 8 o. li., 8 u. li. (P. Connolly), 9 Mi. li. (Bible Land Pictures), 11 o. re., 14 M2, 15 M3, 18 M1, 20 M3, 26 M3 + 28 M1, 29 (De Agostini Picture Library), 34 M1, 39 M6 + 74 u. re. (British Library), 46 M1, 47 M2 + 74 u. li., 61 M2 (British Library), 71 M2, 73 M2, 76 M1, 84 M3, 86 u. (Roland and Sabrina Michaud), 93 M4 (Bildarchiv Steffens), 97 M6, 99 M1 (Album/Oronoz), 111 M6, 116 M1 (Bildarchiv Steffens), 118 M3, 124 re., 125 o. li. + u., 128 M1 (E. Lessing), 129 M4, 130, 131 M3 (E. Lessing), 136/137 M1, 139 M5, 140 M1 (British Library), 142 M1, 148 M3, 150 o. re., 151 o. re. (Imagno/Austrian Archives), 151 u. re., 152 M2, 153 M4 (Rabatti/Domingie), 162, 173; **alamy images, Abingdon/Oxfordshire:** 164 M1; **Artothek, Weilheim:** 5 o. (J. S. Martin); **Askani, B., Schwetzingen:** 19 M2; **Astrofoto, Sörth:** 30 o. + 164 o.; **Augusta Raurica, Augst:** 9 o. re. (U. Schild); **Bibliothèque municipale de Dijon:** 51 M2; **Bibliothèque nationale de France, Paris:** 91 M2; **Blumenstein, M., Ahnatal Weimar:** 38 M4; **Bodleian Library, Oxford:** 3 u., 23; **bpk – Bildagentur für Kunst, Kultur und Geschichte, Berlin:** Titel (RMN–Grand Palais/R.-G. Ojéda), 10 (Bibliothèque nationale de France), 12 M1 (RMN–Grand Palais/J.-G. Berizzi), 35 M2 (Scala), 43 (RMN–Grand Palais), 60 M1 (RMN–Grand Palais/Agence Bulloz), 62 M3 li. + 76 u. (SMB/Kunstbibliothek/K. Petersen), 62 M3 re. (SMB/Kunstbibliothek/K. Petersen), 63 o. li. + o. re.(SMB/Kunstbibliothek/K. Petersen), 66 M3 + 75 o. li. (Bayerische Staatsgemäldesammlungen /L. Braun), 67 M6, 72 M1 + 75 o. Mi., 79 o. li. (Scala), 87 M2 (SMB/Museum für Islamische Kunst/W. Selbach), 92 M1 (RMN–Grand Palais), 94 M1, 104 (H. Buresch), 105 o. (SMB/Kunstbibliothek/K. Petersen), 109 (L. Braun), 121 M4 (K. Petersen), 133 M1, 138 M1 (DHM/S. Ahlers), 146 M1 (SMB/Kunstbibliothek), 147 M2 (SMB/Kupferstichkabinett/J. P. Anders), 150 u. re. + 154 M1 (Scala), 162 M1 (L. Braun); **Bridgeman Art Library Ltd., Berlin:** 11 u. re., 78, 79 u., 100 M1, 101 M3, 113 M2 (Bodleian Library, Oxford), 128 M2; **British Library, London:** 53 M7 + 74 o. re.; **Carls, C., Hamburg:** 59; **Corbis, Berlin:** 115 M5 (G. Dagli Orti); **Edition Leipzig, Leipzig:** 68 M1 (W. Starke); **Eulenspiegel Verlagsgesellschaft, Berlin:** 149 M6; **Ev.-luth. Kirchengemeinde St. Nicolai, Lüneburg:** 33 o. li. + 58 M1 + 75 o. re. (Lüdeking); **fotolia.com, New York:** 9 Mi. re. (stevanzz), 30/31 (airmaria), 31 re. (C. Howey), 41 M4 re. (suzbah), 90 M1 (ayazad); **Germanisches Nationalmuseum, Nürnberg:** 5 u.; **Getty Images, München:** 126 M1 + 127 (M. Falzone); **Hessische Landesbibliothek, Darmstadt:** 55 M3; **iStockphoto.com, Calgary:** 165 M2; **Kunsthistorisches Museum, Wien:** 17 M7 o. li.; **Kunstsammlungen der Fürsten zu Waldburg-Wolfegg:** 32 + 74 o. li. (Venus und Mars. Das mittelalterliche Hausbuch); **Landesamt für Denkmalpflege und Archäologie Sachsen-Anhalt, Halle:** 161 M1 (J. Lipták); **Langner & Partner, Hemmingen:** 40 M1 + M2; **Lehnhof, I., Braunschweig:** 107 (2); **Lotos Film, Kaufbeuren:** 8 o. re.; **Mayer, T., Neuss:** 84 M4; **Meyer, K., Braunschweig:** 9 u. re., 22 M1; **Musée de la Tapisserie de Bayeux:** 11 Mi.; **Österreichische Nationalbibliothek, Wien:** 33 u. (4), 41 M3 + 75 Mi. li., 74 Mi. li., 114 M4; **Pfannenschmidt, D., Hannover:** 42 M1, 120; **Picture-Alliance, Frankfurt/M.:** 80 (dpa/UFA Cinema GmbH), 106 o. (akg-images), 124 li. (ZB/H. Schmidt); **Sauerländer Verlag:** 56 M1 + 75 Mi. re.; **Scala Archives, Bagno a Ripoli/Firenze:** 8 u. re. (mit freundl. Genehmigung Ministero per i Beni e le Attività Culturali), 9 o. li. + u. li., 33 Mi. re. , 134 o.; **Schatzkammer Hofburg, Wien:** 3 o. + 17 M7 re. (2); **Shutterstock.com, New York:** 41 M4 li. (aleksandr hunta); **Spangenberg, F., Konstanz:** 36 M1; **Staatliche Münzsammlung, München:** 8 Mi.; **Stadtbibliothek, Nürnberg:** 71 M1, 92 o.; **Szépmüvészeti Muzeum, Budapest:** 37 M3; **ullstein bild, Berlin:** 25 M3 (Archiv Gerstenberg), 69 M2 (Archiv Gerstenberg), 98 (F. von Poser), 102 M1 (Granger Collection), 105 u. li. (Granger Collection); **VG Bild-Kunst, Bonn 2015/Banco de México Diego Rivera Frieda Kahlo Museums Trust:** 104, 116 M1; **wikipedia.org:** 13 M2, 16 M5 (Landeshauptarchiv Koblenz, Bestand 1 C Nr. 1), 63 u. (9), 106 u. (Plenumchamber), 145, 150 o. li., 150 u. li. (Topkapi-Serail-Museum), 151 o. li. (RMN), 151 u. li.

Textquellen

S. 16, M4: Arne Borstelmann, zit. n.: Praxis Geschichte 1/2011 (bearb.); **S. 16, M6:** Widukind von Corvey II, 1–2, in: Res gestae Saxonicae/Die Sachsengeschichte, übers. und hgg. von Ekkehart Rotter und Bernd Schneidmüller, Stuttgart: Reclam 1981 S. 105, 107, 109 (bearb.); **S. 21, M4:** Zit. n.: Karl Kroeschell: Deutsche Rechtsgeschichte, Band 1, Köln: Böhlau 1999, (Neubearb.), S. 280 f. (bearb.); **S. 27, M4:** Zit. n.: Günther Franz: Quellen zur Geschichte des deutschen Bauernstandes im Mittelalter, Darmstadt: WBG 1967 / Nr. 43 (bearb.); **S. 27, M5:** Zit. n.: Georges Duby: Krieger und Bauern. Die Entwicklung der mittelalterlichen Wirtschaft und Gesellschaft bis um 1200. Frankfurt/M.: Syndikat 1981 (2. Auflage), S. 49 (bearb.); **S. 39, M5:** Zit. n.: Arno Borst: Lebensformen im Mittelalter, ungekürzte Ausgabe, Frankfurt/M.: Ullstein 1995 (14. Auflage), S. 361; **S. 44, M3:** Zit. n.: Arno Borst: ebd., S. 174 f.; **S. 44, M4:** Christine de Pisan: Le livre des faits et bonnes meurs du sage roy Charles V., hg. von J. F. Michaud u. a., Paris 1866, S. 58 ff., deutsch von Dr. Uwe Horst; **S. 48, M3:** Gottfried von Straßburg, Tristan und Isolde, aus dem Mittelhochdeutschen von Hermann Kurtz, München: Verlag C. H. Beck 2008, 7962-8084 und 8132-8141;**S. 49, M5:** Zit. n.: Marc Bloch: Die Feudalgesellschaft, Frankfurt/M.: Propyläen 1982, S. 384; **S. 49, M6:** Zit. n.: Marc Bloch: Die Feudalgesellschaft, Frankfurt/M.: Propyläen 1982, S. 352 f.; **S. 52, M5:** Zit. n.: Basilius Steidle (Hg.): Die Benediktusregel, lateinisch-deutsch, Beuron: Beuroner Kunstverlag1963; **S. 53, M6:** Quellen zur Geschichte der Erziehung, ausgewählt von Karl-Heinz Günther u. a., Berlin: Volk und Wissen VEB 1971, S. 38 f.; **S. 55, M2 a, b:** Zit. n.: Michaela Diers: Hildegard von Bingen, München: dtv 1998, S. 49 f.; **S. 59, M2:** Zit. n.: Dieter Starke:

Herrschaft und Genossenschaft im Mittelalter. Quellen und Texte zur Verfassung- und Sozialgeschichte des deutschen Mittelalters, Stuttgart: Klett 1982, S. 86 f. (bearb.);
S. 59, M 3: Zit. n.: Heinz-Günther Borck (Hg.): Quellen zur Stadt Hildesheim im Mittelalter, Hildesheim: Gerstenberg 1986, S. 43; **S. 62, M 4:** Zit. n.: Heinrich von Loesch (Hg.): Die Kölner Zunfturkunden nebst anderen Kölner Gewerbeurkunden bis zum Jahre 1500, Bonn: Hanstein 1907, S. 80 f. (bearb.); **S. 66, M 4:** Zit. n.: www.bremen.de/926120, 05.05.2015 (bearb.); **S. 66, M 5:** Zit. n.: Karl Martin Bolte: Deutsche Gesellschaft im Wandel, Opladen. Leske 1966, S. 237 (bearb.); **S. 69, M 1:** Zit. n.: Friedrich Keutgen: Urkunden zur städtischen Verfassungsgeschichte, Berlin: Felber Verlag 1899, Nr. 334 sowie nach: J. Frhr. Grote: Das Hannoversche Stadtrecht, Hannover: Jänecke, 1846 , S. 414; **S. 70, M 3:** Zit. n.: Norbert Elias: Über den Prozess der Zivilisation, Frankfurt/M.: Suhrkamp, 1992, S. 85; **S. 71, M 3:** Zit. n.: Heinz-Günther Borck (Hg.): Quellen zur Stadt Hildesheim im Mittelalter, Hildesheim: Gerstenberg 1986, S. 80 (bearb.); **S. 72, M 2:** Zit. n.: Kardinal Dominicis Erziehungslehre und die übrigen pädagogischen Leistungen Italiens im 15. Jahrhundert, übersetzt und bearb. von Augustin Rösler, Freiburg: Herder 1894, S. 26 f. (bearb.); **S. 73, M 3:** Zit. n.: Werner Besch (Hg.): Die Stadt in der europäischen Geschichte. Festschrift für Edith Ennen, Bonn: Röhrscheidt 1972, S. 541 (bearb.); **S. 80:** Noah Gordon: Der Medicus, München: Wilhelm Heyne Verlag 2011, S. 386–390 (bearb.); **S. 85, M 5:** Zit. n.: Julius H. Schoeps, Hiltrud Wallenborn (Hg.): Juden in Europa. Ihre Geschiche in Quellen. Band 1, Darmstadt. WBG 2001, S. 120 (bearb.); **S. 85, M 6:** Michael Borgolte: Wie Europa seine Vielfalt fand, in: Hans Joas/Klaus Wiegandt (Hg.): Die kulturellen Werte Europas, Frankfurt/M.: Fischer Taschenbuch Verlag 2005, S. 158 (bearb.); **S. 87, M 1:** Zit. n.: Francesco Gabrieli: Mohammed und der Islam als weltgeschichtliche Erscheinungen. Historia mundi, Band. 5, Bern: Francke 1956, S. 339 (bearb.); **S. 89, M 4:** Zit. n.: B. Lewis (Hg.): Der Islam von den Anfängen bis zur Eroberung von Konstantinopel, Bd. 2, Zürich: Artemis Verlag 1982, S. 283 (bearb.); **S. 91, M 3:** Zit. n.: Gerhard E. Sollbach (Hg.): In Gottes Namen fahren wir. Die Pilgerfahrt des Felix Faber ins Heilige Land und zum St.-Katharina-Grab auf dem Sinai A. D. 1483, Kettwig: Phaidon Verlag 1990, S. 76 f. (Nr. 3, 4, 6); **S. 93, M 3:** Zit. n.: Arno Borst: ebd., S. 146 ff. (bearb.); **S. 96, M 4:** Zit. n.: Heinz Dieter Schmid, Fragen an die Geschichte 2, Frankfurt: Hirschgraben Verlag 1981, S. 63 (bearb.); **S. 96, M 5 a:** Francesco Gabrieli, Die Kreuzzüge aus arabischer Sicht, München u. a.: Artemis Verlag 1973, S. 48; **S. 96, M 5 b:** Zit. n.: Peter Thorau: Die Kreuzzüge, München: C. H. Beck 2004, S. 9 f. (bearb.); **S. 101, M 2:** Zit. n.: Christiane Deluz: Handelsreisen: Marco Polo (13. Jahrhundert), in: Feliciano Novoa Portela und F. Javier Villalba Ruiz de Toledo (Hg.): Legendäre Reisen im Mittelalter, Stuttgart: Theiss Verlag; 2008, S. 109, 111 ff.; **S. 102, M 2:** Zit. n.: W. Heinzle (Hg.): Wolfram von Eschenbach. Willehalm. Frankfurt, 2009 (bearb.); **S. 110, M 3:** Zit. n.: Friedemann Berger (Hg.): Christoph Columbus, Dokumente seines Lebens und seiner Reisen, 1. Band, übersetzt v. Ernst-Gerhard Jacob. Leipzig: Sammlung Dieterich Verlagsgesellschaft mbH 1991, S. 46 ff. (bearb.); **S. 110, M 4:** Zit. n.: Friedemann Berger (Hg.): ebd., S. 121 (bearb.); **S. 118, M 4:** Hernán Cortés: Die Eroberung Mexikos, hg. v. Claus Litterscheid, Frankfurt/M.: Insel Verlag 1980, S. 56 ff. (bearb.); **S. 119, M 5:** Zit. n.: G. A. Narciß (Hg.): Denkwürdigkeiten des Hauptmanns Bernal Diaz del Castillo oder Wahrhafte Geschichte der Entdeckung und Eroberung von Neuspanien (Mexiko). Stuttgart: Steingrüben 1971 (3. Auflage), S. 521 f.; **S. 121, M 3:** Bartolomé de Las Casas: Kurzgefasster Bericht von der Verwüstung der Westindischen Länder, hg. u. bearb. von Hans Magnus Enzensberger, Frankfurt/M.: Insel Verlag 1984, S. 57 f.; **S. 122, M 1:** Zit. n.: Gottfried Guggenbühl (Hg.): Quellen zur allgemeinen Geschichte, Bd. 3: Quellen zur Geschichte der neueren Zeit, Zürich: Schulthess 1965, S. 5; **S. 129, M 3:** Leon Battista Alberti: Über das Hauswesen, 1. Buch, übersetzt von Walther Kraus, Zürich: Artemis Verlag 1962, S. 85 (bearb.); **S. 131, M 1:** Carola Baumgardt (Hg.), Johannes Kepler. Leben und Briefe, Wiesbaden: Limes-Verlag 1953, S. 73 (bearb.); **S. 138, M 2:** Zit. n.: Kay Peter Jankrift: Krankheit und Heilkunde im Mittelalter, Darmstadt: WBG 2003, S. 83 (bearb.); **S. 139, M 3:** Giovanni Boccaccio: Das Dekameron. Übersetzt v. Karl Witte, durchgesehen v. Helmut Bode. München: Winkler 1964, S. 15 f. (bearb.); **S. 139, M 4:** Historische Kommission bei der Bayerischen Akademie der Wissenschaften: Die Chroniken der deutschen Städte 9, Straßburg, Bd. 2. 1871, S. 759 ff.; **S. 141, M 3:** Léon Poliakov: Geschichte des Antisemitismus, Bd. 2. Das Zeitalter der Verteufelung des Ghettos. Worms: Heintz 1978, S. 14 (bearb.); **S. 143, M 2:** Brigitte Burk, Schwäbische Hexen, Frankfurt/M.: Eichborn Verlag 1994, S. 14 ff. (bearb.); **S. 145, M 3:** Zit. n.: J. Delumeau: Angst im Abendland. Die Geschichte kollektiver Ängste in Europa. Reinbek: Rowohlt 1989, S. 408 (bearb.); **S. 145, M 4:** Zit. n.: J. Delumeau: ebd., S. 410 (bearb.), **S. 148, M 4/1:** Martin Luther: Predigten an den Sonntagen und wichtigsten Festen des ganzen Jahres. Bearb. von Detmar Schmidt, München u. a.: Roth Verlag 1910, S. 235 (bearb); **S. 148, M 4/2:** Kaiser Karl V., zit. n.: Heinz Schilling: Karl V. und die Religion, in: Hugo Soly (Hg.): Karl V. 1500–1558 und seine Zeit, Köln: DuMont 2003, S. 300; **S. 148, M 4/3:** Zit. n.: H. Schuster (Hg.): Quellenbuch zur Kirchengeschichte, Frankfurt 1962, S. 135 ff. (bearb.); **S. 148, M 4/4/5:** Martin Luther, zit. n.: Karin Bornkamm / Gerhard Ebeling (Hg.): Martin Luther: Ausgewählte Schriften 1, 1982, S. 268; **S. 149, M 5:** Zit. n. Karin Bornkamm/Gerhard Ebeling (Hg.): ebd. S. 28–33 (bearb.); **S. 152, M 2:** Helmar Junghans (Hg.), Die Reformation in Augenzeugenberichten, Düsseldorf: Karl Rauch Verlag 1973, S. 368 f. (bearb.); **S. 152, M 3:** Aemilius Ludwig Richter (Hg.): Die evangelischen Kirchenordnungen des 16. Jahrhunderts, Bd. 1, Weimar 1846, S. 40 ff.; **S. 155, M 2:** Hugo Rahner (Hg.): Ignatius von Loyola. Trost und Weisung – Geistliche Briefe, Zürich. Benzinger 1989, S. 129 (bearb.); **S. 155, M 3:** Zit. n.: Wilhelm Hartmann (Hg.): Hildesheimer Quellen für den Geschichtsunterricht, Heft 5. Hildesheim: Olms Verlag 1928, S. 14 (bearb.); **S. 158, M 4:** Zit. n.: Georg Webers Allgemeine Weltgeschichte, Bd. XI, Leipzig. Engelmann 1886 (2. Auflage), S. 630 (bearb.); **S. 158, M 5:** Owen Feltham: A Brief Character of the Low Countries, London. R. Lowndes 1662, S. 48 f. (übersetzt und bearb.); **S. 162, M 2:** Zit. n.: Wolfgang Kleinknecht/ Herbert Krieger (Hg.): Handbuch des Geschichtsunterrichts, Bd. 4. Die Neuzeit, Frankfurt/M.: Diesterweg 1963 (2. Auflage), S. 9; **S. 162, M 4:** Zit. n.: Heinz Schilling: Karl V. und die Religion. In: ebd.

Hinweise zu den Aufgabenstellungen

Viele Aufgaben in diesem Buch beginnen mit einem Operator. Das ist ein Verb, das ausdrückt, was zu tun ist. Hier erfährst du, was wichtige Operatoren bedeuten. Weitere lernst du in den folgenden Bänden von ZEIT FÜR GESCHICHTE kennen.

„Beschreibe …"
- Was ist dargestellt?
- Um welchen Inhalt geht es?

Formuliere in eigenen Worten, was du auf einem Bild wahrnimmst oder was du aus einem Text erfährst. Versuche, geordnet vorzugehen, sodass jemand, der das zu Beschreibende nicht sieht oder kennt, eine Vorstellung davon bekommt. Nenne aber nicht jedes Detail, sondern versuche, dich auf das Wichtigste zu beschränken.

„Fasse zusammen …"
- Was ist das Wesentliche?

Benenne kurz die wichtigsten Inhalte eines Textes oder eines Sachverhalts. Achte darauf, treffende Begriffe und eigene Worte zu benutzen.

„Ordne zu …"
- Wie lassen sich herausgearbeitete Informationen sortieren?

Nachdem du Informationen aus Materialien (z. B. Textquellen) herausgearbeitet hast, stellst du sie in Zusammenhänge. So bringst du beispielsweise ähnliche Aussagen miteinander in Verbindung, indem du auf Übereinstimmungen achtest. Dabei kann es hilfreich sein, Oberbegriffe zu suchen.
Zuordnen kann auch bedeuten, dass du neue Informationen zu bereits Bekanntem in Beziehung setzt. Dabei kann es auch hilfreich sein, mit einer Tabelle zu arbeiten.

„Vergleiche …"
- Wo gibt es Übereinstimmungen, wo Unterschiede?

Verschiedene „Gegenstände" – wie Bilder und Karten, aber auch Aussagen oder Lebenssituationen und Fähigkeiten von Menschen – lassen sich vergleichen. Dabei geht es darum, Unterschiede und Übereinstimmungen festzustellen. Arbeite zuerst Merkmale jedes „Gegenstands" heraus. Sortiere sie anschließend, z. B. mithilfe einer Tabelle. In der mittleren Spalte werden Übereinstimmungen eingetragen (z. B. gleiche Informationen, gleiche Bildmotive, gleiche Themen). Rechts und links der Spalte werden die Merkmale eingetragen, die sich für jeweils einen der Gegenstände oder Materialien feststellen lassen. Fasse die Übereinstimmungen und Unterschiede zusammen.

„Erkläre …" / „Erläutere …"
- Welches sind Gründe oder Bedingungen, unter denen es zu einem Sachverhalt kam, z. B. zu bestimmten Lebensformen oder zu einem Verhalten?

Beim Erklären ordnest du mithilfe deines Vorwissens den Sachverhalt in größere Zusammenhänge ein. Du stellst z. B. dar, was eine bestimmte Lebensform kennzeichnet, und nennst Ursachen für ihr Entstehen. Besonders anschaulich wird eine Erklärung, wenn ein Sachverhalt an Beispielen verdeutlicht wird. Dies nennt man Erläutern.

„Beurteile …"
- Welchen Stellenwert hat eine Handlung oder ein Ereignis im historischen Zusammenhang?

Prüfe mithilfe deines Wissens, ob eine Handlung angemessen war, eine Behauptung zutreffend ist oder wie ein Ereignis sich auswirkte. Beziehe dich dabei auf die historischen Umstände und das, was die handelnden Personen denken und wissen konnten. Das unterscheidet sich von dem, was du denkst und weißt.

„Nimm Stellung …"
- Wie bewerte ich ein Ereignis / eine Handlungsweise / eine Aussage?

Hier ist deine Meinung gefragt: Mit einer Stellungnahme bewertest du z. B. das Verhalten oder Handeln von Personen in der Vergangenheit von deinem eigenen Standpunkt aus. Wichtig ist, dass du deine Ansicht begründest.